图书馆

资源建设与编目工作探究

王文钦 著

时代文艺出版社
SHIDAI WENYI CHUBANSHE

图书在版编目（ＣＩＰ）数据

图书馆资源建设与编目工作探究 / 王文钦著 . -- 长春：
时代文艺出版社，2024.4
ISBN 978-7-5387-7477-1

Ⅰ . ①图…Ⅱ . ①王… Ⅲ . ①图书馆工作－文献资源
建设－研究②图书编目－编目工作－研究Ⅳ . ① G253
② G254.3

中国国家版本馆 CIP 数据核字（2024）第 050019 号

图书馆资源建设与编目工作探究
TUSHUGUAN ZIYUAN JIANSHE YU BIANMU GONGZUO TANJIU

王文钦　　著

出 品 人：吴刚
责任编辑：陆风
装帧设计：墨君笙传媒
排版制作：铁东区图文工作室

出版发行：时代文艺出版社
地　　　址：长春市福祉大路 5788 号　龙腾国际大厦 A 座 15 层（130118）
电　　　话：0431-81629751（总编办）0431-81629758（发行部）
官方微博：weibo.com/tlapress
开　　本：710mm×1000mm　1/16
字　　数：290 千字
印　　张：13.5
印　　刷：保定市铭泰达印刷有限公司
版　　次：2024 年 4 月第 1 版
印　　次：2024 年 4 月第 1 次印刷
定　　价：88.00 元

图书如有印装错误　请寄回印厂调换

前　言

　　图书馆资源建设与编目工作，是图书馆学领域的重要组成部分，对于推动知识传播与文化交流扮演着不可或缺的角色。任何一个图书馆的运行，无论是传统图书馆还是现代化的数字图书馆，都离不开资源的建设和编目。图书馆资源建设不仅是对信息的收集与整合，更是一种对知识的深度挖掘和宽度扩展。这一过程中，图书馆不仅积累了大量的知识资源，更在无形中塑造了自身的文化特色和学术氛围。而编目工作则是这一资源建设过程中的关键环节。它通过有序的分类和标注，使得繁杂的信息得以系统化，为用户提供了快速、准确检索信息的通道。有效的编目工作不仅提升了图书馆资源的使用效率，也极大地丰富了用户的信息体验。在数字化和信息化的趋势下，图书馆资源建设与编目工作的意义日益凸显，其研究和实践对于提高图书馆的学术影响力和社会价值具有重要作用。

　　随着信息技术的发展，图书馆资源建设与编目工作也面临着一些新的问题和挑战。首先，图书馆资源日益多元化、网络化，增加了编目的复杂性和难度。传统的编目模式已经难以适应这种变化，需要创新编目方式和工作流程。其次，对于电子资源、网络资源的编目，在版权、数字保护等问题上存在新的困难。如何在遵守法规的前提下，高效地组织和利用这些资源，是当前图书馆编目工作需要解决的关键问题。

最后，随着读者信息需求的个性化和差异化，如何调整资源建设策略，优化编目服务，提高用户满意度，也是图书馆工作的重要课题。至于怎样创新图书馆资源建设与编目工作，提供更优质的服务，本书将进行深入的探索和讨论。然而，由于时间和水平的限制，书中可能存在一些疏漏之处。图书馆资源建设与编目工作是十分复杂的工作，包括众多因素和细节。因此，我们欢迎广大读者对本书提出批评和指正，以帮助我们改进和完善内容。

目 录

第一章

图书馆资源概述

第一节　图书馆资源的内涵与构成要素

一、图书馆资源的基本定义

自 20 世纪 80 年代中后期起，图书馆学领域便开始探索"图书馆资源"这一概念，当时主要围绕文献资源和信息资源的概念展开讨论。进入 20 世纪 90 年代，图书馆界对图书馆资源的定义和组成部分进行了更深入的探讨，由此产生了众多不同的观点。尽管近年来"图书馆资源"一词的使用日益频繁，但许多人仍然倾向于将其与文献资源混淆，对其具体内涵和组成缺乏清晰认识。

科技进步和信息技术的普及带来了图书馆学理论的转变。作为推动社会发展的关键动力，信息技术的飞速进步不仅重塑了图书馆的服务模式和运营理念，还对图书馆学的基础理论产生了显著影响。

定义图书馆的本质首先需识别其基本性质，即确定图书馆所属的概念范畴。图书馆作为何种机构而存在？我们认为，图书馆首先是社会文献信息服务的组织，换言之，其主要职能是"提供文献信息服务"。为社会各群体提供此类服务，构成了图书馆的存在根据和价值所在。

自人类步入文明社会以来，"文献"——即记录知识的各种媒介——的数量激增。这导致了阁、楼、堂、斋、室、馆等各式公私藏书机构的出现。无论是现代图书馆还是古代的藏书楼，其核心目的均在于使用书籍而非仅仅收藏。二者的差异在于服务对象和服务层面的不同。在现代社会，文献信息服务不再是图书馆的专属领域。档案馆、书店、出版社、杂志社、报社等，这些专门从事文献信息处理与流通的机构，与图书馆一道，共同构成了社会文献信息服务的体系。因此，图书馆、档案馆、书店等构成了"社会文献信息服务机构"这一更广泛的概念类别。

在社会的文化舞台上，"图书馆"以其独特的角色扮演着不容忽视的重要职能。曾经，我们将其定义为文献信息服务机构，这无疑揭示了图书馆的核心功能和本质特征，但是这并非图书馆所具备的独特之处。在界定图书馆的定义时，需要区分开图书馆与其他类型之间的区别，这样才能明确图书馆的特征与存在的意义。例如，与档案馆等其他文献信息服务机构相比，图书馆的特色是显而易见的：图书馆是一个专门通过系统化的文献收藏，并通过这些文献向社会各类群体提供服务的公共机构。

深入到图书馆的内部结构，图书馆是由各种因素构成的复杂社会系统。简单来讲，传统的图书馆是由图书、读者、工作方法、建筑设施、领导机构及其干部五个部分构成的。而现在，随着信息技术的发展，图书馆的构成要素变成：信息资源、信息设施、用户以及信息技术人员，这说明信息技术在图书馆中的重要性。这种变化的呈现表明，信息技术的推动下，图书馆学的构成要素已然与时代同步发展。

阮冈纳赞提出的图书馆学五定律，曾经在全球的图书馆学界得到广泛赞誉和承认，该定律对图书馆事业以及图书馆学的发展起到了积极的推动作用。但是，随着时代的变迁，信息化和网络化的发展，这五定律已经逐渐失去了它的现实意义。除了"图书馆是个生长的有机体"的定律仍然有效，其余定律均已荡然无存。1995年，切尔·戈曼提出了"新图书馆五定律"，全新的五条定律都涉及了科学技术问题。这无疑表明，信息技术对图书馆学产生了巨大的冲击，并且最终颠覆了传统的五定律，我们需要以更积极、更有效的方式应对信息技术带来的挑战。

在当今信息科技高度发展的时代背景下，传统图书馆所拥有的"信息垄断"地位因为虚拟图书馆的出现而被打破。尽管图书馆的"中介"性质受到了一定程度的影响，但其本质属性并未有任何根本性的改变。图书馆的中介性依然存在，但随着信息技术的广泛应用，图书馆原有的"生产性"也像冰山一样浮出了水面。在知识时代的大背景下，任何能够创造价值的都被视为生产性劳动。因此，图书馆管理人员所从事的工作被视为生产性劳动，图书馆在这个过程中依然保持着其生产性。我们可以说，图书馆仍旧是一个创造和传播知识的重要场所，是社会文化发展的重要支柱。

（一）图书馆资源的概念

图书馆的核心职责是通过资源共享实现其高效利用。其主要目标不只是提升图书馆的经济效益，更关键的是增强社会效益。资源共享的方式多样，不限于馆藏资料和图书目录，还包括专业人员、存储设备及计算机技术等多个方面。在这样的背景下，对图书馆资源的定义就显得尤为关键。

目前，关于图书馆资源的定义并没有统一的标准。普遍认可的观点大致可以分为两种：一种认为图书馆资源是一系列为了有效利用而组织起来的信息集合，它是一个不断变化的动态信息体系。另一种观点则更强调资源的整体性，认为图书馆资源是多种资源的有机组合。基于这些观点，我们可以将图书馆资源理解为一个为了实现最大化利用而形成的相互联系、不断发展的多元化资源体系。

（二）图书馆资源的特性

1. 可用性

图书馆资源的首要特性是其可用性。这意味着，只有当资源可以被有效利用时，它们才具有价值。这不仅包括文献资料，还涵盖了人力资源和设施资源等。

2. 有序性

无论是文献资源还是人力资源，甚至是设施资源，它们都应当呈现出有序的状态。有序性是资源能够被高效利用的前提，无序的资源难以发挥其应有的效益。

3. 整体性

图书馆资源的各个组成部分形成了一个有机的整体。这个整体的效益远大于单个部分的简单叠加，体现了"整体大于部分之和"的原则。

4. 联系性

图书馆资源的各个要素之间存在着紧密的相互作用和关联。这种内部联系是资源体系能够高效运作的基础。

5. 动态性

随着时间的推移和外部环境的变化，图书馆资源也在不断地发展和变化。这种动态性体现了资源体系的适应性和持续发展的能力。

综上所述，图书馆资源可以被定义为一个为了实现资源最大化利用而组织起来的、具有可用性、有序性、整体性、联系性和动态性特点的多元化资源体系。这个定义不仅包括了图书馆的各类资源，还强调了这些资源之间的内在联系和动态变化的特性。

（三）定义图书馆

观察现有的图书馆定义，我们发现这些定义往往包含了过多的元素。例如，将文献的类型（包括实体与虚拟文献）、文献管理过程（如采集、分类、储存）以及服务模式（例如阅读、借阅、查找）等非核心特性纳入了定义范畴。这种定义方式似乎偏离了定义的本意。任何定义都无法完全概括其所定义的对象，对于图书馆的定义亦是如此。图书馆的定义虽能概述其功能，却不能全面、系统地揭露其本质，这就是定义的局限性所在。

我们采用"属概念＋种差"方式，将图书馆定义为"系统性地收集文献并提供文献信息服务的机构"。这样的定义具有以下意义：

1. "系统收藏文献"的表述具有概括性

"系统收藏文献"是图书馆这一文献信息服务机构区别于其他文献服务机构的"种差"。这里包含了两层意思：一是"系统性收集文献"突显了图书馆的独特性；二是"文献"一词包含了所有类型的文献，无论是实体形态还是虚拟形态。随着时代的演进，文献的内容也在不断变化。以往的定义中没有特别强调收藏图书、期刊、报纸等具体形式，如今在定义中着重提及文献的实体与虚拟形态也显得多余。

无论是数字化文献还是网络文献，它们都没有改变图书馆收藏文献的本质。数据库作为受知识产权法保护的资源，对图书馆而言，其价值与印刷型文献相仿，都是需要付费获取和使用的。随着数字化文献的出现，图书馆增添了收藏数据库等数字化文献的职能，这恰恰体现了图书馆文献收藏系统性特征的具体表现。

2. "提供文献信息服务"的表述符合定义的简明性要求

在解析图书馆的功能时，"提供文献信息服务"这一表述，恰如其分地符合定义的简洁性需求。这个概念被视为图书馆的核心属性，涵盖了主动服务和被动服务，例如借阅服务、网络服务等，统统归类为"文献信息服务"。如果在定义中细数服务的种类和内涵，反倒会限制定义的广泛适用性。定义不宜过于烦琐，否则会变成一部百科全书，而非简洁明了的定义。"提供文献信息服务"这一表述，简洁而全面地概括了图书馆的服务特色，而服务的具体方式和手段则应根据人员、机构、时间和地点的不同而有所变化。

图书馆从收藏文献到提供文献信息服务的过程中，主要包括图书的采购、分类、编目、上架、整理架子等多个环节。这些环节虽然是图书馆日常工作的重要组成部分，但在定义图书馆的时候不需要详细列举。因为这些操作已经是图书馆工作的常识，人们对此有一个基本的理解。因此，将这些具体的服务操作从图书馆的定义中剔除，不仅简化了定义，也符合了定义应具备的简明性特征。

3. 定义稳定性和模糊性的要求

我们理解图书馆的概念时，应当把握其抽象性而非仅局限于具体的某一图书馆。这种理解涵盖了不同发展阶段、提供多样服务方式的图书馆。由于社会经济文化的发展不均衡，各地图书馆的发展状况亦各不相同。例如，西方发达国家的图书馆在数字化和网络化方面起步较早，发展程度更为成熟。而在我国，不同地区的图书馆发展水平也存在差异，一些贫困地区的图书馆甚至可能还未接触过计算机，更不用说数字化或网络化了。

就像"人"这个概念，从石器时代到航天飞机时代，其定义始终是"能制造工具的生物"。"国家"的定义虽然在从奴隶制到社会主义的演变中经历了深刻的变化，但其根本特征作为"特定阶级的统治机构"仍然保持不变。这些定义的稳定性说明了，尽管技术和时代在进步，但核心定义不应随之轻易改变。如果我们根据时代发展轻易改变"人"或"国家"的定义，那么许多情况下，这些概念的真实含义就会变得模糊不清。同理，如果我们将数字化和网络化作为定义图书馆的标准，那些尚未实现这些功能的图书馆是否就不再是图书馆了呢？显然，这样的定义是不合理的。

在定义图书馆时，我们应避免过多地强调其内涵的多样性，以免限制了定义的广泛性。图书馆学的研究可以包括各种方面，如文献类型、工作方法、服务方式等，但这些并非图书馆定义的核心。过分强调这些现代化术语，可能会使图书馆的定义变得复杂和混乱。因此，定义图书馆时，应保持其稳定性，既准确揭示图书馆的本质特征，又能包容图书馆事业的进步和发展。

二、图书馆资源的构成要素

对于图书馆资源的构成要素，众多观点持续不断。第一种观点提出，图书馆资源的构成要素包括：信息资源、图书馆使用者的资源信息、以图书馆员为主的信息工作人员，以及整合技术与设备的信息设备。第二种观点提出，图书馆资源的构成要素包括：馆藏的文献资源、网络信息资源，包含静态的文献数字化信息和动态的社会各类信息、包含图书馆员与读者的人力资源，以及馆舍及其各类设备的设施资源。第三种观点提出，图书馆资源的构成要素包括：文献信息资源、图书馆员等人力资源、技术资源、设备资源、建设资源、资金资源、读者资源等。第四种观点提出，图书馆资源的构成要素包括：入藏文献、图书馆专业人员、图书馆品牌、图书馆市场（读者和潜在的读者）、图书馆建筑物、图书馆设备与用品、图书馆的政策和法规、图书馆的理论与方法。

从多元化的归纳中，我们可以感受到我国图书馆学界早先对图书馆构成要素的热烈讨论。以"要素论"为例，我们回顾了杜定友先生的"三要素"，刘国钧先生的"四要素"和"五要素"，黄宗忠先生的"七要素"。这些实际上都是图书馆以及图书馆资源的构成要素，只是随着时代的推进，它们的内涵和外延都变得更为丰富了。

事实上，图书馆资源的构成要素主要包括：信息资源、人力资源、设施资源。这个观点在当前被广泛接受，不过对于这三个要素的理解还存在一些差异。如果从更宏观的视角理解，可以更准确地涵盖上述多变的构成元素，即在这三个主要资源的基础下进一步细化各种小分类资源，形成一个分级系统。以上的多种要素，从系统要素的相互作用角度分析，已经被合理地纳入了这三大资源的范围内。

（一）信息资源

图书馆的核心是其信息资源，这包括了图书馆为读者提供的全部信息。这些资源大致分为文献类和网络类。文献类资源，不仅包含图书馆传统的印刷文献，还涵盖了电子文献，主要服务于满足读者的信息需求。而网络信息资源，则是嵌入在现代网络系统中，以在线形式向读者提供的资源，这包括了数字化的文献信息和实时更新的社交信息。在新时代背景下，图书馆信息资源的分类演变为实体馆藏和虚拟馆藏。实体馆藏主要指的是图书馆实体的文献资源，而虚拟馆藏则主要指通过网络提供的信息资源，这些资源经过精心的筛选和组织，以适应各图书馆的特色和需求。

（二）人力资源

人力资源对于图书馆的发展至关重要。这不仅包含图书馆的工作人员，还包括由这些人员衍生出的管理技巧和方法。图书馆员的资源不仅仅局限于他们的理论知识和实践技能，还包括图书馆政策、法规以及技术等方面的智力资本。从狭义上看，人力资源主要指的是图书馆员。但近年来，图书馆人力资源的研究越来越多地关注图书馆员之外的其他资源，如读者资源。事实上，将读者纳入图书馆管理，可以为图书馆事业带来新的动力。例如，一些图书馆建立了专家咨询团队、青年志愿者团体、学生图书馆管理协会等，这些都是对读者资源进行有效利用和开发的方式。

（三）设施资源

设施资源是一个非常合适的术语，比单纯的设备资源范围更广，涵盖了图书馆建筑、各类设备和用品。主旨在于设备，包括传统设备例如书架、阅览区的桌椅，以及现代化设备如计算机等。有些人会将这类现代设备认为是信息设施，包含在自动化系统和网络之中，这里，技术与设备已经变得不可分割。尽管有些人将它们称为技术设备资源，但从理论角度看，技术与设备应属于不同的资源类别。

有人在讨论图书馆资源构成时，可能会质疑为什么没包括资金资源。确实，资金是图书馆运行和发展的经济基础。但是，资金通常可以转化成其他形式的资源，因此并没有明确列入图书馆资源构成事项。在信息技术迅猛发展的今天，三大资源——设施资源、设备资源和资金资源正在逐渐融合，特别是在当前的网络环境下，数字化图书馆蓬勃发展，图书馆资源正趋于整合。例如，图书馆自动化系统就包含硬件、软件和数据库，这些虽然理论上属于不同类别的资源，但实际上已经实现了资源的重新整合。这从一个侧面反映了图书馆资源的互联性，指导我们在实际工作中平衡各类资源的配置。建立一个全面的图书馆资源体系，旨在更好地研究和管理这些资源，以及它们之间的优化配置，从而更有效地推动图书馆的整体建设和发展。

第二节　图书馆的基本职能与作用

一、图书馆的职能

图书馆承担着多重基本职能，主要包括文献集存、文献整序、文献传递、智力开发和社会教育。文献集存职能，是指图书馆为了保护和传承人类的文化遗产，将各类文献进行收集和保存。文献整序职能，是指图书馆通过对文献进行系统的整理和分类，构建起内在联系紧密的知识体系。文献传递职能，是指图书馆还担当信息传递者的角色，确保其藏书的信息资源能被广泛传播给读者。智力开发职能，是指图书馆通过对原始文献的再加工和深度挖掘，进行智力开发工作，产生更高层次的文献。社会教育职能，是指图书馆利用其丰富的资源对社会成员进行教育和启迪。

（一）保存人类文化遗产

作为人文精神的守护者，图书馆自古至今一直承担着保存人类文化遗产的重要使命。自文字诞生及书籍问世以来，图书馆便开始发挥其文化作用。图书馆不仅是收集和管理各时代、各民族的文献资源的中心，更是连接过去与未来，传承文化的桥梁。在现代社会，随着计算机网络化和科技的飞速发展，图书馆的保存功能已经超越了传统的手写和印刷文献，拓展到多样化的载体形式，目的在于使这些资源得到更广泛、更有效的利用。因此，图书馆不仅是人类社会实践经验、文化知识的系统化保存者，更是当今社会宝贵的文化与精神财富的传承者。

（二）开展社会教育

图书馆在当代社会中承担着重要的社会教育角色。随着近代大工业的兴起，社会对于具备丰富知识和技能的人才需求日益增长。因此，图书馆成为普及科学知识和文化教育的重要场所。在终身教育和继续教育方面，图书馆发挥着不可或缺的作用，成为教育的重要阵地。

（三）开发信息资源

对于图书馆来说，开发和利用其庞大的文献信息资源是其核心职能之一。在信息时代，文献的数量急剧增加，类型日益复杂多样，时效性强，传播速度快，但也伴随着内容重复、语种多样化和质量参差不齐等挑战。因此，图书馆通过对文献信息资源的加工整理、科学分析和综合，有效地指引和管理，形成有序、连续的信息流，以便于更广泛地交流和传递知识。

图书馆的文献资源开发包括以下几个环节：一是对新入库文献进行验收、登记、分类、编目和加工处理，确保其合理流通；二是对外部文献资源进行搜集和筛选，建立起虚拟馆藏，为读者提供更广泛、更便捷的信息访问途径；三是运用最先进的技术，比如计算机网络操作技术，推进馆藏文献的数字化进程，从而提升文献资源的可访问性和利用率。

（四）参与社会教育

1. 文化素质的教育职能

图书馆担任着积极的社会教育角色，特别体现在它能够向社会和读者提供优质的学习环境：包括丰富的资源，舒适的场地以及先进的设备。利用这些优良条件，学习者可以在图书馆中进行自由和长期的自我教育。另外，图书馆作为学校教育的重要组成环节，被赞誉为"知识宝库"和"学校的第二课堂"，负责培养新一代人才。图书馆对所有人开放，教他们如何获取文献资源，从而掌握终身学习的基本技能。

2. "两个文明"建设的教育职能

在实现社会主义"两个文明"建设的过程中，图书馆发挥着关键的教育职能。作为人类文明成果的中心，图书馆利用自身丰富的馆藏向读者提供文献信息服务，精心准备和提供适合各年龄层次的健康阅读素材。此外，图书馆通过不同形式的活动，如展览、墙报和学习角等，大力宣传精神文明建设，从而参与到"两个文明"建设的实践之中。

3. 丰富群众文化生活的教育职能

图书馆以其在传播文化、活跃公共生活的角色，成为社会文化中心的重要组成部分。在这里，读者们能够借阅自己钟爱的书籍，在家中静静品味；或者在阅览室内浏览报纸，欣赏画刊，享受阅读的乐趣。更可以在计算机网络中心上网与他人交流，发送电子邮件给亲人和朋友。这些丰富多样的活动无疑使图书馆成为人们日常生活的一部分。

4.思想教育的职能

作为文献信息资源的汇聚中心，图书馆在传播知识和信息方面扮演着关键角色。图书馆在思想政治教育中发挥着至关重要的作用，其目的是指引并协助读者形成正确的世界观、人生观和价值观，为其打下坚实的科学理论基础，确立建设具有中国特色的社会主义事业的政治方向。图书馆管理人员应始终牢记其在思想政治教育上的重要职能，以及服务与育人的神圣使命。

（五）传递科学情报

现代图书馆的另一项基本职能是传递科学情报。图书馆所拥有的丰富、系统、全面的书籍和信息资料，构成了其进行科学情报传递工作的物质基础。在这个信息化的社会中，图书馆在科学情报方面的作用日益增强。

（六）开发智力资源

图书馆收藏的书籍和资料是人类长期积累的智力资源。图书馆对这些资源的整理和处理，是对智力资源的一种有效开发。同时，图书馆通过向用户提供这些书籍资料，实际上也在开发图书馆用户的脑力资源。换句话说，图书馆在培养人才方面承担着重要的职能。

（七）提供文化娱乐

图书馆提供的服务满足了社会对于文化娱乐的需求，丰富并活跃了公众的文化生活。图书馆为读者提供了各种各样的文化娱乐资源，不仅能够促进社会教育和文化的传播，而且让文化娱乐成为公众生活的重要组成部分。

二、图书馆的作用

无论历史怎样演进，纸质图书的价值始终无法被取代，其举足轻重的地位毫无动摇。图书馆作为集收集、管理、保存以及传播文献信息于一体的科学、文化、教育和科研机构，始终以文献资料为基础支撑其各项工作。面对信息技术和计算机网络的挑战，图书馆也未有退缩，因为对这种科技挑战的理解和接纳已远超过学术理论意义上的讨论，实际上，这是对图书馆基本职能的一种社会主流化的挑战。过去，新华书店作为图书馆的主要合作商，扮演着重要的角色。但是，随着信息技术和网络的飞速发展，现代化的信息服务机构开始全面参与到图书馆的运作中，成为图书馆领域的新力量。这些机构运用尖端的信息技术和管理模式来提升信息的利用效率，缩短用户的响应时间，提供方便快捷的信息利用方式，从而有效地节省了用户的时间。他们倡导构建一种以知识网络、知识中心、知识定位为基础，面向信息一体化的管理模式。此类机构众多，并且有些在全国产生了广泛的影响力。现代化信息服务机构也转身成为图书馆的竞争者，他们期望通过嵌入信息技术，建立在传统图书馆工作上的运营模式，以增加自身的业务领域，吸引更多的客户，他们的到来也使图书馆成为其与读者之间的重要桥梁。

（一）大学图书馆的作用

1. 只有好图书馆才能缔造好大学

全球各大学视教师、图书馆和科研设施为生存与发展的核心资源。无数知名大学的背后，都有图书馆作为精神支柱和智力库房，发挥着不可或缺的作用。一所优秀的大学，往往拥有一个同样卓越的图书馆，这已成为众多名校成长和发展的内在规律。

2. 藏书质量与大学地位密切相关

高等教育机构的图书馆是保障教学和科研工作顺利进行的关键设施。图书馆的藏书质量不仅反映了图书馆本身的运行情况、社会效益和应用价值，还体现了高等教育机构的整体办学水平和特色。尤其是在当前，众多高校正改变着办学模式和发展方向，因此，高校图书馆的藏书建设工作显得尤为紧迫和重要。

3. 大学图书馆要重点发挥数字图书馆的作用

在现代的大学图书馆中，尽管纸质书籍依然占据主导地位，但随着21世纪网络技术的发展，数字化资源因其丰富的信息内容、便捷的传输服务和广泛的可获取性，越来越受到学生的欢迎。与传统的纸质图书相比，电子资源具有使用灵活、无时空限制、检索方便、信息量大、支持多用户同时访问和快速传输等优势。数字图书馆的优点显著，学生可以在任何地点、任何时间方便地访问图书馆的数字资源，无须受到物理空间和时间的限制。这种便利性极大地提升了图书馆资源的利用效率，同时也为学生的学习体验带来了极大的便利。

4. 大学图书馆的"第二课堂"作用

在大学生的学术旅程中，课堂教育是基础，但图书馆，包括自习室、阅览室和电子阅览室等，则扮演了至关重要的"第二课堂"角色。相比传统教室的被动学习模式，图书馆提供了一个更为主动、灵活的学习环境。在这里，学生不再仅仅是知识的接受者，而是成为寻求和探索知识的主动者。他们可以自由选择阅读材料，按照个人的兴趣和需求来安排学习内容和进度。这种主动探索的过程，不仅加深了学生对专业知识的理解，还激发了他们对学习的热情。此外，图书馆作为一个多功能的学习空间，也是学生了解社会、拓宽视野的重要场所。在阅览室中，学生们可以通过阅读各种期刊和报纸来接触最新的社会动态，而在电子阅览室中，他们可以通过网络资源获取更为广泛的信息，从而使自己的知识体系更加全面和多元化。这种学习方式，不仅促进了学生的专业成长，也为他们的个人发展奠定了坚实的基础。

在休息日，图书馆变成了大学生的理想去处。在这里，学生们不仅可以专注于学习，还可以通过参加图书馆与学校团委、学生会等机构联合举办的各种文化活动，如读书报告会、书评会和知识竞赛，来丰富自己的课余生活。这些活动不仅增长了学生的知识，还提高了他们的情操，为他们提供了展示才华的舞台。总之，大学图书馆作为一个综合的学习和文化交流中心，对学生的学术成长和个人发展具有不可替代的作用。为了让学生在这个"第二课堂"中获得最大的收益，大学应当充分利用图书馆的资源，创造一个信息丰富、环境优雅、学习方式多样化的空间，让学生在休闲和娱乐中也能不断汲取有益的知识、文化和社会经验。

5. 大学图书馆在大学文化建设中的地位及作用

在大学生的成长和学习过程中，校园文化扮演着关键的角色。这种文化生态不仅深刻影响着学生的日常生活，还塑造着他们的价值观和世界观。通过提供丰富多样的图书和资源，图书馆在培养学生的社会责任感、服务精神以及国家意识方面发挥了不可替代的作用。图书馆的环境和资源帮助学生形成正确的世界观、价值观和人生观，而这些观念将随着他们步入社会，影响他们的未来。

图书馆还承担着连接校园与社会的桥梁作用。通过提供多元化的文化和知识资源，图书馆鼓励学生走出象牙塔，更好地融入社会。同时，图书馆也起到了过滤作用，它筛选社会文化中的有益成分，同时排斥那些低俗或有害的文化因素，保证校园文化的纯净和高质量。这样的文化净化作用，使得大学图书馆成为促进健康校园文化建设的重要场所。

6. 大学图书馆具有加强学生思想品德、促进校园文化建设的作用

大学图书馆不仅以其独特的文化环境和丰富的信息资源影响学生，还积极地发挥着教育功能。为了更好地促进学生的全面发展，图书馆应积极开展多层次、多样化的服务。这些服务包括编制书目、推荐阅读、新书推介、举办图书展评、介绍数据库和网络资源等，旨在引导学生更有效地利用图书馆资源。

图书馆，知识的汪洋大海，学子们在此可畅读各类珍贵文献，汲取珍贵知识。若缺乏明确指引，学生或许会在这海洋中迷失方向。因此，图书馆应当积极开展深入的信息引导和推广活动，如资源推荐和导读活动。这些活动对于学生来说至关重要，不仅能够帮助他们更好地筛选和利用信息，同时也体现了图书馆在适应时代变迁、满足学生需求方面的不懈努力。

7. 图书馆的"学术研究"作用

大学图书馆的成功不仅体现在其先进的硬件设施上，更在于图书馆员的整体素养。高素质的图书馆员往往意味着图书馆在学术研究领域的出色表现。重视学术研究的图书馆能够激发馆员的工作热情和学术成就，同时提升图书馆在界内的声望和地位。但是，存在一种观点认为图书馆仅仅是为学生服务的机构，图书馆员的主要任务是提供优质服务，而从事学术研究被视为"不务正业"。这种观念忽视了服务工作与学术研究之间的内在联系。实际上，通过学术研究，图书馆员能够深入探讨和解决工作中遇到的问题，从而提高服务水平。学术研究不仅能够发现问题，还能在研究过程中找到解决方案，推动大学图书馆各项工作的开展。如果图书馆的工作停滞不前，就需要通过学术研究来激发新的动力。学术研究就像是汽油，为图书馆这台"汽车"提供动力。

只有不断加强学术研究，才能使图书馆的服务工作达到新的高度，提升整体业务水平。

为了实现这一目标，大学图书馆应建立定期召开学术研讨会的制度。每年可以举办一次全馆性的学术研讨会，以促进图书馆员之间的学术交流与思想碰撞，增强部门间的协作。此外，大学的各个系别也应在图书馆定期开展学术研究和交流活动，使图书馆不仅成为藏书和借阅的场所，更成为文献情报和学术研讨的中心。在大学的学术研究和交流中，图书馆应发挥核心和纽带的作用，为学术探索和知识传播提供坚实的支持。

大学图书馆在提升馆员素质方面扮演着重要角色。为此，图书馆应制定定期的员工培训计划，确保每位员工都有机会接受一次或多次培训。这种持续的培训有助于提高图书馆员的专业水平。同时，鼓励员工积极参与外部的学术活动，制定明确的参与标准，确保每位员工都有平等的机会。此外，图书馆还可以邀请其他图书馆的专家来馆授课和指导，促进学术交流的正常进行。

为了推动学术研究的深入发展，图书馆应定期对学术成果进行总结和评估，通过这种方式总结经验、发现不足，从而推动学术研究向更深层次、更高水平发展。大学图书馆还应致力于培养多技能、高素质的学术人才，并营造浓厚的学术研究氛围，使他们深刻认识到广泛开展学术研究的重要性，这是图书馆实现现代化的关键。

（二）公共图书馆的作用

公共图书馆是一个综合性的知识中心，拥有完善的藏书、管理和流通系统，以及先进的技术设施，服务于广大民众。这些图书馆包括各级别的机构，如省级、自治区、直辖市、市、地区及县级图书馆，特色在于它们的学科范围广泛，读者群体多元化。公共图书馆是一种受国家中央或地方政府支持的文化机构，致力于向社会公众提供免费服务，还专门为儿童、工人、农民等特定群体提供服务。

1. 公共图书馆的性质

公共图书馆对全社会开放，其藏书广泛，服务于不同文化背景的读者。作为科学研究大系统的一部分，图书馆负责收集、整理和提供科研所需的文献信息资料。其主要特性包括社会性、附属性、辅助性、学术性和中介性。图书馆在精神生产的流通环节中发挥作用，它并不直接参与创造活动，而是提供精神生产的原材料，协助创作者进行精神创造。影响公共图书馆发展的主要因素包括国家经济和文化水平、工业城市的兴起和强制教育、科技发展、国家的支持与保护以及国际图书馆间的交流。其中，国家的支持和保护是关键因素，从这个角度看，我国的公共图书馆目前主要属于国家运营的服务机构。

公共图书馆承担多重社会职能，核心在于对社会文献信息的有效整理和传播，发掘和利用智力资源，促进社会教育，以及保护和传承人类文化遗产。此外，它还满足社会成员对文化欣赏和娱乐消遣的需求，是社会知识传递和文化交流的重要枢纽。

公共图书馆作为一种公益性机构，依据国家法律法规运作，秉承公共管理的原则，旨在满足公众的文化和科研需求。它的资金主要来自地方政府的财政拨款和社会捐赠。作为面向所有人的服务机构，公共图书馆确保每个人都能平等地利用其资源，满足公众对科学文化知识的渴求。公益性是其本质属性，这不仅对于图书馆实际工作的开展至关重要，还具有理论上的指导意义。作为社会知识结构的一部分，图书馆在知识信息的利用和创新方面发挥着不可或缺的作用。图书馆的性质决定了它在实际工作中的职能，概括起来主要包括教育性、学术性、社会性、文化服务性等。

（1）教育性

教育是一个多层次的概念。狭义上，教育通常指的是学校教育；广义上，教育则包括了所有传授文化知识、塑造人的思想、意识、品德，以及增强体质的活动。这种广义的教育就是社会教育的核心。公共图书馆便是这种社会教育的重要载体。作为教育和科研的关键机构，图书馆凭借其丰富的资源和先进的设施，在社会教育领域发挥着独特的作用。图书馆与教材出版机构、学校合作，建立教育教学数据库，开展网络教学，有效地支持了正规教育的发展。同时，图书馆向社会开放，降低或消除入馆门槛，通过信息传播为所有用户提供教育服务，成为终身学习的基地。此外，图书馆还通过开展各种文化娱乐活动，对用户进行审美和素质教育，从而全面促进人的发展。

图书馆作为教育机构，拥有悠久的历史。在古代，皇家书院和藏书楼不仅是珍藏典籍的殿堂，更是培养英才的摇篮。近代图书馆事业的历史中，诞生了很多兼具图书馆员和教育家双重身份的人物，如梁启超、康有为、鲁迅、胡适等，他们在教育和图书馆领域均留下了深刻的影响。现代图书馆被誉为"无墙的学校"，是人们进行再教育和终身教育的理想场所。与传统图书馆仅作为教育载体不同，现代图书馆在新时期的角色和功能正在经历显著的变化。

（2）学术性

讨论公共图书馆的学术性时，外界可能会对此有所误解，认为图书馆仅限于提供服务，而忽视了其深厚的学术根基。实际上，我国古代的图书馆（也称为藏书阁）就已经是学术研究的重要场所。特别是自汉代以来，国家的图书馆成为藏书的中心，不仅保留了丰富的古代文献，还积极参与了历代的学术讨论，对学术发展起到了极为关键的推动作用。图书馆作为学术信息的交流中心，其职能不仅限于搜集和保存社会知识信息及文化资源，更包括将这些资源通过科技创新、专业学术报告等形式整合并提供给用户。在整个学术信息交流活动中，图书馆扮演着承前启后、连接各方的信息枢纽角色。此外，图书馆的学术性还体现在其工作本身。图书馆工作包括知识信息的保存、处理、整序以及提供使用，这些任务的完成需要专业的知识和技能，彰显了图书馆工作所独有的理论和方法。因此，公共图书馆的学术性不仅是其内在特质，更是其对外提供服务的重要基础。

（3）社会性

公共图书馆与社会息息相关，不仅作为文化设施和工具存在，而且承担着保障公民信息权益的重要角色。在我国，尽管公共图书馆以公益性为核心，但这一理念却尚未得到充分重视。公共图书馆的法规建设尚未完善，未将其确立为一种完善的社会机构和制度，从而忽略了公共图书馆建设的社会性。

图书馆的主要职能在于收集、保存文献信息和为读者提供服务。图书馆所收藏的知识信息具有广泛的社会性，它们包含了人类历史上的智慧结晶，是人类社会共同智慧的体现。同时，图书馆也是促进读者充分利用人类文化遗产的机构，其服务对象广泛，具有显著的社会意义。通过提供丰富的文献信息，图书馆促进了知识的传播和信息的交流，贯穿于社会的政治、经济、科学和文化等多个领域。因此，公共图书馆不仅是一个文化机构，更是一个具有显著社会性的文化财富共享平台。

（4）文化服务性

在中国，现代图书馆是从传统的藏书楼演变而来。这些图书馆不仅仅是收藏书籍的地方，它们通过各种文化活动——比如提供丰富的阅读材料、实施网络服务、举办知识讲座、开展流动图书馆服务等——不断扩大服务领域，致力于提升文化服务水平和整合社会文化资源，以便更好地服务于读者。尽管图书馆本身并不直接创造文献信息，但它通过加工、整理、存储和管理社会文化资源，为读者和科研人员提供信息，成为知识产生和利用间的重要纽带。它发挥着服务性和中介性的作用，最大限度地利用文献信息，满足读者多样化的文化信息需求。

图书馆拥有丰富的社会文化信息，其工作能够超越空间和思想的界限，促进不同行业、不同观念间的文化交流与互动，进而推动社会文化资源的整合。公共图书馆在地域文化建设上发挥着重要作用，同时也为经济发展提供服务。长期以来，我国公共图书馆的发展被定位于国家文化建设的范畴内，而其他类型的图书馆也在政策、法规和业务方面受到文化部门的影响和指导，这进一步强调了图书馆作为文化机构的重要性。

2. 公共图书馆的职能

一座图书馆充当着多重角色，如同一个多面手，其功能主要由其内在性质决定。这些性质多种多样，因此，图书馆可以被理解为一个具有多元职能的结构。其中，图书馆的职能主要指其在人类社会中所包含的社会责任及其产生的效能。概括起来讲，图书馆的职能主要有文化职能、教育职能、信息咨询职能、休闲娱乐职能。

（1）文化职能

公共图书馆作为社会文化结构的重要组成部分，承担着多重的文化职能。在历史长河中，公共图书馆始终承担着收集、保存和传播人类智慧结晶的重要角色。这一角色的演变与深化，与社会的发展和技术的进步息息相关。

自公共图书馆诞生之日起，其基本职能便是收藏书籍和资料，为公众提供学习和研究的资源。从最初的手抄本、印刷书籍到现代的电子资源，图书馆的藏书种类与数量在不断增长。图书馆成为覆盖各个学科、涵盖多种形式知识的综合信息中心。

除了作为知识的存储器，公共图书馆在文化传播和教育普及方面也发挥着不可替代的作用。图书馆通过提供免费的图书借阅服务、举办各类讲座和展览、开展儿童和成人的教育活动等方式，极大地促进了文化的普及和传播。这些活动不仅丰富了社区的文化生活，也为公众提供了自我教育和终身学习的机会。特别是在数字时代背景下，公共图书馆通过引入电子阅读资源、在线数据库和多媒体学习工具，大大拓展了其服务范围和影响力，使得远程学习和网络信息检索成为可能，从而使得文化教育资源的获取更加便捷和平等。

公共图书馆在文化传承方面的职能同样不容忽视。许多图书馆还特别关注地方历史和文化的收集与研究，成为地方文化认同和传承的重要场所。此外，图书馆还通过举办各种文化活动，如作者讲座、文学朗读、艺术展览等，为公众提供了深入理解和体验文化的机会。这些活动不仅有助于加深公众对文化遗产的认识和尊重，也鼓励了文化的创新和多样性发展。

（2）教育职能

公共图书馆在社会教育体系中扮演着极为重要的角色。作为普及知识和促进终身学习的重要场所，图书馆的教育职能在现代社会中显得尤为关键。这种职能不仅体现在为公众提供丰富的学习资源和资料上，更在于它们为不同年龄、不同背景的读者提供了多样化的学习和成长环境。

公共图书馆作为知识传递的枢纽，提供了广泛的学习资料和资源。从传统的书籍、期刊到现代的电子书籍、在线课程，图书馆充分利用各种媒介，满足了不同读者的学习需求。这些资源不仅涵盖了从基础教育到高等教育的各个阶段，还包括了职业技能培训、个人兴趣发展等多个方面。公共图书馆为自主学习提供了条件，无论是学生准备考试，还是成人寻求职业发展或个人兴趣的拓展，都能在图书馆找到宝贵的资源。

除了传统的书籍借阅服务，公共图书馆还积极承担起教育的推广者角色。许多图书馆定期举办各类讲座、研讨会、工作坊，涵盖文学、科学、艺术、技术等多个领域，这些活动不仅为公众提供了学习新知识的机会，还鼓励了社区成员之间的交流与合作。针对儿童和青少年，图书馆经常组织讲故事比赛、科学实验活动、艺术创作课程等，旨在激发他们的学习兴趣，培养阅读和科学探究的习惯。对于成人学习者，图书馆提供的职业发展讲座、语言学习小组、电脑技能培训等，都极大地丰富了成人教育的内容和形式。

此外，公共图书馆在促进数字素养和信息技能方面的教育职能也日趋显著。在快速发展的信息时代，图书馆通过提供互联网访问服务、数字资源使用指导以及信息素养相关的教育活动，帮助公众提升在数字环境中检索、评估、使用信息的能力。这对于增强公众的信息意识、培养批判性思维和终身学习能力具有重要意义。同时，针对信息技术的快速发展，图书馆还不断更新其技术设施和资源，如增设电子阅览区、提供 3D 打印服务、开设编程和机器人技术等新兴领域的工作坊，以此来适应数字时代的教育需求。

（3）信息咨询职能

公共图书馆担负着向社会提供信息咨询的重要任务。它不仅支持文化信息行业的发展，还通过各种渠道如电子邮件、口头交流等，为读者提供多元化的信息服务。公共图书馆的信息咨询职能还包括为本地企业和组织提供关键信息支持，满足用户在工作、学习和日常生活中的信息需求。随着科研和生产对信息的依赖日益增强，公共图书馆在信息服务范围和方式上不断创新，以满足不同用户群体的特定需求。对普通读者来说，公共图书馆加强了文献传递与参考咨询服务，对企业和学术机构则提供科技创新服务，为信息产业提供坚实支持，确保生产和科研活动的信息需求得到有效满足。

（4）休闲职能

作为公共文化设施，公共图书馆在丰富人们业余生活方面扮演着关键角色。通过举办各类文化展览、讲座和演出，公共图书馆满足了公众对休闲娱乐的需求，成为重要的休闲娱乐场所之一。公共图书馆致力于向更广泛的读者提供深入的文化服务，体现人文关怀，增强社会文化活力。公共图书馆通过加工、整理、存储和管理社会文化资源，并为读者及研究人员提供阅读资源，成为社会知识交流中知识生产与利用之间的桥梁。它发挥了服务性和中介性的作用，最大限度地利用文献信息来满足不同读者的文化信息需求。公共图书馆掌握着丰富的社会文化信息，其工作过程中不仅能够跨越空间障碍，还能打破思想界限，促进不同行业和不同意识形态之间的文化交流，推动社会文化资源的整合与协作。

3. 公共图书馆促进社会和谐

在我们努力构建一个和谐社会的过程中，公共图书馆扮演了至关重要的角色。这个过程既复杂又漫长，远非一日之功。正是因为公共图书馆独特的特性和职责，它在这一过程中具有不可或缺的地位。公共图书馆不仅有助于缓和社会矛盾、减少社会不平等，还在维护信息公正、保护公民权益、促进文化活动、提升教育质量、缩小数字差距以及推进社会和谐发展等方面发挥着重要作用。

（1）图书馆通过"智力支撑"促进社会和谐

文化是民族的灵魂，先进的社会主义文化肩负着为构建和谐社会提供精神支柱、思想基础和智力支撑的重任。社会的和谐程度在很大程度上取决于全体成员的道德素养。和谐社会的建设离不开道德的培育。良好的道德素质能促使人们自觉遵守法律法规，从而营造一个充满人性关怀、友爱、团结、平等和温暖的精神环境。公共图书馆在提供智力支撑方面发挥着重要作用。图书馆收藏的丰富信息资源，是人类文化、科学技术和思想的宝贵成果，为从事智力开发和进行社会教育提供了坚实的基础。作为社会和谐的智力支撑者，图书馆在推动和谐社会建设中扮演了不可替代的角色。

（2）公共图书馆维护信息公平，保障公民权利

在 21 世纪初期，我国公共图书馆的理念经历了重要的转变，其中最显著的是开始强调"保障公民信息权利"。这一转变的核心原因在于公共图书馆的特性：公共性、公益性、免费性、无限制服务。我国的公共图书馆网络从国家图书馆到社区和乡村图书馆，已经形成了全国性的服务体系，为所有公民提供无歧视的服务。这三大特点使公共图书馆成为群众服务的重要平台。在推动社会信息公平的理念日渐深入人心的今天，我们需要重新审视并升级相关教科书的内容，以反映公共图书馆在这方面的最新研究成果和理念。

（3）公共图书馆搭建互动平台，加快社会和谐

公共图书馆作为社会公平和平等的象征，担负着促进人际和谐的重要责任。通过组织各种文化娱乐活动，如知识竞赛、演讲比赛、专题辩论、书画展览等，公共图书馆为公众提供了一个互动的平台。图书馆的独特之处在于其对社会所有成员的开放性，无论种族、肤色、国籍、年龄、性别、语言、地位或教育水平。这样的共享平台促进了公众间的情感共鸣和心理交流，缩短了心理距离，增进了相互理解和沟通。在和谐社会的构建中，公共图书馆起到了促进社会公平和增进人际关系和谐的重要作用。

（4）公共图书馆提供终身教育平台，实现社会和谐

公共图书馆不仅是知识与文化的宝库，也是终身教育的重要平台。与新闻媒体、学校等教育机构相比，公共图书馆以其普遍性、全程性、公益性的服务特征，为社会所有成员提供了便捷、高效的学习途径。丰富多元的信息资源，使之成为终身学习的不竭源泉，为实现社会和谐提供了智力支撑。

（5）公共图书馆缓解社会矛盾，缩小社会差距

公共图书馆在"送书下乡""全国文化信息资源共享"等项目中发挥了重要作用，服务延伸至社区、工地、医院、监狱等，为城市弱势群体提供教育与培训，支持西北、东北等地区的图书馆发展，为其经济建设提供智力支撑。这些举措有效缓解了社会矛盾，缩小了社会差距，为构建和谐社会做出了重大贡献。

（6）公共图书馆活跃文化生活，提高教育水平

美国图书馆学家杜威将公共图书馆视为"人民的大学"，联合国教科文组织《公共图书馆宣言》也强调了其在教育方面的重要作用。在我国，公共图书馆积极参与社会教育，不仅推动文化社会建设，构建"书香型"社会，还为不能进入学校的公民提供教育培训，提高他们的社会适应能力。通过举办各种文化活动，公共图书馆成为社会文化生活的中心，促进了社会风尚的健康发展，为和谐社会的构建贡献力量。

第三节 图书馆的重要性

一、建立公共图书馆的重要性

随着我国城镇化步伐的不断加快，公共图书馆在城市发展中的作用愈加凸显，其重要性体现在多个方面：

（一）建立图书馆文化是时代的要求

图书馆文化的建立是跟上时代步伐的必然选择。随着图书馆迅速发展和各种新变化的出现，图书馆文化的良好氛围成为其发展的加速器。特别是伴随着众多高校扩建成多个校区，多校区图书馆的文化整合成了一项新的挑战。这包括但不限于重塑图书馆文化，更新图书馆形象，以及实现图书馆的整体整合，这些都是新形势下图书馆必须面对的文化建设任务。

（二）图书馆是社会教育的重要组成部分

在当下社会，人们对于文化和知识的渴望日益增长，对终身学习的需求也日益强烈。公共图书馆作为文化传播的主要机构，拥有强大的社会教育功能。它们通过丰富的藏书和多样的媒介，传递先进的思想、伦理、科技和文化知识。在促进全民学习和提升公众素质方面，公共图书馆发挥着至关重要的作用。在图书馆，人们的学习不受时间、空间、年龄和文化层次的限制，因此图书馆深受广大群众的喜爱。

（三）图书馆是社会主义精神文明建设和文化建设的重要载体

图书馆的发展与文化建设息息相关，它不仅满足了社会主义精神文明建设和中国特色社会主义文化建设对提升民族思想道德和科学文化素质的需求，而且还有助于增强国家的文化软实力，推广中华文化，构建社会主义文化强国。公共图书馆在传承和弘扬中华优秀传统文化的同时，也为社会主义文化发展提供了强有力的支持。

（四）图书馆是文献资料和信息中心

公共图书馆，这座城市最为丰富的知识殿堂，汇聚着丰富多彩、内容丰富的文献资料。它不仅囊括了传统纸质文档，还包括了现代电子资源。在这里，无论社会阶层、年龄段，或是各式各样的需求，都能找到所需的信息。公共图书馆使历史的面纱轻易被揭开，将最前沿的科技知识变得触手可及。以其庞大的信息量，公共图书馆吸引着越来越多的人前来，成为他们获取知识的首选之地。

（五）公共图书馆继续承担起城市历史文化的承接

公共图书馆的创建，本质上是为了保存和传承传统文化成果。在城市文化建设方面，它不仅记录了城市的发展历程，而且反映了城市的文化特色和社会价值。在新时代背景下，公共图书馆更加重视其承担的角色，为城市的文化建设提供坚实的支撑，成为城市建设中不可或缺的思想库和文化核心。通过典藏丰富的文献，公共图书馆不仅成为知识传承的场所，也成为城市身份认同和文化自觉的重要象征。

（六）建立图书馆文化可以反映一个图书馆的管理水平

图书馆文化的优劣直接映射了管理团队的工作效能和服务质量，同时也是图书馆领导力和管理艺术的体现。优秀的图书馆文化能够激发管理团队的服务热忱和工作激情。在这样的文化环境中，领导层会依循"人本管理"理念，关注并发挥员工的潜能，创建一个人才得以充分利用和发挥的环境。

（七）公共图书馆是城市文化建设过程中文化资源中心

文化是民族的根脉和人民的精神家园。作为学校之外的主要学习场所，图书馆以其独特优势在文化传承、传播和深化过程中发挥着重要作用，推动着文化事业的不断发展。作为优秀文化遗产的传承者，图书馆不仅在文化继承、传播和深化方面起着至关重要的作用，而且在塑造个人品格、提升文化素养方面也扮演着不可替代的角色。公共图书馆作为城市文化建设的核心资源，为传统文化的学习、交流和传播提供了理想的平台，并通过完善的基础设施和丰富多彩的知识传播形式，培养市民良好的学习习惯，成为价值极高的文化传播媒介。

（八）建立图书馆文化是培育图书馆学术氛围的需要

20世纪末，学习型组织被视为最具成效、竞争力和活力的企业。图书馆管理正不断进化，从强调个人被动接受知识到强调个人主观能动性、系统性和创造性思维的发展。这不仅要求个人在图书馆知识掌握上具备更高的能力，更需要他们具备创新思维和系统化思考的能力。彼得·圣吉在《第五项修炼》中强调了系统思维和创造性思维的重要性。因此，加强图书馆管理人员的持续教育和培训对于图书馆文化的发展至关重要。通过建立图书馆文化，员工可以自发地学习新技能，主动更新知识结构，从而全面提高自身能力，适应现代图书馆的发展需求。

（九）图书馆是公共文化服务体系的重要组成部分

在社会主义文化建设中，推动公益性文化事业的发展和保障人民的基本文化权益是至关重要的任务。图书馆凭借其公益性、便利性和普及性，赢得了广泛的民众欢迎。通过改善基础设施、举办阅读和文艺活动，图书馆丰富了人们的日常生活，满足了大众对精神文化的需求。公共图书馆使人们平等地享有阅读服务和权利，对文化事业的推广和科学知识的传播产生了积极影响。

二、建立高校图书馆的重要性

高校图书馆，作为学术研究与学习的枢纽，不仅是知识与信息的聚集地，也是教学活动的重要平台。它在塑造学生正确的人生观、培育崇高道德质量方面发挥着不可替代的作用。在专业教育中，图书馆既是教师科研的信息支撑，也是学生课堂学习的有力延伸。

（一）高校图书馆对学生进行德育

由于高校学生在校时间短，而且学生的职业技能教育是教学的中心，因此对学生的思想道德教育工作压力很大。高校图书馆作为培养社会主义精神文明的关键阵地，肩负着协助学校进行思想教育的重任。与传统的直接灌输式教育相比，图书馆提供的是一种更为间接、渗透式的教育模式。图书馆的德育培养途径主要有两种：一是利用馆藏丰富的文学、哲学、艺术等文献资源，引导学生阅读对思想和学习有益的书籍，阻止低俗内容的负面影响，以此实现教育目标；二是通过营造幽雅的自然环境和民主、和谐的人文氛围，使学生在宁静舒适的氛围中愉悦地学习。长期而言，这有助于学生无意识中培养良好的行为习惯和道德观念。这种教育方式因其轻松、自然的特点，能够在学生中潜移默化地提高道德水平，体现了西方道德教育的观点："道德是通过感染，而非直接教授获得。"

相对于学校传统的教育方法，图书馆的道德教育更侧重于自我教育和实践。大学生具备较强的感知和认知能力，能通过阅读人文作品，进行道德价值的自我探索和选择，实现自我提升。在现代法治民主社会中，自我教育避免了强制和服从，促使学生自主、自愿地做出道德选择。此外，道德的实践性质要求道德教育超越以教师和课本为主导的课堂教育。在课堂上，学生可能掩饰自身的道德弱点，但在实际生活，如图书馆使用中，这些弱点容易暴露。因此，图书馆应发挥其人文资源和环境优势，与学校协作，引导学生在图书馆的实践中进行自我教育，提高个人的道德标准。

（二）高校图书馆对学生进行智育

高等院校图书馆在智育方面扮演着重要角色。图书馆的主要职责是与学校教学相配合，为学生提供全面的学习和教育机会，即智育。特别是在高等职业教育中，图书馆的作用更是不可替代。高职教育旨在培养既具备专业技能又拥有广泛知识背景的人才，以适应现代化生产和建设的需求。然而，在教育内容向综合化发展过程中，若未能妥善平衡，可能会削弱主要学科的教学重点。因此，图书馆成了一个理想场所，既能照顾到学生个性化的学习需求，又不会影响学校的常规教学安排。

智育的关键在于使用系统化的科学知识和技能培养学生的智力。从教学角度出发，教育活动应分为两个方面：一是以课堂教学为主的知识传授活动；二是以图书馆的丰富文献资料为基础，以自学为主的阅读活动。前者主要是教师对专业文化知识的传授，而后者则侧重于学生利用图书馆资源进行自我补充和完善。仅依赖课堂教学获取知识远远不够，学生还需要通过阅读大量文献资料来补充学习。图书馆会根据专业教学计划、教学大纲和进度，有针对性地为学生提供参考资料。同时，图书馆拥有广泛的藏书种类，使学生能够在专业学习之外探索其他领域的知识。通过阅读，学生可以加深、巩固和拓展在课堂上学到的知识，并不断吸收新的信息。因此，图书馆的阅读活动是对课堂学习的有效补充和深化，对于智育的促进作用十分显著。

（三）高校图书馆具有完善学生知识结构的功能

高等院校图书馆在学生知识结构的完善中扮演着至关重要的角色。学生的知识体系通常涵盖基础知识、专业知识和动态知识三个主要领域。为了构建合理的知识结构，高职院校学生应遵循"专深与博广并举"的原则。其中，"专深"指的是在专业领域的深入掌握和技能精进；而"博广"则是指基础知识的广泛涵盖和深度积累。在这个过程中，我们需要在广泛的知识领域中深入探究专业知识，但同时也要不断拓展基础知识的广度。通过不断深入专业领域，我们能够更全面地理解和应用所学知识，同时也能更好地拓宽自己的视野和思维能力。

此外，为了辅助学生建立动态、适应时代发展的知识结构，图书馆发挥着不可或缺的作用。知识结构的建立是一个不断调整和更新的过程，要求学生根据时代变迁和个人发展需求灵活调整学习内容。在这一过程中，图书馆提供的精选法和补缺法成为重要工具。精选法侧重于按照专业需要，筛选最关键的知识点，从而精练和丰富知识结构；补缺法则注重在学习过程中发现和填补知识空缺，以实现全面发展。

图书馆凭借其丰富多元的藏书资源，成为学生课外学习的理想场所。无论是在深入学习专业知识，还是在广泛涉猎其他学科领域，图书馆的资源都能有效支持学生的学习需求。从自然科学到社会科学，从前沿学科到边缘及交叉学科，图书馆提供了几乎无尽的学习资源，有助于学生在学术旅程中不断探索、更新和完善他们的知识结构。

（四）高校图书馆具有发展学生个性特长的功能

高校图书馆在激发和培养学生个性特长方面具备独特的优势。每个学生都有其独特的思想观念、个性特质以及知识与学习能力上的差异，这一点在各个教育阶段均显著，高等职业教育的学生亦不例外。正如孔子对其弟子的评价所展示的那样，学生的个性和能力各异，这种差异性不仅体现在智力和兴趣上，也反映在学习的需求与方法上。

传统的课堂教学往往采用集体授课的形式，难以满足每位学生的个性化学习需求。因此，一些学生可能感到知识获取不足，而另一些学生则可能感到信息量过大。图书馆为学生提供了全天候的学习场所，让他们能够随时随地获取知识。图书馆收藏了丰富多样的文献资料，覆盖了各个学科和领域，使学生能够根据自己的兴趣和需求选择合适的学习材料。这种自主选择的学习方式，相比较课堂上的被动灌输，更能激发学生的学习主动性和个性发展。同时，图书馆也成了促进学生跨学科学习和兴趣拓展的理想场所。许多理科学生通过图书馆的资源学习管理学、社会学、经济学等非专业领域的知识，而文科学生也能超越自己专业的界限，涉猎更广泛的领域。这种跨学科的学习不仅促进了学生兴趣的发展，也为其个性化成长提供了广阔的空间。

图书馆的教育模式与传统的班级授课制相比，展现了更多的优势和发展潜力。在当前中国的教育环境下，虽然课堂教学仍是培养人才的基本方式，但图书馆作为一种新兴的教育力量，已经开始对传统教育模式提出挑战。未来，其价值和重要性将会越发得到重视。

（五）图书馆是辅助教师教学、科研的信息中心和参谋部

在教学和研究的领域中，高校图书馆担任着至关重要的角色，充当着教师们的重要辅助工具。它提供了丰富的知识资源和支持，帮助教师们在面对教学挑战时获取必要的研究资料。在教师面临教学任务时，图书馆为他们提供了研究所需的充实和多样性资料，促使他们更好地形成具有学术深度的讲稿，这便使其作为教师信息中心的一部分。

每位教师站在讲台上的每一刻，背后都离不开在图书馆里的努力。只有这样，教师们才能通过他们的课堂教学，将科学的文化知识传递给学生。从这个角度看，图书馆是深度整合和输出最新学术信息的参谋部。

对于高校教师而言，他们肩负着教学与研究的双重责任。他们既要通过专业教学培养未来的人才，又要在研究中探索新知识，推动科学的前沿发展。为此，教师们需依赖准确且全面的文献资料。这些资料特征为系统性、广博性和深入性，其种类、形式、覆盖范围、时效性和深度均超出学生需求。因此，教师成为图书馆资源的主要用户，凸显了图书馆在高校教育体系中的不可替代性和重要性。

第四节　图书馆特色资源

特色资源是与众不同的，它们不仅独特，而且还必须得到社会的广泛认可。这个世界就是由这些独具特色的物质和精神资源构成的，它们共同创造了一个丰富多彩、多元化的空间。人类文化的历史早已证明：那些独具民族特色的文化，往往是最具世界影响力的；那些能够代表时代风貌的文化，也常常是最具历史价值的。最具个性的资源通常是社会最需要的，也最能吸引全世界的关注。这就是特色资源独有的本质和魅力。特色资源的形成需要时间的沉淀和选择性的提炼，它们的产生和发展与人类的活动和需求紧密相关。对待特色资源，我们应该既尊重历史，又注重现实中的经营和创新，充分发挥它们不可替代的作用。

一、图书馆特色资源的科学内涵

图书馆是一个文化机构，其历史悠久，延续了3000年。图书馆之所以能够历久弥新，原因在于它独有的功能和丰富的文化内涵。图书馆的资源大致可分为特色资源和常规

资源。特色资源是图书馆的精华，其拥有的特色资源愈多，其潜在价值越大，发展空间与生存力也愈强，更易获得读者和社会的认可。从内涵上看，图书馆特色资源的核心是独特的信息资源。

（一）特色信息资源

特色信息资源在当今网络时代对于图书馆来说至关重要。这些资源不仅为图书馆间的信息共享奠定了基础，更是特色服务的坚实后盾。在网络技术出现之前，虽然已有特色信息资源的建设，但其规模和影响相对有限。现如今，特色信息资源的发展意义和社会价值前所未有地显著。在对图书馆进行评估时，每一位专家、领导和读者都一致强调了特色信息资源建设的至关重要和必要性。没有这些资源的建设，共享与合作的基础将不复存在，图书馆的发展也将受限。尽管特色信息资源的具体内容尚无统一定义，但其大致范畴已逐渐明晰。图书馆特色信息资源主要包括系统特色资源、区域特色资源和专题特色资源库等几个方面。

1. 系统特色资源

系统特色资源是根据不同图书馆系统的宗旨、服务对象和发展方向在资源建设中形成的独特信息资源。例如，高校图书馆着重于教学和科研信息资源，形成鲜明的教学科研馆藏特色；公共图书馆则需满足不同层次和领域的用户需求，其资源覆盖广泛，但也可以根据特定需求强化某些方面的特色资源；党校系统图书馆则专注于社会科学类信息，特别是经典著作、哲学、政治法律和经济等领域。通过比较这些不同类型的图书馆，可以发现各自的特色和优势，这些特点构成了不同图书馆系统间资源共享的物质基础。信息资源是图书馆的灵魂，各类图书馆都应该全力以赴地建设和储备这些资源，以满足教学、科研、读者服务和政府决策的需求。

2. 区域特色资源

区域特色资源作为特色信息资源的关键部分，反映了国情、省情、市情、县情等多方面内容。这些资源揭示了各地区在经济、文化、政治、地理和民俗风情等方面的独特性。不同地域的独特性汇聚成为一幅多彩的文化图景，从而构成了丰富多样的区域特色信息资源。

（1）国情

国情，是指一个国家的全方位情况，包括政治、经济、文化、教育、军事、外交、人口、自然环境和民族等多个领域。国家级图书馆如国家图书馆、各类版本图书馆及其他大型图书馆承担着国情资源建设的重任，以服务全国读者并为政府决策提供信息支持。国情信息的内容深入，需要投入大量的人力、物力和财力。

（2）省情

省情涵盖了一个省份（包括自治区、直辖市和特别行政区）的基本概况，主要关注工业、农业、文化、教育等方面。省情的搜集、整理和提供主要由省级的公共图书馆、党校图书馆、社科院图书馆等机构负责。

（3）市情、县情

市情和县情描述的是市级和县级地区的具体情况，内容与省情相似，但更加细致和贴近基层。这一信息的建设主要由各市县的公共图书馆担纲。

（4）民俗风情

民俗风情是国情、省情、市情、县情的一部分，但它又具有独特的性质，因此需要单独分类。民俗风情是指人们在长期的生活中形成的礼节、信仰和习惯，展现了当地人们的独特生活方式。它包括生产习俗、生活习俗、节日习俗、信仰习俗等。我国的民俗风情可以分为汉族民俗风情和少数民族民俗风情。在建设民俗风情文化资源时，应注重重点内容的突出和目标的明确。

3. 专题特色资源库

专题特色资源库是根据特定主题构建的资源集合。图书馆可依据自身特点和需求，建立各种专题特色资源库。例如，教育机构的图书馆可以创建教师资源专题库和学生资源专题库，其中不仅包含教师与学生的个人简历，更重要的是他们在科研领域的成果，如著作和论文等。公共图书馆同样可以设立针对读者的专题库，集中收录所在区域读者相关的各类信息。

（二）人才特色资源

在图书馆中，人才特色资源被视为最重要的资产。这些人才主要包括管理人才、计算机网络人才以及复合型人才。

1. 管理人才

管理人才涵盖行政管理与专业技术管理两大领域。他们是图书馆人才结构中的关键部分。图书馆管理人才凭借行政组织、协调实施、业务组合和技术资源配置等手段，巧妙地整合各类资源和事务，确保图书馆在人事安排、业务运营和发展规划上高效运转。

2. 计算机网络人才

计算机网络人才对于现代图书馆的发展至关重要。在数字化时代，没有这类人才的图书馆将难以满足日益增长的读者需求。他们负责计算机网络的安全、应用维护以及信息的数字化处理，是现代化图书馆的标志性人才。

3. 复合型人才

复合型人才是多能手，可灵活适应多种工作岗位，且能跟上时代的发展步伐。他们既有宏观管理的能力，又精通微观技术及其应用，是当今图书馆人才培养和选拔的重点对象。

（三）环境特色资源

图书馆的环境特色资源是其独特魅力的体现，它主要包含外部环境和内部环境两大方面。

1. 图书馆建筑及其周边环境

图书馆建筑通常具有独特的设计风格，很多图书馆甚至成为某个地区或学府的象征性建筑，如上海市图书馆、浙江省图书馆等。图书馆建筑应展现出宏伟、美观、和谐的特点，并在文化氛围上有所区别于其他建筑。此外，图书馆周围环境的优美与图书馆建筑的协调，为读者提供宜人的户外学习和休息空间，是同等重要的。

2. 图书馆内部结构及装饰

图书馆的内部布局需兼顾安全性、舒适性、便利性和友好性，同时考虑到安全通道、消防设施的布置，以及采光、通风的合理性，确保读者借阅过程的便捷。现代图书馆倾向于采用开放式空间布局，整合藏书和借阅服务，以便读者更好地获取信息资源，并便于管理。内部装饰应该明亮、简约而大方，使用的装饰材料应注重环保，确保满足政府或行业关于有害气体排放和射线辐射的标准。在装饰设计上，还需特别强调营造人文氛围，以反映图书馆独有的人文景观。

二、图书馆特色资源建设

图书馆作为知识与文化的重要承载体，其特色资源的创新与发展是至关重要的。在推进这一过程中，建设者需全面考量资金配置、技术支持、质量标准、使用平台，以及不同图书馆之间的合作模式。因此，建设者必须规划出一套高效、易操作、成效显著的策略。

（一）特色资源构建的基本原则

1. 针对性原则

特色资源的构建应紧密围绕读者需求，这是形成独特馆藏的核心要素。资源若无读者关注，则失去其存在的价值。同时，应充分考虑区域特色，如政治、经济、文化等多方面因素，以此为依托建设资源。例如，党校图书馆的资源建设需要着重反映党校的特色和学科需求。

2. 实用性原则

特色资源的实用性意味着其与现实需求的紧密结合，注重成本与效益的平衡。实用性资源更易获得读者的青睐和认可，从而更好地体现其建设价值。

3. 规范性原则

特色资源数据库的建设必须遵循技术规范和标准，这关系到其使用效率、价值及未来发展。因此，应严格按照相关标准，采用统一的格式和成熟技术平台，建立规范化的数据库。

4. 可扩展性和兼容性原则

特色资源数据库应具备良好的发展潜力和升级能力，同时兼容不同的设备和网络系统，以实现技术的跨平台、多媒体集成应用。

5. 联合共建原则

在网络技术的推动下，资源共享已成为可能。共同建设意味着在资源数据库建设过程中，应充分利用社会力量，积极争取群体优势。通过信息单位之间的分工合作，可以实现资源的优化配置，避免重复建设带来的资源浪费，增强信息机构之间的合作与凝聚力。

（二）确立特色资源发展方向

图书馆在确定如何建设特色资源后，应明确其未来的发展路径。特色资源的活力源于其不断的发展和进步，而明确的发展方向则是避免其偏离目标的关键。

1. 读者需求是特色资源建设的指向

特色资源的构建与完善，离不开对读者需求的深入了解和精准把握。历史经验显示，图书馆的特色藏书大多是在满足读者需求的过程中逐渐形成的。因此，在构建特色资源的过程中，不能只停留在对读者需求的表面理解上，而应深入研究不同群体、不同层次读者的具体需求。只有当图书馆能满足大多数读者的需求时，其特色资源的建设才具有深刻的意义和价值。

长期以来，图书馆都强调"读者至上"的服务理念。为了更好地服务读者，图书馆必须提升资源的质量和特色。个性化和特色化的信息资源更能满足读者的具体需求。因此，特色资源的建设应立足于读者需求的基础之上，其最终目标也应体现为满足读者的需求。可以说，读者需求是特色资源建设的最重要原则和方向。

通过这种方式，图书馆不仅能够更好地满足现有读者的需求，还能吸引更多新的读者。特色资源的建设，从而成为图书馆在竞争激烈的信息服务市场中脱颖而出的关键。同时，这也是图书馆服务社会、服务公众的一种重要表现，能够促进知识的传播和文化的发展。通过不断优化特色资源，图书馆能够为读者提供更加丰富、多元的阅读体验，从而提升其社会价值和影响力。

2. 重点学科建设是特色资源建设的基础

在图书馆特色资源的建设中，依托特定学科的策略是一个关键要素。每个图书馆在信息资源建设中，都需根据自身服务对象的需求，明确哪些学科是主要收藏点，哪些则是次要关注点。因此，重点学科资源的建设逐渐成为图书馆特色资源建设的基石。

不同图书馆的重点学科特色资源，通常在特定历史背景下逐步积累和形成，它们拥有显著且稳定的藏书体系。在某一学科领域建设达到卓越成果后，图书馆应该进一步强化和完善该领域的馆藏，使其成为馆藏的核心和主体。这不仅彰显了图书馆的藏书特色，同时也标志着其资源发展的重要方向。

在建设重点学科资源时，必须考虑到不同层次、不同深度、不同目的的文献需求，从而合理配置资源。这要求图书馆建立一个既注重主要学科又兼顾其他学科的、系统完整的特色藏书体系。通过这种方式，图书馆能够更好地服务于广泛的读者群体，同时也能够在信息服务领域中展示其独特的价值和优势。

总而言之，重点学科资源的建设不仅是图书馆特色资源发展的基础，也是其服务质量和水平提升的重要途径。通过精心策划和持续发展，图书馆能够在满足日益增长的文献需求的同时，不断提高自身的专业水平和社会影响力。

3. 特色数据库建设是特色资源建设的标志

在构建特色资源时，图书馆转向了更为丰富和个性化的资源形态。过去，书目数据库在资源整合上起到了基础作用，但随着读者需求的日益多元化，单一的书目数据库已难以满足他们的需求。为此，图书馆开始打造各类独具特色的资源库，以满足更广泛的读者群体。这些特色资源库，以其独特的内容和针对性强的服务，获得了读者的广泛认可。例如，地方特色数据库集中反映了当地的统计数据、民俗等信息，而学科特色数据库和专题数据库则针对特定领域提供深度资料。在特色资源建设过程中，图书馆应当以满足读者需求为出发点，依托区域特色、学科特色以及专题资源库，借助联合共建平台，有序地推进资源的科学建设，充分利用信息网络时代为图书馆发展带来的机遇。

第章

图书馆资源管理与利用

第一节　数字图书馆的作用与特征

一、数字图书馆的概念

数字图书馆这一概念，是随着 20 世纪 90 年代信息技术的飞速发展而逐渐形成。这种新型图书馆依托于先进的网络技术、数字存储与传输技术，满足了人们对文献信息处理、存储、检索和使用的现代化需求。数字图书馆的诞生，标志着信息技术与传统图书馆服务的融合，旨在为用户提供更加高效的服务。尽管在图书馆界甚至整个学术界中，对于数字图书馆的定义尚未形成统一的共识，但它的核心功能是集合和组织数字化信息，以及运用相关技术为读者提供服务。在数字图书馆中，从电子书籍到杂志、从声音和影像资料到动画和多媒体内容，各类信息资源都可以通过数字化方式获得。利用网络技术，图书馆能够连接全球范围内的资源，为用户提供便捷的信息检索和资源共享服务。

数字图书馆通过网络将全球的资源连接起来，使得读者能够方便地获取和共享所需的信息资源。尽管在图书馆学界和学术界对于数字图书馆的确切定义尚无统一认可，但它无疑代表了图书馆服务领域的一次重大革新。

二、传统图书馆和数字图书馆在现代社会中的地位和作用

数字图书馆是传统图书馆在数字化时代的自然延伸和进步。不论是将数字图书馆设立在传统图书馆之内，还是作为一个独立的实体，它们都代表着图书馆服务向数字化转型的趋势。因此，在深入了解数字图书馆之前，有必要先回顾一下传统图书馆在社会中的地位和作用。

（一）传统图书馆的社会地位和作用

传统图书馆自古以来就在社会信息交流和文化传承中发挥着重要作用。它们的社会地位和价值在于提供信息的保存、传播和获取渠道。自图书馆诞生之日起，它们就成为知识与文化的重要仓库。1975 年国际图联在法国里昂召开的图书馆职能科学讨论会上，一致认为图书馆主要有五种作用：

1. 收集、保存人类遗产

自古以来，图书馆便承担着收集和保存人类文化遗产的重任。它们是人类历史和知识的珍贵文献，记录了人类社会的智慧和文化传承。这些通过图书馆系统地保存下来的资料，构成了我们今天的文化财富和精神遗产。图书馆的藏书之丰富、多样和系统，使其成为独特的文化遗产收集和保护中心，是一座桥梁，将人类的记忆和智慧传递给后代。

2. 开展社会教育

随着近代生产活动的发展，工人阶层对知识和技能的需求日益增长。图书馆因此成为普及科学知识和文化教育的重要场所。在现代社会中，图书馆更是成为继续教育和终身学习的基地，肩负着更加广泛的教育职能。它不仅能够提供个性化、可重复及需求导向的教育方式，更能显著提高学习者的学习能力，成为学校教育不可或缺的有效补充。

3. 传递科学信息

在现代社会中，图书馆扮演着传递科学信息的关键角色。凭借着丰富、系统和全面的图书和信息资源，图书馆成为科学信息传递的重要平台。在信息时代，图书馆在科学信息的传播和普及方面的功能将越发显著。

4. 开发智力资源

图书馆所收藏的图书和资料是人类智慧的结晶，代表了长期积累的智力资源。图书馆通过对这些资源的整理、加工和提供使用，实现了对这些智力资源的有效开发。同时，它也促进了图书馆用户的智力开发，承担着培养人才的重要职能。

5. 提供文化娱乐

图书馆提供的服务不仅满足了社会对文化娱乐的需求，还丰富和活跃了人民群众的精神文化生活。它们在精神文明建设中发挥着不可替代的作用，服务面广泛，包括各类人群，满足了人们多样化的信息需求。这使得图书馆在人类社会发展中占据了极为重要的地位和价值。

（二）数字图书馆的社会地位和作用

1. 数字图书馆是对传统图书馆的继承

数字图书馆作为传统图书馆的现代化演进，其基本使命仍然是文献信息的搜集、保存、处理与检索，同时致力于向社会提供最优化的服务。即便数字化技术的引入彻底革新了信息的收集、组织、传递和利用方式，图书馆的核心职能依然稳固不变。在纸质出版物与数字出版物共存的当下，我们所看到的并非是取代，而是互补。纸质出版物以其独特的便携性和易读性，仍适应于广泛的读者群体。而数字文献和电子出版物则主要服务于特定的读者层次。实际上，电子化并未减少纸张的使用，反而在某些情况下增加了纸张的消耗。这表明传统图书馆和数字图书馆的角色是相辅相成的。21世纪的图书馆体系中，传统图书馆依然有其独特的地位，而数字图书馆则是对其功能的补充和拓展。

当前，世界各国的数字图书馆建设主要由图书馆界主导，其馆藏内容旨在包含传统图书馆馆藏中的精华。例如，中国数字图书馆工程的启动，标志着"中华文化史资源库""中华人民共和国国史资源库""中国教育资源库""中国国学资源库""中国资源库"等重要数据库的构建，这些数据库不仅涵盖了传统图书馆馆藏的精华，还展示了数字图书馆在传承和发展传统文献资源方面的独特作用。从这个角度看,数字图书馆不仅是传统图书馆信息存储的延续,更是在现代社会中独树一帜的功能和地位的体现。

2. 数字图书馆是传统图书馆的发展

数字图书馆标志着图书馆事业的一次深刻转型,它不仅继承了传统图书馆的基本功能,还开启了图书馆自动化和现代化的新阶段。在这个过程中,数字图书馆不仅在服务手段、服务质量上实现了显著提升,还在信息提供的广度和深度上超越了传统模式。用户现在能够突破时间和空间的限制,更加迅速、准确地获取所需信息。数字图书馆引入的远程教育工具也使得教育功能得到了拓展和完善。数字图书馆作为一种新型的图书馆形式,不仅涵盖了传统图书馆的精华资源,更是拓展了资源的范畴。它通过整合互联网上的有价值信息,形成了虚拟馆藏,同时,通过购买商业数据库,进一步丰富了馆藏资源。这样的扩展使得数字图书馆的馆藏内容比传统图书馆更为丰富多彩,从而满足了现代社会对信息资源的多元化需求。

三、数字图书馆区别于传统图书馆的特征

数字图书馆作为图书馆自动化发展的进阶阶段,在多个关键方面与传统图书馆展现了显著的差异。这些差异体现在信息的存储、组织、处理、输出以及服务方式等方面,具体包括:

（一）馆藏结构不同

传统图书馆通常依赖于纸质资源。然而,在该模式下,复本限制和高拒借率是两个常见的挑战。相比之下,数字图书馆更注重数字出版物和网络上的数字信息。它超越了纸张的限制,涵盖了文本、音频、图像、影视等多种媒介,并且通过光盘、录音带以及各种数字化和电子化装置进行存储。数字图书馆利用多媒体、超文本和超媒体技术,提供智能化的信息检索服务,呈现出更加生动、具体、形象且逼真的信息。在其网络化的信息资源环境中,不会遇到传统图书馆常见的复本限制和拒借问题。

（二）服务方式不同

与传统图书馆以馆为中心、受时空限制、被动服务方式不同,数字图书馆提供了开放型、分布式的服务模式。通过高速互联网,数字图书馆将分布在不同地区或国家的众多图书馆和信息资源单位联结起来,形成一个高效的信息资源共享体系。这样的服务模式使读者能够在任何时间、任何地点远程访问并获取所需信息,实现了资源的高度共享。以用户为中心的数字图书馆,通过网络终端使用户能够轻松地在家或办公室访问丰富的网络信息资源,无时间和空间的限制,实现 24 小时服务。

（三）工作重心不同

在传统图书馆时代,工作的核心是采购、编目、流通和阅览。而在数字图书馆的背景下,工作重心发生了显著转变。图书馆不再仅仅是实体书籍的收藏与分发中心,

而是转变为信息的收集、分析和分享的中枢。这种转变使得图书馆工作人员的角色也随之升级，从传统的书籍管理者变成了信息的引导者。数字图书馆能够实现各种数据库、服务和工作站之间的互操作性，甚至在深层语义层面上探索互操作性的可能。为此，它采用了一种联合式或协调性软件，以确保从相似类型的数据对象和服务中提取一致且连贯的检索结果。

（四）文献信息载体的寿命不同

纸质图书一直是传统图书馆的主要载体，我国有"纸千寿"的说法，意指纸张载体的长久保存和保护能力。纸张在适当的保管下可以使用上百年。相比之下，数字图书馆所依赖的电子载体虽然现代，但其保存条件严苛，寿命相对较短。数字化信息容易受到病毒等因素的影响，导致数据丢失。更为严峻的是，如果图书馆因经费拮据而无法续订网络数据库，那么所拥有的数字资源可能会一夜之间化为乌有。这种情况下，图书馆所拥有的仅仅是对网络数据库的临时使用许可。

（五）图书馆管理员工作的任务不同

在传统图书馆中，管理员的主要任务是文献信息的收集、整理、保存和传播。然而，在数字图书馆的背景下，管理员的角色发生了根本性变化。他们已不再只是被动地管理信息资源，而是成为信息的采集者、管理者和传播者，担任着文献信息导航员的重要角色。这种转变从根本上改变了他们的工作方式：他们可以通过网络随时发布和传播各种文献资源信息，向读者提供多样化的远程数字信息服务。

（六）图书馆发展经费的两极分化

在经费方面，传统图书馆的发展相对缓慢，一旦建设完成，其所需的维护费用并不高。然而，数字图书馆的建立和维护需要投入大量资金，包括高科技设备和高昂的运营成本，这些都构成了相当大的开支。此外，信息资源的共建共享同样需要大量投资。例如，中国国家图书馆的中国数字图书馆试验计划和教育部的CALIS（中国高等教育文献保障体系）项目的启动，就已经耗资数千万元人民币。

四、数字图书馆的发展前景

图书馆，作为人类智慧和文化的宝库，承担着保存文化遗产、促进社会教育、传播信息和提供文化娱乐等多重职能。在这些职能中，传统图书馆因其独特性而在某些方面表现出色。一方面，图书馆的核心功能之一是保存人类文化遗产。传统图书馆收藏了大量珍贵的书籍和手稿，这些文化财富不仅仅是信息的载体，更是历史和文化的见证。即使在数字化时代，这些实体书籍的价值依旧不减，因为它们保留了原始的形态和感觉，为后人提供了与历史直接对话的机会。另一方面，图书馆在提供社会教育和文化娱乐方面发挥着重要作用。在图书馆宁静的阅览环境中，读者可以沉浸在书籍带来的知识和乐趣中。与数字化阅读相比，实体书籍为读者提供了一种更加直接和真实的阅读体验。此外，图书馆经常举办各类文化活动，如作家讲座、书籍展览等，这些活动不仅丰富了社区的文化生活，也促进了知识的交流和传播。

但是，在信息传播的速度和范围方面，传统图书馆与数字图书馆相比存在一定的局限。数字图书馆可以提供快速、广泛的信息访问服务，满足现代社会对信息即时性的需求。它们通过互联网将大量书籍、期刊和其他文档数字化，使得读者无论身在何处都能访问这些资源。尽管数字图书馆在存储和传播信息方面具有优势，但它们也面临诸如数据安全、版权侵犯和技术更新等挑战。数字信息的保存需要不断更新和维护，以防数据丢失或过时。此外，数字版权管理也是一个重要问题，因为它涉及创作者的利益和法律规范。在这个过程中，传统图书馆和数字图书馆并不是相互排斥的，而是可以相辅相成。传统图书馆在保护和传承文化遗产方面具有不可替代的作用，而数字图书馆则在信息的快速传播和易于获取方面展现了巨大的优势。两者的结合可以形成一个更加全面和高效的信息和知识管理系统，更好地服务于公众和社会的需求。

第二节　图书馆资源管理目标与推广服务

图书馆资源的构成复杂而全面，涵盖了文献信息资源、设施资源和人力资源三大方面。每一方面都对图书馆的整体运营起到了不可或缺的作用。

一、图书馆资源的管理

现代图书馆趋向于采用更为先进和人性化的管理方式，实现资源的自动化管理，这样不仅提升了管理效率，还优化了资源利用。

（一）对文献信息资源的管理

作为图书馆资源的核心，文献信息资源的管理尤为关键，图书馆应做到以下几点：一是图书馆需不断调整和优化馆藏结构，确保资源合理配置，同时强化馆藏的独特性。例如，大学图书馆可侧重于发展其特色学科和专业的数字化和虚拟化资源，建立特色鲜明的数据库。二是随着数字化时代的进步，电子文献资源的重要性越发凸显。因此，图书馆应加强电子资源的采购和利用。然而，在推广电子资源的同时，图书馆也应该珍视传统文献资源，尤其是那些难以数字化的珍贵古籍。三是图书馆还应提供更加人性化的咨询服务，并努力实现文献信息资源的共享，以提高资源利用的效率。

（二）对图书馆设施资源的管理

图书馆设施资源包括馆舍、电子设备、办公用品及资金等。在馆舍管理方面，除了遵循国家法规外，还需要格外关注抗震、防火、防潮、防盗等安全措施。电子设备方面，图书馆应定期进行维护和修理，确保正常运行。日常办公用品管理则应强调爱护和合理使用，避免浪费和滥用。至于资金管理，图书馆应设立专门部门，负责资金的预算、分配及合理使用。

（三）对图书馆人力资源的管理

在人力资源管理方面，图书馆应做到以下几点：一是建立完善的用人机制，优化人员结构，提升工作人员的整体素质；二是实行以人为本的管理理念，根据马斯洛需求层次理论，平衡员工和管理层的利益，实现双赢；三是通过目标管理和绩效管理，激发员工的工作热情，提高管理效率和服务质量。

因此，图书馆资源的管理内容广泛，既包括对文献信息资源、设施资源和人力资源的综合调配，也包括各类资源的专业化、系统化管理。在信息技术日新月异的今天，图书馆资源的管理更需要紧跟时代步伐，不断创新和优化，以满足广大读者的需求，提高图书馆的整体服务水平。

二、图书馆推广服务内涵及目标

在当前的阅读推广热潮中，图书馆凭借其成熟的体系、遍布全球的网络、丰富的资源以及高度的专业化，自然成为这一热潮的核心力量。图书馆在推广阅读方面的作用，与新闻、出版、广播、电视等行业相比，具有其独特性。因此，业界常用"图书馆阅读推广"这一专业术语来描述其活动。

"图书馆阅读推广"作为一个专业术语，其内涵并非一目了然。虽然许多图书馆工作者认为这一概念直白易懂，但在学术论文和专业辞典中，却鲜有对其精确定义的探讨。有专家，如范并思教授，指出，对于"图书馆阅读推广"等常用词汇缺乏深入的专业理解和探索，恰恰反映了图书馆界对理论认识的不足。理论的核心在于其概念的明晰，只有深入探究基本概念的内涵与外延，才能构建出能够指导实践的阅读推广理论。没有成熟的理论作为指导，阅读推广活动就可能长期处于无序、低效的状态，难以达到科学、有序、可持续发展的理想境界。但是，尽管"图书馆阅读推广"与图书馆的其他活动如宣传、营销、书目推荐、展览等密切相关，要对其进行准确界定仍是一项挑战。像范并思教授这样的专家，虽然意识到了定义的重要性，并发表了相关论文，却仍未能提出一个广泛认可的定义。

面对这一挑战，一些专家仍然在努力探索"图书馆阅读推广"的定义。例如，于良芝教授曾提出，在图书馆界，这一概念主要指的是通过图书宣传和读者活动，培养大众的阅读习惯或特定阅读兴趣。这种推广通常影响的是休闲阅读行为，即与工作或学习任务无关的阅读。这是因为与工作或学习相关的阅读，通常是任务驱动的，不太受阅读推广活动的影响。从这个视角来看，图书馆阅读推广的目标在于培养和激发人们的阅读兴趣，而非仅仅提供阅读材料。它试图影响人们的阅读习惯，尤其是那些与日常工作或学习无关的休闲阅读。通过这样的推广活动，图书馆不仅作为知识和信息的提供者，更成为文化传播和阅读习惯培养的重要场所。

正如古语所言："始创之难，勿轻视也。"尽管先前对"图书馆阅读推广"的定义提供了一定的启示，但它并未获得广泛的公众认可。尤其是将"阅读推广"定位于影响休闲阅读行为的观点，这在高校图书馆和大型公共图书馆中尤为难以被接受。对于高校图书馆而言，其主要职责在于支持高等教育、科学研究、社会服务以及文化传承与创新；而满足师生的休闲需求，仅仅是其附加职能。如果将"图书馆阅读推广"局限于休闲阅读，那么这种定义显然与高校图书馆的办馆目标和建设宗旨不符。同理，大型公共图书馆也肩负着支持地方教学、科研及创新创业的重要使命，仅仅影响休闲阅读行为显然是不够的。

于良芝教授在其著作《图书馆阅读推广——循证图书馆学的典型领域》中提到的一句话尤其值得关注："任何能够引导读者从庞大的馆藏中聚焦于少数有吸引力图书的推广策略，都可能提升图书的流通量。"这一观点源自美国图书馆专家对阅读推广案例的研究，也为我们理解"图书馆阅读推广"的定义提供了新的视角。因此，可以将"图书馆阅读推广"定义为：通过巧妙的策划和创意，引导读者的注意力从大量馆藏转移到特定的、有吸引力的图书上，进而提升这些图书的流通量和使用率。

在这样的定义下，"图书馆阅读推广"不再局限于休闲阅读层面，而是成为一种更为全面和深入的推广策略。这种策略不仅满足了高校图书馆和大型公共图书馆在教育、科研和文化传承方面的需求，也更加贴近图书馆的综合功能和多元角色。通过这种方式，图书馆不仅是信息的仓库，更成为知识传播和文化创新的活跃平台。

这个定义，首先规定了图书馆阅读推广的关键要素是"创意""策划"。过去，图书馆的推广活动多局限于新书介绍等传统形式。但是，现在图书馆阅读推广活动更加注重创新和策划。不仅仅是新书推荐，整个阅读推广过程都变得类似于企业中的广告设计和创意工作，越来越多的图书馆开始设立专门的团队或部门来负责这一工作。他们的目标是通过创新和精心策划的活动，激发读者的阅读兴趣，使推广活动更加有效。

其次，这个定义说明图书馆阅读推广的本质是"聚焦"。在浩瀚的图书宝库中，关键在于如何吸引读者的目光，聚焦于那些独具魅力的珍稀馆藏。这就要求图书馆工作人员不仅要精选有吸引力的馆藏，还要在宣传推广中展现这些馆藏的独特魅力。这种推广可以是多元化的，包括但不限于新书推荐、优秀书籍介绍或是特色博士论文的展示。在挑选吸引读者目光的藏品时，不妨将之与学校教育科研的需求相结合，抑或根据读者反馈和需求进行调整。这样一来，不仅能够满足读者的需求，同时也能为学校的教育科研工作提供有力的支持。此外，馆员的直觉和洞察也是选择过程中不可或缺的一部分。在具体的实践中，有许多创新的推广案例值得关注。例如，某些图书馆通过将封面颜色相似的书籍集中展示，以颜色作为吸引读者的元素；深圳职业技术学院图书馆则尝试了以"未曾被借阅的书籍"为主题的展览，激发了读者的好奇心和探索欲。清华大学图书馆则根据重大历史事件或时事选择相关书籍进行展示，这不仅便于读者了解历史和现实，同时也受到了师生的广泛好评。这些活动体现了从广泛馆藏中精选少数进行推广的策略，有效地提升了图书馆阅读推广的效果。

最后，图书馆阅读推广与其他行业阅读推广的一个主要区别在于其直接目标：提升馆藏的流通量和利用率。阅读推广不仅为图书馆资源的有效循环创造了条件，而且在此基础上，通过培养读者阅读兴趣，塑造阅读习惯，进一步提升了读者阅读的质量、能力以及效果。相较于报刊、电视、网络等其他媒体，它们可以随意推广全国各地出版社的任何一本图书，图书馆在这方面的角色有所不同，必须专注于推广自有馆藏资源。假设在宣传新书时，如果图书馆推荐了一些年度热门新书，务必在推广前仔细检查图书馆的收藏目录，确认是否已经将这些新书纳入馆藏。倘若尚未采购，须立即补充，或在推广过程中与补充新资源做到同步进行，避免出现图书馆本身未收藏却进行推荐的尴尬情况。因此，对图书馆而言，能否全面贯彻其唯一性的任务，直接关系到其重要性和影响力，乃至整体形象。若无法为读者提供所推广书籍的实际借阅，不仅会引发读者的疑惑和谴责，更可能突显出图书馆工作的自相矛盾，反映出图书馆在工作上的不专业与服务不完善。因此，作为信息储存和传播的重要场所，图书馆需要充分了解并熟悉自己的资源，以期通过精心的阅读推广，发掘馆藏之宝，实现图书与读者之间的良性互动。

掌握了以上三点，就很容易判断图书馆阅读推广的边界，很容易将图书馆阅读推广与图书馆的其他活动区别开来。例如，新书推介活动，其核心在于吸引读者关注一部分特别引人入胜的图书馆资源。当这类活动形式新颖独特时，它便成了阅读推广的一部分。虽然图书馆阅读推广是图书馆宣传的一个分支，但如果某个活动只是宣扬图书馆的历史、建筑或者整体馆藏，并不特别强调某一部分资源，那它仅仅属于图书馆宣传，而不能归为阅读推广的范畴。至于图书馆的展览活动，如果其目的是引导读者深入了解并利用展览中的相关馆藏资源，那么这类展览就属于阅读推广。相反，如果展出的文献大部分不在馆藏之内，或者展览内容与馆藏不相关，那么这类展览就不能称作阅读推广。此外，图书馆所进行的信息素养教育，旨在教导读者如何全面而精确地检索整个馆藏以找到所需文献，其重点在于提升检索技能，而非仅限于阅读技能的提高，因此，这不属于阅读推广的范畴。

第三节　图书馆资源的利用

一、图书馆资源的利用方式

在当下素质教育日益受到重视的背景下，全面发展的重要性越发显著。因此，教育应该超越传统课本知识，充分发掘和利用图书馆资源。图书馆应成为学习的活跃场所，不仅激发学习者的阅读热情，还应打造自由阅读的环境，帮助学习者养成良好的阅读习惯。同时，培养专业的图书馆管理人员，确保图书馆资源得到有效利用，发挥其应有的教育功能。

随着课程改革的深入推进，将图书馆资源有效利用，以提升学习者的综合素质成为一项关键任务。学校的教育资源有限，图书馆的资源则成为学习者全面发展的重要补充。在这种情况下，如何最大限度地发挥图书馆资源在学习者发展中的作用，成为教育研究的一个重点。

（一）让图书馆不再成为摆设

美国著名图书馆学者杜威曾指出，学校教育和图书馆教育是大众教育的两大组成部分。没有图书馆教育的学校教育是不完整的。图书馆不仅是一扇知识的大门，更是学习者探索世界的重要场所。在此，他们不仅可以汲取知识，更能培养自己的思维能力和创造力。在这个充满活力的学习场所里，学习者可以自由地探索、创新，不断挑战自我，实现自己的梦想。然而，在现实中，许多学校的图书馆仅作为硬件设施存在，未能发挥其真正的教育作用。要想充分利用图书馆资源，图书馆必须引导学习者根据自身需求借阅与阅读书籍。应鼓励和引导学习者利用图书馆进行学习和阅读，让他们在优雅的环境中畅游知识的海洋，从而在人生信念等各方面获得启迪，这是其他教育形式无法替代的。

（二）激发学习者读书的兴趣

图书馆，作为知识宝库，对于提升学习者的阅读能力和学习兴趣具有不可替代的作用。教育家苏霍姆林斯基强调了课外阅读在巩固知识中的重要性，而图书馆恰好提供了这一重要资源。组织者可以设立特定的"读书日"，鼓励学习者共同参与，营造浓厚的阅读氛围。通过这些丰富多彩的活动，图书馆资源将成为激发学习者阅读兴趣的肥沃土壤。

（三）创设自由的阅读时空，养成良好的读书习惯

兴趣是学习的最佳动力。给予学习者自主选择阅读材料的自由，可以大大提高他们的阅读积极性。自主阅读不仅仅是完成任务，更是一种探索和享受的过程。为此，可以安排特定的阅读课，让学习者在这个时间内自由选择喜欢的书籍进行阅读。此外，每日设定固定的阅读时间，鼓励学习者在这段时间集中阅读，这不仅能增强阅读的仪式感，还能通过同伴的正面影响，引导那些阅读兴趣不高的学习者逐渐爱上阅读。同时，培养学习者良好的阅读习惯也至关重要。可以引导学习者通过写读书笔记、读后感、日记等方式来巩固和深化阅读体验。良好的阅读习惯不仅有助于提升阅读效率，还能在读书过程中持续提升学习者的综合素质。

（四）培养专业人员，让图书馆资源得到充分的利用

现今，许多学校，特别是偏远地区的农村学校，缺乏专职的图书馆管理人员，通

常由教师兼职承担这一角色。这种情况严重限制了图书馆资源的有效利用。为了最大限度地发挥图书馆资源的作用并提高学习者的整体素质，学校应当聘请专业的图书馆管理人员。他们能够更有效地管理和分类图书资源，帮助学习者迅速找到合适的读物。同时，通过定期举办各类阅读活动和发布图书馆最新动态，可以激发学习者的阅读兴趣，促进图书馆资源的更广泛应用。

二、大学图书馆资源利用情况

大学图书馆，作为学校的文献信息中心，既是提供教学和科学研究服务的学术性机构，也是学校信息化和社会信息化的关键基地。大学图书馆作为学校教学和科研工作的核心组成部分，其工作对学校的学术发展具有高度影响。这就要求我们充分挖掘和利用图书馆资源，让它成为连接师生，提供学习资源，创新科研，以及培养学习者良好读书习惯的重要载体。

（一）图书馆在大学教育中的地位与职能

大学图书馆不仅是高等教育机构的核心，也是其文化与学术实力的象征。它在培育学习者全面人格、激发创新思维以及作为师生精神家园方面发挥着重要作用。图书馆作为人类文化遗产的守护者，承担着收集、整理、保管和传播珍贵文献资源的职责。通过科学的管理和高效的服务，图书馆确保这些知识宝库能够被广泛而有效地利用。

图书馆的文献资源开发涵盖多个方面。首先，对新进文献进行严谨的验收、分类、编目和加工，确保它们能被高效地流通和使用。其次，通过数字化和网络技术，图书馆能够将文献资源扩展到虚拟空间，提供更广阔和便捷的信息获取途径。此外，图书馆通过持续更新和推广其资源，促进了信息的广泛交流和传播。

在思想教育和精神文明建设方面，图书馆同样扮演着重要角色。它不仅帮助读者建立正确的世界观和价值观，还为科学理论和社会主义建设提供理论支撑。图书馆的服务宗旨在于满足读者的需求，这也是现代化图书馆建设的根本目标。作为高校的文献资源中心，大学图书馆致力于为师生提供优质的文献资源服务，支持他们的教学和科研活动。

学习者应认识到，大学学习是一种自主式学习，他们需要充分利用图书馆资源，以丰富自己的知识和技能。对于不同的学习者而言，图书馆的作用各异。图书馆在学习者的教育过程中扮演着多元化的角色。如果将图书馆视为教育工具，那么其目标会变得更加具体，同时其提供的教学内容也会有一定的范围，主要是为了支持教学进程。而当我们的教育目标是培养学习者的独立思考能力时，图书馆的作用就会有所转变。此时，教育的目标并不那么具体，而教学内容变得更加广泛和多元化。图书馆需提供各种不同知识流派的文献，帮助学习者在阅读学习中，逐渐形成自身独特的见解，启迪他们对社会的认知，学习并理解做人的真谛。在科学发展观的指导下，我们需要从更高的角度审视大学图书馆的现状，发现并解决其中存在的问题。科学发展观提供了一个全面审视和改进图书馆服务和管理的框架。图书馆不仅是知识的宝库,更是学术交流、文化传承和创新思维的摇篮。因此,大学图书馆在学习者学习和个人发展中的作用是至关重要的,且无法被其他任何设施替代。

(二)大学生利用图书馆资源的现状分析

1. 学生去图书馆的积极性

当前,大量大学生选择在图书馆度过学习时光,这是一种值得肯定的趋势。随着职场竞争日益激烈,学生们深刻认识到学习的重要性,他们对图书馆资源的利用表现出了强烈的积极性。不仅为了应对未来的就业挑战,更是为了塑造一个理想的未来。他们坚信,只有通过不断学习和努力,才能在激烈的职场竞争中立于不败之地。

2. 学生在图书馆中学习的效果

如今,在图书馆里学习已经成为一种普遍的趋势。学生们可以充分利用时间,同时也能够保持高昂的学习热情。尽管大多数学生认为图书馆是一个非常适合学习的地方,但事实上,仍有一部分学生在学习过程中分心于手机或其他事物,甚至睡觉。对于那些使用手机的学生而言,他们通常会在长时间的学习之后短暂休息或者进行必要的沟通,而不是沉迷于手机之中。至于睡眠,大多数学生也只是进行短暂的休息来恢复精力。当然,我们也不能否认,有些学生前往图书馆并不是为了学习,而是被其舒适的环境所吸引。他们不仅自己不学习,还可能会影响周围同学,破坏了整个学习氛围。因此,我们应该加强对学生的引导和教育,让他们真正认识到学习的重要性,并且能够在图书馆里全身心地投入到学习中去。我们的目标是减少这类学生的出现,以营造更好的学习环境。

3. 学生所借书籍比例、阅读方式及阅读时间安排的合理性

大学生在借阅书籍时的选择表现出理性。他们往往优先考虑专业课程的参考书籍,因为这些书籍直接关联到他们的学术表现和未来的就业前景。此外,为了全面提升自身素质,学生们也会阅读文学作品,用以陶冶情操。对于阅读方式和时间安排的选择,虽然每个人有不同的偏好,但调查显示,一些学生在借书时缺乏明确的目标,这可能导致他们的学习效率不高。此外,有少数学生存在"借书临近归还期才开始阅读"或"未认真阅读便归还"的习惯,这直接反映出读书习惯的不良,需要予以改善。借书若不能结合良好的阅读习惯,其实际效果将大大削弱。因此,更鼓励学生直接在图书馆的丰富藏书中进行阅读,这可能更有助于他们的学习。

(三)对各部门的优势和利用方式的一些分析

1. 自修室的利用

在大学教育中,学习模式从主要依赖教师引导逐渐转变为以学生自主学习为核心。学生在课堂理解知识的基础上,需要深入研读相关书籍和文献,自学能力成为影响学业成绩的关键。图书馆的自修室,以其安静舒适的环境和浓厚的学术氛围,成为学生

自主学习的首选场所。因此，激发学生热爱图书馆自修室的兴趣和习惯，是学校和学生共同关注的议题。

2. 电子阅览室

现代化图书馆的电子阅览室，以其丰富的电子资源成为重要组成部分。这些资源的价值在于其能够被有效利用，促进新知识和财富的创造。电子阅览室应避免仅满足低层次的精神需求，像网吧那样营运。因此，图书馆的工作人员应致力于提供多样化的服务，提高电子阅览室的资源利用率，为高校的教育和科研提供坚实支持。

3. 书库

书库是图书馆的核心区域，承担着保存和提供书籍资源的重要职责。学生和教师依赖书库借阅书籍，以获得专业知识及其他领域的学识。书库的运营质量直接影响到图书馆的整体工作效率。其优势在于，书库中的纸质书籍为读者提供了方便快捷的阅读体验，学生可以根据需要选取书籍。此外，许多大学图书馆还建立了样本书库，作为基本书库的缩影，它们保留了图书资源的完整性和系统性，对于满足教学和科研需求具有重要意义。

（四）对策与建议

1. 针对学生做一些有关图书馆的宣传

为了提高学生对图书馆资源的了解和利用，图书馆管理团队和读者协会应联合开展多种形式的宣传活动。通过举办有关图书馆的主题活动，加强图文并茂的板报宣传，以及教师的口头介绍等方式，可以有效增进学生对图书馆重要性的认识。这些活动不仅让学生在参与中获得乐趣，还能引导他们更有效地利用图书馆资源，进而培养他们的阅读兴趣和良好的读书习惯。

2. 学校应将教学与图书馆紧密结合

学校应将图书馆资源的使用融入教学过程，通过设置一些需要利用图书馆资源完成的学习任务，引导学生主动探索并提高自学能力。教师可以在课堂上分享如何高效使用图书馆资源的技巧，并在课程设计中适当调整必修课与选修课的比例，加强教学内容与图书馆资源的结合。

此外，建立开放式现代化图书馆，并充分利用其资源，是高等教育改革发展的关键。这种新型的教学模式，不仅打破了传统封闭的教学模式的限制，还将课堂教学、图书馆教育和社会教育有效结合，形成全新的开放式教育体系。这种模式重在培养学生的自学能力和实践技能，强调主动探索和发现，有利于打破对传统课堂教学的依赖，将教育活动扩展到更广阔的空间——图书馆。这种模式已被许多专家论证并通过实践证明其有效性，是高等教育发展的必然趋势。

3. 对图书馆资源扩增的一些建议

（1）对书籍资源种类及数量的补充

在满足日益增长的阅读需求方面，图书馆可以根据学生的需求和反馈补充和调整书籍种类和数量。对于同学们反映的书籍抢阅问题，图书馆应当基于实际情况采取相应的补货措施，使每一位同学都能够获取到自己所需要的书籍。

（2）让书与时俱进

尽管一些古老的藏书可以为我们探索历史文化提供珍贵的启示，但缺乏新书也是一个不容忽视的问题。因此，图书馆应该适时更新其藏书，引进近年来出版的、具有学术或文学价值的新书。通过这种方式，图书馆不仅成为历史文化的瑰宝，更能够引导同学们养成阅读新知的习惯，满足其求知欲。

4. 对不良现象的劝解

图书馆的环境问题包括：座位"占位"现象严重、噪音污染、人员教育不足等。对于"占位"现象，图书馆可以采用"清书"策略，定期清理无人座位上的物品，培养学生的良好习惯。尽管这一策略的初衷是提醒同学们对公共资源的公平利用，但是也出现了部分同学因争抢座位而引发的不愉快。因此，图书馆还需要加强对这一政策的宣传教育，引导学生理解、支持并配合图书馆管理，并尽量避免因此产生的争端。

再者，对于图书馆的噪音污染问题，学校应当加大宣传力度，教育学生在图书馆中应保持安静。同时，授权图书馆管理人员以及其他的学生对那些违反规定的同学进行提醒或警告，营造一个适宜学习的环境。

5. 改善图书馆检索系统的使用情况

图书馆的检索系统是一个能够提供全文检索、浏览、下载、打印等功能的数字化资源管理平台。正确地利用图书馆检索系统，可以帮助学生更高效地找到他们所需要的资料，对于写作、研究来说尤为重要。所以，学校需要进一步加强图书馆检索系统的建设和优化，同时解决在建设过程中可能出现的问题。举个例子，对于藏书室中的随意放置或归还图书的行为，我们可以采用合理的存书系统和规定，并配备适当的设施（如隔书板）来解决。同学们也需要自觉遵守图书馆的借阅规定，以保证图书馆的运转更加高效和流畅。

通过这些具体的建议和措施，我们可以对图书馆的环境和资源进行优化，使其更加符合学生的需要和期待，提升他们对图书馆资源的利用率，进一步培养其阅读兴趣，树立良好的读书习惯。

三、提高图书馆资源利用率的措施

图书馆的利用率直接关系到馆藏资源的效益及其在社会中的影响力。因此，如何有效提升图书馆的利用率，扩大其影响范围，是当前图书馆管理工作的重要方向。

（一）图书馆资源利用率低的原因

1. 馆藏资源不够丰富

图书馆需不断适应新的发展趋势，满足各专业的需求。但由于资金短缺，图书资料价格上涨，图书馆面临着资源不足的困境。

2. 图书馆工作人员的专业知识受限

新时代的图书馆需要具备专业知识的馆员。如果图书馆工作人员的专业知识结构单一，久而久之就会遇到无法满足各领域读者需求的困境，这自然会影响读者对图书馆的使用欲望以及对全面、有效、专业服务的满意度，从而在一定程度上导致图书馆的利用率下滑。

同时，图书馆工作人员中存在安于现状、忽视自我提升的现象，使得服务形式过于单调，乏味的服务方式自然会降低读者的利用兴趣。

3. 宣传的力度不够

在信息交流日益便捷的时代，图书馆应当充分利用网络资源的优势，积极宣传馆内书籍、活动预告、新书推介以及最近的期刊增订、数据库更新等信息。然而，大多数图书馆仍然停留在传统的海报宣传等方式上，这无疑导致读者无法全面及时地获取图书馆的最新信息，错过了一些活动，从而降低了他们对图书馆的利用兴趣和满意度。因此，我们需要探索更加丰富多彩的宣传手段，以吸引更多读者前来利用我们的资源。

4. 服务设施不完备，服务形式单一

当一些基础服务被忽视，服务形式过于简单，如新书推广等宣传服务工作并不能深入人心，对读者咨询服务工作、阅读调查等业务的开展不够积极。这将使图书馆处于一个态度被动、对读者吸引力不足的处境。

（二）提高图书馆利用率的途径

1. 充分重视新书通报

每周，图书馆都有新书上架。重视新书通报，意味着要让大部分学习者及时了解这些新书资源。图书馆应通过网络平台如微信、微博等，来实现这一宣传，确保信息能直接而有效地传达给学习者。

2. 调整馆藏结构

第一，应重点展示学习者感兴趣的书籍，特别是借阅率高的经典之作。同时，结合时代需求的文献资源，如数据库和网络期刊，应放置于显眼位置，以便读者轻松借阅。长期下来，这将提高读者对图书馆的兴趣及借阅率。

第二，应定期更新纸质图书，尤其是新进书籍，需要在图书馆网站及大厅醒目位置及时公告。确保新书一到库就能引起读者注意，避免资源浪费。

第三，适当增加文学类、外语类等受学习者欢迎的书籍。这将为学习者提供更多阅读选择，让他们在知识的海洋中自由遨游。

第四，加强读者宣传。图书馆应加强与学习者的沟通，通过举办报告会、讲座等，全面介绍图书馆资源，教授使用数据库等方法。同时，利用校园网络，在图书馆主页上增设栏目，让读者更好地了解图书馆资源。还可以通过电邮定期发送新书信息，增

加学习者对图书馆的好感。

第五，重视入馆教育，对学习者进行入馆教育，是帮助他们快速了解并正确使用图书馆资源的有效方法。应针对图书馆的新功能，对所有学习者进行培训。

第六，更新图书馆电子阅览室的电脑设备，提高工作人员的咨询服务能力，解决学习者在使用图书馆资源时遇到的问题。同时，增强工作人员的管理能力，保持图书馆秩序，为学习者创造良好的阅读环境。建议增设学习者向导，帮助其找到所需图书。此外，应完善电子阅览室的规章制度，确保学习者能够专注于学习。

第七，适当延长周末及节假日的开放时间，以便学习者更充分利用图书馆资源。

第八，在人员不足时，可招募学习者助理，既解决图书馆管理问题，也可以给学习者提供勤工俭学的机会。

3. 改革和创新服务方式和理念

在当今快速变化的时代，图书馆的服务方式和理念亟须改革与创新。这一创新应贯穿图书馆的各个工作环节。

第一，图书馆的采编模式需要跳出传统的"存书——借阅"框架。在图书采购前，采编部门应广泛征集师生意见，通过民主集中的方式制定采购计划。这种做法有助于在预算有限的情况下，优选出最符合师生需求的图书，从而提高资源的有效利用。

第二，图书馆应加强对教师资料室的服务，尤其是解决文献资源与教师需求不一致的问题。鉴于教师对文献资源的需求既专业又多样，设立学科馆员岗位显得尤为重要。这些馆员应具备图书馆专业技能、特定学科知识及良好的沟通能力。他们参与文献资源的筛选和采购，以满足图书馆藏书质量的提升和教师对文献资源的特定需求。

第三，图书馆需要重视电子出版物的建设。在互联网时代，图书馆不应只局限于传统的纸质文献。图书馆应主动利用网络资源，链接优质学术网站，筛选和收集有价值的网络信息，为师生提供更加丰富的学术资源。通过这些措施，图书馆不仅能更好地适应时代变化，还能显著提高图书馆资源的利用率，为师生提供更加优质的服务。这样的改革和创新将推动图书馆业务向前发展，更好地满足时代的需求。

4. 扩大读者范围，为更多读者提供便利条件

为了扩大读者范围，使更多人群享受到图书馆的便利，大学图书馆应致力于打造一个全社会开放的学习环境。具体而言，应简化校外人员进入高校图书馆的手续，保障他们的学习权利。

一方面，大学图书馆应为不同群体提供贴心、便捷的服务。对于残障群体，例如聋哑人士，图书馆应配备能够增强音频输出的电脑和助听器，以便他们更好地接收信息。盲人则需要配备专用的盲文打印机。对于行动不便的群体，图书馆应提供轮椅服务，并确保设施如轮椅通道、无障碍卫生间都具备便捷性和安全性。特别是卫生间，应考虑安装带有自动更换便套功能的座便，以满足特定残障人群的需要。

另一方面，大学图书馆还应考虑到儿童读者的需求，适当增加儿童图书的收藏，

以吸引和满足年轻读者的阅读兴趣。通过这些措施，图书馆将成为一个更加包容、便捷、人性化的学习空间，服务于更广泛的社会群体。

5. 图书馆对文献的控制作用

在信息时代，知识的积累速度飞快，学科知识更新速度也十分迅猛。这一背景下，图书馆在文献的收藏方面扮演着至关重要的角色。它们需要根据自身的特性和职责，有目标、有计划地收藏适宜的文献资源，确保文献收藏与时俱进、贴合实际需求。

一方面，对于图书馆来说，文献的精选和管理是其核心任务之一。图书馆工作人员必须掌握馆内文献的流通情况，分辨出哪些书籍受欢迎，哪些鲜有人问津。对于那些过时或者冷门的书籍，应该及时从馆藏中剔除，同时保留那些有较大需求的书籍的适量副本。定期的文献整理和更新，不仅是为了提升阅读体验，更是为了提供更为优质的阅读材料。这些方面都应该成为图书馆管理的重要规定。

另一方面，图书馆在采购新书时也需要展现出高度的控制能力。这一过程应考虑到学校的发展方向、教学科研需求以及预算限制，以此来制定文献资源采购的方案。采购文献不仅是物质上的购买行为，更是一种战略规划，要求采购员具备专业知识和敏锐的市场洞察力。他们还需要熟悉学校的专业设置、师资结构等信息，以便选购最符合学校需求和图书馆特色的文献。

图书馆资源的有效利用不仅仅依赖于学校的"以人为本"理念和资金投入，更需要学习者群体的支持和参与。只有学校和学习者共同努力，图书馆资源的利用效率才能得到实质性的提升。

第章

图书馆信息服务管理

第一节　图书馆信息服务

在信息时代的浪潮下，图书馆信息服务应运而生，成为服务业发展的一个重要分支。这种服务不仅拥有信息服务的典型特征，同时也融入了服务业的普遍属性。随着服务业和服务理论的不断进步，图书馆信息服务领域也受到了显著影响，要求人们对服务及信息服务有更深入的理解，以便提升图书馆信息服务的效果和管理水平。

一、相关概念内涵

（一）服务及其特性

1. 服务的概念

服务是一个复杂的社会现象，涵盖范围广泛，形式多样。伴随着网络技术和新经济的发展，对服务的研究也在不断深化和扩展。虽然服务的定义在学术界尚未统一，但其重要性日益凸显。

从全球视角来看，管理学上对服务的研究始于20世纪中叶，至今仍在持续。网络技术的发展和市场竞争的加剧使得服务品牌成为企业发展的关键。因此，服务理论再度成为研究热点。在国内，随着市场经济和网络环境的完善，服务业获得了前所未有的重视和发展。服务经济从原本的"单纯奉献型"演变为"以用户需求为中心"，服务意识变得空前强烈。从服务的演进和各种理论来看，服务的理论和概念正在逐步丰富。专家们指出，服务具有双重含义：一是其过程属性，即创造价值的活动；二是产品属性，即这些活动所产生的结果，也就是服务产品。从这个角度看，服务可被视为一种能够进行交易、产生价值的无形商品。

图书馆信息服务正是在这样的理论背景下，不断地发展和完善，以更好地适应信息时代的需求。

2. 服务的特性

服务虽然被视作一种商品，但其本质上却是无形的，这一特点使得服务与传统商品在管理上有着显著的不同。具体来说，服务的特性主要体现在以下几个方面：一是服务的无形性和可感知性。服务作为一种产品，在很大程度上是抽象的，没有具体的物质形态。这种无形性意味着服务的质量和效果往往不能像实物产品那样直接观察和评估。但是，服务也具有可感知性，即消费者往往依据个人经验或服务提供过程中的某些标志来判断服务的质量和价值。二是服务的不可分离性。服务的生产和消费通常是同步进行的，这意味着消费者在服务的提供过程中常常扮演了参与者的角色。这与有形产品的生产、储存、分销和消费之间存在时间差的特点形成鲜明对比。三是服务的差异性和易变性。即使是相同的服务，在不同的提供者手中，或者在不同的时间、地点提供，其质量和效果也可能有所不同。这种差异性和易变性使得服务的标准化和一致性成为一个挑战。四是服务的易消失性。与有形产品不同，服务无法像实物那样存储或保存。一旦服务完成，它就消失了。

值得注意的是，随着网络经济和服务经济的发展，服务与商品之间的界限越来越模糊，它们之间的替代性和统一性也日渐明显。

（二）信息服务与其特性

1. 信息服务的定义

信息服务，作为信息产业蓬勃发展的产物，在计算机和网络技术的推动下逐渐成熟和扩展。这一领域的界定和内容因技术进步和行业变化而呈现多样性。特别是数字化信息的兴起带来了内容产业的新发展，进而影响了信息服务的范围和内涵。在国内学术界，关于信息服务的定义存在不同的理解和划分。例如，岳剑波在其著作《信息管理基础》中区分了信息服务的广义和狭义概念。广义的信息服务涵盖了信息产品的生产、开发、报道、分配、传播以及信息技术和信息提供服务等多个领域。这个定义覆盖了整个信息服务产业的广泛活动。而狭义的信息服务则更专注于专业信息服务机构（如图书馆、档案馆等）为满足用户特定信息需求而提供的定制化服务。

本书的研究焦点是图书馆信息服务，这属于信息服务的狭义范畴。我们将探讨图书馆如何通过开发和加工信息产品，以及如何以友好的方式准确地将这些信息传递给特定的用户群体，从而更好地服务于公众和专业用户。这一分析将深入探讨信息服务在图书馆领域的应用和特点，以及其在现代信息社会中的重要性。

2. 信息服务的特征

信息服务作为一种特殊的服务活动，其性质和特征由信息本身的特征所决定：一是信息服务具有物质性。信息并非抽象的存在，而是以物质形态呈现，需要借助物理媒介进行传播和流通。这意味着信息服务在某种程度上是对这些物质载体的管理和传递。二是信息服务还具有道德性。信息作为文化和知识的载体，反映了特定历史时期和社会群体的思想、文化、道德和技术水平。因此，信息的传播和服务必须遵循一定的社会规范和道德标准。三是信息服务突出了时效性。信息的价值在很大程度上取决于其及时性。信息如果不能及时提供，其价值和效果可能大打折扣。四是信息服务还体现了非排他性。信息的一个重要特点是共享性，信息服务过程中信息不会减少，反而可能因共享和传播而增值。五是信息服务的边际效用递增和边际成本递减也是其显著特征。随着信息的广泛利用和转化，其服务效益也会逐渐增加，而成本则相对降低。

特别是在图书馆信息服务领域，这些特征得到了特殊的体现和应用。图书馆信息服务不仅包含信息服务的一般特征，还融合了图书馆作为信息管理和提供机构的独特属性，体现在其对信息的组织、存储、检索和传播等方面的专业处理上。

二、图书馆信息服务和其基本原理

（一）图书馆信息服务及其特性

图书馆信息服务，作为信息服务领域的一个重要分支，随着社会的发展和技术的进步，已经从传统的闭环服务模式逐步演变成开放和网络化的新形态。这一转变不仅影响了服务的形式和内容，而且改变了用户群体的构成和需求。现今的图书馆信息服务不仅要应对信息社会的挑战，还需要适应服务经济的兴起和激烈的竞争环境。在这个背景下，图书馆信息服务必须重新审视其服务定位、管理方式和图书馆的核心功能。提供优质、贴近用户需求的服务，建立与用户间的深厚联系，成为提升用户忠诚度的关键。图书馆的生存和发展依赖于其服务能力，服务理念的转变和用户驱动的思维方式日益显得重要。

图书馆信息服务作为信息服务之一，其含义如何界定，至少包含以下几点：一是图书馆信息服务是一个基于各种信息资源的劳动过程，主要内容包括信息的搜集、整理和提供；二是图书馆信息服务涵盖了一系列围绕信息资源的服务活动，这些活动旨在有效满足用户的信息需求；三是图书馆信息服务具有明显的层次性，这体现在服务对象和服务结果的不同层次上。用户的需求从大众化向个性化转变，而服务结果也因应用户的不同需求展现出从一般到特定的层次差异。图书馆信息服务的定义可以综合理解为：基于用户的具体信息需求，服务提供者通过特定的手段、形式和内容来满足这些需求的过程。而图书馆信息服务的特性，除了体现信息服务的普遍特点外，还包括一些独特于图书馆服务的特性。这些特性不仅体现在服务的方式和内容上，还体现在对信息资源的特殊处理和用户需求的深入理解上，具体体现在以下几个方面：

1. 图书馆信息服务具有知识性

图书馆信息服务的核心特性之一是其深厚的知识性。作为人类智慧和经验的集大成者，图书馆不仅保存着历史的智慧，而且也是现代知识创新的重要推手。这种服务在科技领域尤为显著，它的基本目标是提供访问和理解各类知识与信息的渠道，进而激发新的知识创造。在图书馆的各种活动中，从收集、筛选、处理到传播，再到最终的服务提供乃至持续的跟进服务，每一个环节都紧紧围绕着知识与信息展开。这一过程不仅促进了显性知识（即那些可以明确表达和共享的知识）和隐性知识（即个人经验和直觉等难以言传的知识）之间的转换，还有助于最大化地利用知识资本，从而推动社会生产力的发展和转型。

因此，图书馆信息服务的知识性不仅体现在其内容丰富和形式多样的信息资源上，还体现在其促进知识传播和创新的能力上。通过这种服务，图书馆成为连接过去与未来，理论与实践，以及显性与隐性知识的重要桥梁。

2. 图书馆信息服务具有依赖从属性

图书馆信息服务展现了鲜明的时代依赖特性。这种服务不仅是社会实践和科学技术的产物，更是随着这些领域的不断进步而不断演化的产物。它与社会环境息息相关，能够反映出时代特定的特征和需求。随着时代的变迁，图书馆信息服务在形式和内容上都会经历相应的变革。例如，数字化和网络化的发展极大地影响了图书馆服务的方式和范围。此外，这种服务也依赖于社会的知识和信息流，以满足特定时代的信息需求。图书馆信息服务因此成为一个动态的、与时俱进的体系，其变化不仅反映了社会和科技的发展，也适应了不同用户群体的不断变化的需求。

3. 图书馆信息服务具有明显的开放性

图书馆信息服务的开放性是由图书馆本身的使命和性质决定的。在图书馆的运作中，信息资源的开放共享是其核心宗旨，特别是在网络化的环境下，这种开放性越发显著。图书馆信息服务面向广泛的用户群体，不受国籍、民族、性别、年龄或社会地位等因素的限制。只要用户有信息和知识需求，图书馆信息服务就致力于满足这些需求，实现信息知识的广泛传播和共享。

4. 图书馆信息服务具有连续性

图书馆信息服务的连续性主要表现在图书馆信息服务各个环节的持续性和互联性上，以及人类认知客观事物的过程中的逐步深入。人们对事物的认识是一个不断深化和发展的过程，依赖于持续不断的信息和知识补充。因此，图书馆信息服务致力于为用户提供持续且不间断的信息和知识，支持用户对客观世界的理解和认知。这种连续性不仅体现在服务流程的各个环节，也体现在图书馆作为知识传递中心的长远使命上。

（二）图书馆信息服务的基本原理

图书馆信息服务的基本原理包括一些普遍适用的根本规律。这些原理不受外界因素，如个人意志的影响，而是深植于事物发展的本质联系和趋势之中。在研究图书馆信息服务的基本原理时，我们需要建立在这些深层认识的基础之上。

尽管计算机和网络技术的飞速发展对图书馆的发展造成了重大影响，推动了图书馆信息服务方式的根本性变革，但图书馆信息服务本质上仍是一种信息交流活动。这意味着，无论技术如何进步，图书馆信息服务都应遵循某些基本的信息服务规律。这些规律是图书馆信息服务的核心，确保了其在不断变化的技术环境中仍能有效地发挥作用。因此，理解和遵循这些基本原理，对于保持图书馆信息服务的质量和效率至关重要。

1. 需求动力原理

在信息化的时代，信息的生成和需求呈现爆炸式增长，导致信息服务领域面临的矛盾更加突出，即信息供给与需求之间的不平衡越发严重。这种矛盾促使业界专注于如何基于用户的信息需求来优化图书馆信息服务系统。理解并认识到信息需求在图书馆信息服务中所扮演的核心角色，是推动图书馆信息服务发展和演化的根本动力。

用户的信息需求不仅在不断变化和发展，而且受到时间和空间的限制，显现出一定的客观性。这些需求状态随着信息需求的变化而变化，形成一种独特的、具有内在机制的动态状态。同时，信息需求还具有明显的主观性和认知性。如果将信息用户的认知状态定义为主观需求，那么用户对图书馆信息需求的变化将遵循以下规律：首先，当用户的客观信息需求与个人的认知完全一致时，可以精准揭示信息用户的需求状态，这种理想状态虽难以完全实现，但值得追求；其次，当用户只部分认识到客观信息需求时，这种认识是不全面的，常见于信息需求的多层面体现；再次，主观和客观因素导致对信息需求的误解或偏差时，应尽量避免这种情况的发生；最后，用户对部分客观信息需求尚未产生认知，即潜在需求的状态，需要图书馆信息服务人员和用户共同努力，通过有效手段激活这些潜在需求。

用户信息需求的变化不仅受到个人主观因素的影响，还与社会的客观因素相互作用。这些因素在客观信息需求转化为实际需求的过程中，可能影响用户的认知过程和行为。因此，图书馆信息服务人员在研究用户信息需求规律时，应将个体的客观因素和社会的客观因素结合起来，致力于实现用户需求与信息服务之间的有效匹配，以实现信息的最大价值。

2. 信息选择原理

信息选择是一种筛选过程，旨在从众多信息及其衍生产品中辨别并提取有用信息，排除那些不相关的内容。在信息和网络技术飞速发展的今天，信息的爆炸性增长使得信息选择成为衡量个人创造力和适应力的关键，同时也反映了一个社会文明的发展水平。考量图书馆信息服务效益和用户满意度时，信息选择不但关乎信息本身，也关乎服务的各个方面，如服务过程、服务形式和服务质量等。信息选择的能力不仅仅受到技术进步的影响，还与个人的思维方式、知识结构以及信息素养等因素密切相关。信息技术的发展加剧了信息无限性与人类能力有限性之间的矛盾，由此也促进了信息服务行业的快速发展，显现了信息选择能力的重要性。

信息服务的内容主要包括两个方面：一是信息的收集、整理和处理；二是信息的传递和提供。信息服务实际上是一个信息筛选、输出和分流的双向选择过程。在这一过程中，信息使用者在信息服务系统中占据主导地位，是信息选择的主体；而图书馆等信息服务机构则扮演了服务的提供者，是选择的客体。用户的选择行为构成了信息选择的正向过程，而信息服务人员对用户需求的响应则形成了信息选择的反向过程。这种正反两方面的选择相互依存、相互促进，形成了信息服务系统的核心机制。

随着信息和网络技术的演进，图书馆信息服务正从简单的被动服务向双方协同、互动的复杂服务模式转变。在信息化时代，信息服务的重点逐渐倾向于信息选择功能，这对图书馆信息服务人员的专业能力和综合素质提出了更高的要求。

3. 信息服务增值原理

在图书馆的信息服务体系中，信息服务增值原理是核心之一。该原理基于信息资源的共享属性，强调信息的价值不在于物质消耗，而在于其利用和应用。这一过程主要分为两个层面：信息增值和服务增值。

信息增值过程并不是简单的信息堆积，而是通过对多个相关信息的整合和深度分析，创造出新的信息结构。这样的新信息，其价值远超原始信息的总和。在这个过程中，信息的相关性和深度分析是关键，它使得信息的应用范围和深度都得到了极大的扩展和提升。

服务增值则体现在图书馆如何将信息服务与用户需求紧密相连，实现信息的最佳匹配和利用。图书馆通过深入分析用户需求和现存信息资源，构建一个高效的信息供给与需求的连接系统。这不仅仅是信息的传递，更是一种服务理念和策略的转变，目的是通过优化的服务流程，实现信息资源的最大化利用和价值提升。

在图书馆信息服务的实践中，"知识服务"和"增值服务"已成为新的发展方向。这要求图书馆工作人员不仅要满足用户的基本信息需求，还要在信息服务的过程中，通过创新和优化，提高信息资源的应用价值和服务效益，从而实现图书馆信息资源的最大化利用和价值提升。这种服务理念的转变和实践，使得图书馆在信息服务方面的工作更加高效和有价值。

三、图书馆信息服务管理

（一）图书馆信息服务管理特征

信息服务管理，基于其对象分为广义和狭义两种方式。广义的信息服务管理是指对所有信息服务行业内的服务程序和活动进行的全盘管理和监控。而狭义的信息服务管理，更加独立和特殊，它专指针对某一具体机构的服务活动进行的专项管理与监控。图书馆信息服务管理就属于狭义的信息服务管理，更确切地说，它是对图书馆这个特殊服务机构内的服务流程和行为的管理和监控。

在明确了图书馆信息服务管理的初步定义后，我们需要对其特征进行深入理解，以便更深入地理解它。随着图书馆信息服务从简洁到复杂化，从封闭到开放性，从传统信息服务到知识服务的演变，图书馆信息服务管理在不同的发展阶段也相应地展示出了进行的特征。网络技术的融入和进步，为图书馆信息服务及其管理注入了激活剂，同时也推动了新的研究方向和挑战的出现。受网络经济、信息经济、服务经济的昌盛影响，图书馆信息服务管理显现出新的特征，可以总结为以下几个关键点：

1. 图书馆信息服务管理的集成化和知识化特征

随着网络技术和服务经济的蓬勃发展，信息服务呈现出一体化和网络化的趋势。在这个背景下，信息技术的持续进步促使信息服务从初始产品的形成到终端服务的实施，走向了一种集成化的模式。这意味着用户可以通过图书馆的网络服务平台，享受到多元化功能的集成服务和快捷服务。这一变化促使图书馆信息服务管理从传统的单一、孤立的方式，转变为一个集成的、多层次、全方位的管理模式。图书馆信息服务管理应突破对单一服务部门的局限，转向对各部门功能、联系，以及员工个人效用的全面考量，同时还要整合内部与外部的众多因素。

这种管理特性的演进，亦带来了对知识化管理的需求。图书馆信息服务管理的知识化特征在多个方面得以体现：一是图书馆信息服务趋向知识化服务，这要求从事此项服务的人员具备较高的综合知识素质；二是从用户的知识性需求分析到对信息服务工作流程的综合考量（包括信息的知识化选择、分析和组织），均彰显出管理的知识化层面；三是从直接面对用户的服务到后期服务的每个环节，都要求管理人员具备相应的知识和技能。因此，为了实现服务和管理的增值，优化图书馆信息服务管理，知识化管理不可或缺。

2. 图书馆信息服务管理的人文化与个性化特征

在当前的知识经济时代，图书馆作为信息的集散地，其信息服务管理不仅展现了集成性和知识性的特点，更深层次地蕴含了人文化和个性化的特征。这种转变，是对现代用户需求变化的积极回应，旨在满足人们对于服务便捷性和丰富知识的渴望。

在图书馆信息服务管理的实践中，服务人员的知识结构、学习能力和创新精神成为关键要素。他们不仅需要掌握丰富的知识信息，更应具备敏锐的用户需求洞察力和问题解决能力。这种以人为本的管理模式，不仅着眼于解决用户的实际问题，更重视人的全面发展和文化底蕴的培育。图书馆信息服务管理因此变得更加生动和富有内涵。

另一方面，图书馆在强调信息服务的集成性和知识性的同时，也越来越注重用户个性化需求的满足。这种个性化服务的提供，不仅体现在书籍和资料的多样化选择上，还包括对于不同用户阅读偏好、学习习惯的细致关注。图书馆通过创新性的服务方式，如个性化推荐系统、主题定制阅读等，为用户打造更为贴心和个性化的阅读体验。

在这一进程中，图书馆信息服务管理显现出的人文化特征和个性化追求，不仅仅是对传统服务方式的改进，更是对于现代图书馆角色和价值的重新定义。图书馆因此不再只是知识的传递者，更成为文化的传承者和个性化需求的满足者，这无疑为图书馆的未来发展开辟了新的思路和方向。

3. 图书馆信息服务管理的战略化与开放化特征

在数字化时代的浪潮中，图书馆的信息服务管理经历了根本性的变革。这种变革主要表现在两个方面：战略化和开放化。随着网络技术的发展，图书馆不再局限于传统的、封闭的信息服务模式。相反，信息的筛选、组织、传递和评估等活动都开始呈现出开放性的特点。这种开放性不仅表现在服务方式的多样化，还体现在图书馆与外界的互动和交流中。

从战略化的角度来看，图书馆信息服务管理越来越重视内部环境的系统性规划与协调。图书馆需要根据内部资源和外部环境，制定全面的战略计划。这包括了解并利用最新的技术，满足日益多样化的用户需求，以及不断提升服务质量。同时，图书馆还应当确立清晰的发展愿景，形成内外兼顾、动态发展的战略体系。

在开放化方面，图书馆正逐渐打破传统边界，通过数字化手段和网络平台，扩大信息服务的覆盖范围和影响力。这不仅使图书馆的资源能够被更广泛地利用，还促进了知识的自由流动和文化的交流。图书馆在提供个性化服务的同时，也积极参与社会教育、文化传播等活动，成为社区和网络世界的重要组成部分。

4. 图书馆信息服务管理的互动性与发展性特征

在当今数字化和服务经济的时代背景下，图书馆信息服务管理的角色和功能发生了显著的转变。这一转变不仅要对管理方式和责任进行重新分配，还要提高图书馆信息服务的互动性和发展性。

图书馆信息服务管理的互动性，主要休现在以下两个方面：一方面，图书馆信息服务管理已经不再是个别领导者的专属任务，而是变成了全体员工的共同职责。这种转变意味着图书馆的每个部门都需要相互协作和互动，共同完成管理职能。这种全员参与的管理模式增强了图书馆内部的协调性，提高了信息服务的效率和质量。另一方面，图书馆信息服务的互动性体现在与用户的互动中。在数字化和网络环境下，用户不再是被动的服务接收者，而是变成了图书馆信息服务的积极参与者。用户的参与和反馈直接影响着图书馆服务的质量和图书馆的整体效益。因此，图书馆信息服务管理越来越重视用户满意度和忠诚度，强调在服务管理中建立良好的关系。

此外，图书馆信息服务管理的发展性特征也同样重要。随着社会环境的变化，图书馆面临的挑战和机遇都在发生变化。为了充分展现自身的价值和地位，图书馆需要留有足够的发展空间。这就要求图书馆在遵循科学发展观和可持续发展的指导下，不断扩展其文化内涵和组织能力。图书馆信息服务管理需要注重人的因素，创造持续学习和发展的氛围，同时在展现员工个性的同时，促进组织的持续成长和进步。

（二）图书馆信息服务管理原则

有关图书馆信息服务管理的知识，为学者们对其核心管理原则的理解提供了新的视角，为业界的实践提供了新的方向。图书馆信息服务管理原则可以概括为以下几点：

1. 正确树立继承和发展的关系

随着计算机与网络技术的进步，以及知识经济和服务经济的兴起，图书馆信息服务管理的理论和实践都在不断地进化和完善。在这个过程中，从新的视角和不同的侧面对图书馆信息服务管理的重新定位和评估显得尤为重要。这种由传统管理理论向现代管理理论过渡的阶段，主要内容包括：对既有的管理观念、方法和理论的选择与淘汰。科学发展的视角强调，不应完全摒弃传统理论，而应在继承中谋求创新，在发展中吸收传统精华。同时，确实需要淘汰的过时观念和方法也应果断去除，以免成为未来发展的障碍。因此，继承与发展之间的关系应是相互促进的，共同推动图书馆信息服务管理向着更高效、更创新的方向发展。

2. 营造创新环境，注重人为因素的管理，加强内部营销和关系营销

在科技不断进步，服务经济持续发展的背景下，各个实体提供的服务产品间的差

异逐渐缩小，甚至消失。因此，提供高质量的服务变得至关重要。

服务质量并非仅取决于提供的实物产品的优劣，而是受众多元素影响，如环境、提供服务的人员及用户的素质、知识结构、性格、情绪等。同时，图书馆信息服务的需求驱动、信息选择规则，以及图书馆信息服务管理的知性特征、人文特质、互动性发展特点等都共同强调了人性化管理的重要性。在图书馆信息服务管理过程中，管理人员需要积极塑造组织文化，搭建学习型服务团队，最大程度地发挥员工的聪明才智，稳定员工的情绪，并建立和完善评估系统。同样重要的是，通过各种方法，与用户建立并维持良好关系，提供五个层面的价值：核心产品或服务、服务和系统的支持、技术表现、客户互动和情感元素。这些元素共同帮助实现图书馆信息服务的长期效益和优化。

3. 组织内部及与外部之间的合作与发展意识和能力

图书馆在其信息服务管理中，不仅要构筑坚实的服务品牌战略，还需要实施差异化的战略管理。随着图书馆信息服务环境的持续开放与进步，图书馆管理者与员工应在管理体系的制定与执行过程中，深入理解并重视组织内部协作以及组织与外部世界的互动关系。在服务经济和网络技术盛行的时代，盲目竞争不仅无助于获得实际效益，反而可能带来负面影响。因此，图书馆需通过建立服务品牌战略和差异化战略管理，提供精致的服务和个性化的产品。在此基础上，通过合作寻求发展，通过发展实现增值服务，从而增强图书馆信息服务管理的影响力和吸引力，实现图书馆信息服务的最大价值。

第二节 图书馆信息服务的管理模式

一、服务营销的内容体系

（一）服务营销的内涵

作为现代市场营销的重要组成部分，服务营销是指将用户视为独立的细分市场，并根据个体需求制定市场策略，以期满足每位用户的特殊需求。在图书馆领域，服务营销的应用具有特殊意义。图书馆作为信息和知识的重要传递者，其服务营销策略的制定和实施，不仅影响着图书馆自身的声誉和地位，还直接关系到用户对图书馆服务的认可度和满意度。通过精细化的市场分析和用户研究，图书馆可以更好地理解用户需求，提供更加精准和个性化的服务。

1. 服务营销更具有人性化

服务营销倾向于关注个体需求，这一点从其 7P（产品、价格、地点、促销、人员、过程、有形证据）营销组合中可见一斑。这种策略不仅增加了服务营销的人性化元素，还强调了个别用户的需求和参与。对于图书馆来说，实现用户忠诚度的提升，意味着需要重视外部营销、内部营销和互动营销的有效融合。

2. 服务营销对服务质量的控制难度加大

服务的无形性和易消失性使得用户难以精确判断所接受服务的质量。服务不仅是过程或行为，更多时候是一种心理体验。在服务营销中，人成为产品的一部分，这无疑增加了质量控制和管理的复杂性。

3. 服务营销突出了组织的战略性和协调性

服务营销强调组织声誉和地位的持续发展。服务人员，作为连接用户和组织的桥梁，不仅需要不断学习提高自己的综合素质，以增强组织的整体实力和竞争力，还要强化组织内外部的协调性。服务质量不仅是一线员工的责任，而是贯穿于从后勤供应到用户接受服务的全过程。

4. 服务营销更体现了时间的重要性

服务营销中的即时性要求服务过程必须迅速高效，以缩短用户等待时间，体现出组织高水平的服务能力和质量。

（二）服务营销的核心内容

在探索服务营销的深层次意义时，我们可以看到，尽管它的理念和应用经历了多年的演变和增长，但其核心理念始终保持着稳定性。随着网络技术的发展和服务行业的兴起，服务营销的理论框架得到了持续的充实与优化。重要的是，我们必须明确，无论服务营销如何进步，其根本宗旨依然是建立和维护顾客忠诚度。这一目标通过强化服务团队的内部管理以及优化服务流程来实现，进而推动整个组织的全面提升。简而言之，服务营销的核心内容为以下几点：

1. 以"顾客满意"为中心的服务利润链

在图书馆服务营销的理念中，"顾客满意"已转变为一个关键驱动因素。在早期，服务模式多以生产为核心，主导着机构或企业的运营和管理。然而，随着市场经济的不断推进，市场营销理论逐渐成熟并受到了公众的广泛接纳，也带来了对服务理念的革新——之前的生产导向演变为现在的需求导向。但在此过程中，"需求"仅在价值链的两端，即商品的投入和销售阶段展现其作用，企业的内部生产和运营活动还需更深层次的与消费需求结合。正如营销界的权威人物李维特所指出的，"企业的核心任务是创造和维持顾客"。这表示，服务营销已从以往的产品导向转变为顾客导向，图书馆的服务不再局限于单一环节，而是建立在以顾客满意和忠诚为中心的服务价值链之上。

这个服务价值链，通过不断循环和优化组织与员工、员工与顾客、直接顾客与间接顾客之间的关系，将组织的利润、人员、顾客及其相互之间的联系紧密结合，形成一个积极良性的循环系统。在这个系统中，每一次的循环都应该把重点放在提升顾客的满意度和忠诚度上，这是服务营销的核心目标。

2. 关系营销

关系营销概念由 Gronroos 提出，他将其定义为所有旨在建立、发展以及维护成功关系的活动。从迈克尔·波特对企业价值链的描述中，我们可以看到，服务贯穿了从原材料采购到产品设计、生产直至最终销售给消费者的整个过程，显示出各环节相互作用的重要性。服务营销理论进一步阐释，任何组织，如图书馆，都不是孤立无关的实体。组织的各部分形成了一个开放的整体系统，包括内部和外部的互动。这种观点突出了组织、服务人员和顾客之间的相互关系及其循环。因此，服务营销特别强调内部营销、外部营销以及互动营销的相互影响 Richard.B.chase 和 Sriram Dasu 进一步强调了关系营销的重要性。他们指出，在服务过程中，顾客的感受和评价构成了现实的核心。因此，内部营销对于服务人员至关重要，它是成功实现外部营销和赢得顾客满意度的前提。同时，良好的内部营销还能促进更高效的运作，而互动营销在其中发挥着不可或缺的角色，尤其是态度和沟通的有效运用。优秀的关系营销不仅能留住优秀的服务人员，提高顾客忠诚度，还能最大化地发挥组织如图书馆的价值。缺乏有效的关系营销，服务营销的真正价值将难以体现。

3. 组织的文化

组织文化是反映和代表一个组织核心精神、行为规范和共同价值观的重要因素。沙因的观点强调，组织文化的真正内涵藏于成员的潜意识中。在服务营销的范畴内，这种文化体现为一种自内而外的服务理念，以员工和顾客的满意度为核心。这种以满足顾客为目标的文化已成为组织的一个不可分割的部分。

对于图书馆这样的组织来说，尊重内部员工，重视他们的价值创造，意味着建立一种统一的服务文化，既面向内部也面向外部。为了更好的服务，员工需要具备高水平的综合素质，这要求他们不断地学习和将所学运用到实践中。长期而坚持的努力会促使组织形成一种积极的服务文化。这种文化能够激发组织的活力，调动所有关键环节的积极性，从而使组织充满活力。服务营销中这种以人为本、注重人文的服务文化，正是其成功的关键。它不仅涵盖了关系营销的核心要素，还强调了组织文化对于服务质量和顾客满意度的影响。

4. 服务质量

在服务营销领域，实现高水平的服务质量是其根本目的。服务质量的高低直接影响顾客对服务的评价。顾客对服务质量的感知成为评估服务营销成效的关键标准。优秀的服务能够培养顾客的忠诚度，并为组织带来利益和价值。相反，低下的服务质量则可能导致顾客流失和组织利益的损失。尤其对于图书馆这种以服务为主的机构而言，服务质量不仅关乎图书馆的声誉，还直接影响到其在读者心中的形象。高质量的服务可以促使图书馆形成良性循环，提升图书馆的整体价值和效益。因此，无论是在关系营销还是在组织发展层面，服务质量都扮演着核心角色，其重要性不容忽视。通过不断提升服务质量，图书馆能够更好地满足读者需求，进而实现其长远发展目标。

二、图书馆信息服务管理的理论基础构成

图书馆作为社会进步的反映，是一个不断适应并应对社会和时代变化的机构。在当前的信息科技时代，图书馆的信息服务功能越发显著，对应的管理理念和理论也日益丰富与深化。对于一个学科，理论基础如同滋养其成长的土壤，是其来源与根基。因此，学者们积极研究图书馆信息服务管理的理论，以期对其形成和完善独立的学科体系起到积极推动的作用。面对信息技术的快速迭代和新经济形态的出现，我们对图书馆信息服务管理的理解逐渐由感性认知向理性洞见迁移，对其理论基础构成的认知也变得更为科学合理。

（一）图书馆信息服务管理的指导模式

信息和网络技术的迅猛发展为信息服务业带来了空前的繁荣。在这个过程中，各机构之间的竞争愈发剧烈，已不仅仅局限于信息产品本身，而是扩展到附加价值和潜在价值的层面，这更加凸显了人的重要性和作用。

对于图书馆信息服务管理而言，其管理模式的演进大体可分为两个阶段：第一阶段，管理的重心主要放在生产性因素上，比如利润、质量和技术，但这种做法明显忽略了人的因素，存在一定的短视问题。第二阶段，管理的焦点转向人文关怀，注重服务、人才以及企业发展的深层次联系。在此基础上，忠诚管理理念应运而生。它在传统生产要素的基础上融入了对人的关注，关键在于平衡和管理组织、员工、顾客三者之间的关系。这种管理模式的核心是满足和理解顾客的需求与感受。管理者围绕这一核心，制定一系列有影响力的原则和策略，构建独特的组织文化，进而增强员工和顾客的忠诚度。员工在感到被尊重和实现自我价值的同时，也增强了顾客的忠诚。顾客的忠诚反过来又激励员工更加投入与忠实于组织。这种良性互动不仅提升了组织的绩效，还加强了对员工和顾客的人文关怀，形成了一个良性循环的管理模式。这对图书馆信息服务管理来说，提供了全新的视角和实践策略。

在当代的图书馆信息服务管理中，忠诚管理的概念发挥着重要作用。这一理念虽起源于企业管理，但在图书馆领域同样适用。一方面，图书馆信息服务管理的核心目标与企业管理一致，都致力于实现自身价值的最大化。另一方面，两者均牵涉到资源的投入与产出，关注服务对象的核心地位，且都依赖于完善的基础设施支持。

图书馆信息服务的有效性取决于对用户需求的深刻理解和满足。图书馆需要将用户需求作为信息服务管理的中心，通过全面、细致且多层次的分析，以提高用户忠诚度，最大化其信息服务的经济和社会效益。忠诚管理强调以用户为核心，以满足用户需求为导向的管理模式，这不仅关乎对个人和团体的忠诚，更重要的是对长期服务原则的坚持和忠诚。因此，图书馆信息服务管理不应仅限于日常的信息服务操作，而应当从

全局和系统的角度出发。这包括对图书馆的组织文化和制度进行战略性的考虑和优化，以确保信息服务管理不仅仅是对部门工作的简单管理，而是体现了深思熟虑的战略规划和忠诚管理的深层价值。这样的管理方式将更好地服务于图书馆的长远发展，提升其在用户心中的形象与价值。

图书馆的首要任务是构建一种组织文化，这种文化反映在其信息服务的价值主张和理念上。图书馆的目标是提供卓越的服务，以满足顾客或用户的需求。这种价值主张是图书馆发展的核心，指引着图书馆在竞争激烈的信息服务领域中保持领先地位。基于这一价值主张，图书馆学者和工作人员应深入研究和分析用户需求，针对不同用户群体制定个性化的服务策略。通过这种方式，图书馆不仅能满足用户需求，还能塑造独特的品牌形象，并借助忠实用户的力量来吸引更多潜在用户。在管理层面，图书馆应该招募并保留合格的信息服务人员。管理者需要创造一个环境，使得图书馆的价值观和员工个人的发展目标相协调。这种管理方式不仅表现在提供高质量的服务上，而且在于增强员工的忠诚度。员工的忠诚度不仅体现在他们的工作投入上，还反映在他们如何帮助图书馆提高服务质量和效率上。员工和用户的忠诚度是相互增强的，这种良性互动有利于图书馆的长期发展，并吸引更多社会和投资者的关注。

从经济角度来看，忠诚管理对图书馆来说有着深远的意义。随着信息服务工作量的增加，图书馆将直接或间接地获得更多的社会和经济效益。此外，忠诚管理还促进了员工素质的整体提升，因为在不断变化的用户需求面前，图书馆信息服务人员需要持续学习和进步，以适应这些变化。这不仅增强了图书馆的内部实力，也提升了其在社会中的地位。

（二）图书馆信息服务管理的支撑平台

图书馆信息服务管理与知识管理之间存在着本质的联系。图书馆的存在本身就是知识积累与发展的体现。在信息技术和网络技术日益发展的背景下，尤其在新经济时代，这种联系变得更加明显和重要。在当前的经济环境中，图书馆信息服务正朝着知识化方向发展。这意味着图书馆的服务不仅仅是提供信息，而是更深入地参与到用户解决问题的全过程中，着眼于知识的增值和传播。图书馆信息服务的这种转变，包括其知识性、动态性、人文性、服务性和增值性等特点，都与知识管理的理念和方法紧密相通。这些新的特点和趋势促使图书馆信息服务管理必须进行知识化的改革。在这个过程中，知识管理自然成为图书馆信息服务管理的重要支撑平台。通过有效的知识管理，图书馆不仅能更好地服务于用户，还能在知识的创造、分享和应用方面发挥更大的作用。

知识管理是构建一个知识性的生态系统，旨在促进关键知识的获取、分享，以及利用集体智慧来优化决策过程，从而提升组织的效率和创新力。这个过程重视的是知识交流与应用，而非单纯知识的积累。在知识管理的实践中，人的因素、技术的运用、组织文化的塑造以及创新意识的培养扮演着关键角色。知识管理的目的不仅是处理和应用信息技术数据，而且在于将这些数据与人类的创造力相结合，形成一个有效的组织学习过程。这种管理方式能够增强组织的适应性、生存能力和竞争力，使组织能够更好地应对各种挑战和机遇。

在图书馆信息服务管理领域，知识管理的融入催生了新的组织模式，即学习型图书馆。学习型图书馆作为知识管理在图书馆领域的应用，强调以共同的愿景为基础，以提升图书馆的学习能力、适应能力和发展能力为核心，推动团队学习和用户服务。这种模式是一种扁平化的组织结构，特点是高度重视用户服务和团队协作，激发创新和持续学习的文化。通过这样的模式，图书馆能更有效地管理信息资源，提供更高质量的服务，从而在知识社会中扮演更加重要的角色。

学习型图书馆具有以下一些特征：一是这种图书馆强调终身学习的理念，建立了持续学习的机制；二是构建了一个多元化反馈和开放性的学习环境；三是重视打造一个促进知识共享和互动的组织文化；四是致力于增强学习力，实现共同目标的不断进步；五是工作和学习相结合，旨在激发个人潜力，提升价值观；六是通过将学习融入工作，这种图书馆提升了应对变化的能力。从这些特点中，我们可以看出学习型图书馆在知识的运用和交流方面的重要性。它为图书馆信息服务管理提供了知识化的基础和支撑。缺乏知识的积累和分享，图书馆信息服务管理将失去根基。

学习型图书馆的另一个关键要素是它所强调的组织文化。一个健康的组织文化能促进合作、信任、知识分享、倾听、学习和创新。如果缺乏这样的文化，即便是最佳的管理实践也可能失败。在新经济环境下，学习型图书馆提升了图书馆信息服务的竞争力和持续发展能力。传统图书馆曾经无须面临竞争压力，但在信息技术迅速发展的今天，图书馆必须增强自身的综合竞争力才能在信息服务领域中保持稳固的地位。学习型图书馆通过不断吸收新知识和新技术，实现创新，成为一个适应多变环境和科技发展的开放、灵活的组织。

知识管理在图书馆信息服务管理中起到了基础支撑的作用，而学习型图书馆则是知识管理的重要平台和关键环节。通过知识管理和学习型图书馆的结合，图书馆信息服务的核心竞争力得到了显著增强。

（三）图书馆信息服务管理的人文策略

在当今时代，图书馆信息服务管理正经历着翻天覆地的变革。作为信息服务行业的重要组成部分，图书馆信息服务正在逐渐采纳市场导向和用户导向的新理念。这种转变促使图书馆信息服务管理更加注重人文化的管理手段，强调内部及外部营销的重要性，并着重于管理各种关系间的互动。在这个背景下，关系营销管理成为图书馆信息服务在社会和经济层面取得成效的关键。图书馆信息服务的关系管理主要涵盖三个方面：一是内部营销管理，即图书馆与其员工之间的关系管理，主要是通过人本化的内部营销战略，以员工为核心，通过激励和发挥员工的积极性、主动性和创造力，从而促进员工与图书馆的共同发展；二是外部营销管理，图书馆与用户以及其他相关利益方的外部关系管理；三是组织、员工与用户三者之间的互动营销管理。

1. 内部营销管理

图书馆在信息服务管理领域采取的人文策略凸显了以人为本的理念，特别是在内部营销方面。这种策略以图书馆员工为核心，旨在通过一系列活动激发员工的积极性、主动性和创造力，以实现员工与图书馆的共同发展。这样的做法不仅提升了员工对图书馆的忠诚度，还强化了内部营销管理的重要性。在这个过程中，内部营销的管理策略特别强调员工的积极参与，并在工作中彰显对员工的尊重和理解，关怀和支持，以及员工个人和职业发展的重视。这种管理方法不仅提高了员工的满意度和忠诚度，还强调了态度营销和沟通营销的重要性，这两种方法被视为更有效的柔性管理策略。内部营销对于培育和提升图书馆服务文化极为关键，这不仅有助于加强图书馆信息服务系统对用户服务的意识，还有助于构建和完善图书馆的沟通体系，并及时调整服务策略。这种方法同样促进了图书馆系统管理战略的有效实施，从而实现员工忠诚度的提升、人才的培养、业务的创新和效益的增长。

2. 外部营销管理

外部营销聚焦于图书馆与供应商、网络运营商、用户等各方利益相关者之间的关系管理。图书馆信息服务始终以用户满意为出发点，致力于识别、建立、维护和加强与用户及其他相关方的联系，这对于提高图书馆服务的整体质量和效率至关重要。在图书馆的信息服务管理中，外部营销的核心不仅仅在于吸引用户和促成交易，更关键的是维护和加强与用户的长期关系。图书馆应该积极主动地与外部环境保持联系，包括与读者、其他图书馆、出版商和媒体等。这些交流和合作可以帮助图书馆了解读者的需求和兴趣，以便更好地提供服务。此外，图书馆还可以通过社交媒体、电子邮件和网站等渠道与读者进行互动，收集反馈和建议，不断改进服务质量。这种策略使得用户在接受服务的那一刻感受到满足和惊喜，从而实现图书馆与用户或其他利益方的共赢局面，对提高图书馆信息服务的管理效益至关重要。

3. 互动营销管理

互动营销在图书馆信息服务管理的每一个环节都发挥着不可或缺的作用。这包括图书馆组织内部员工的互动、员工间的交流，以及员工与用户之间的互动。通过实施互动营销，图书馆赋予员工适度的授权，从而提升了内部沟通与互相学习的能力，同时也增强了员工的综合素养和服务水平。此外，互动营销还使图书馆能够更深入地了解员工和用户的需求，实施更有针对性的管理策略，留住高素质人才。同时，它也帮助图书馆更准确地把握用户需求的变化，有效激发用户的参与度，适时引导用户需求，以便提供更高质量、更个性化的服务。在图书馆的信息服务管理领域，内部营销和外部营销的相互增强是至关重要的。一方面，优秀的内部营销能够提升外部营销的效果；

另一方面，外部营销的成功也会反过来促进内部营销的提升。对于图书馆而言，获取顾客信息的关键途径在于有效的外部营销，这对于内部营销策略的制定和实施至关重要。同时，互动关系营销是连接内外部营销管理的桥梁，它是这两者不可或缺的前提和条件。

在图书馆信息服务管理中，内部营销、外部营销以及互动营销管理之间存在着密切且协调的互动关系。这三方面共同构成了图书馆信息服务管理的关系管理理论基础。它们相互作用，共同推动图书馆信息服务利润链形成一个良性循环的发展态势。这种整合的营销策略和管理方式，旨在促进图书馆信息服务及其管理工作向着更加健康和可持续的方向发展，从而实现图书馆在人文策略上的长期目标和愿景。

（四）图书馆信息服务管理的技术手段

在现代图书馆的运营中，信息服务管理的技术手段显得尤为关键。在服务营销学的发展历程中，服务质量始终占据着核心地位，并且这一研究领域持续深化。特别是在图书馆信息服务管理的范畴内，服务质量的重要性不言而喻。理解服务质量的本质，从服务理论的视角看，它是基于用户的期望与实际服务经历之间的对比而形成的一种感知。用户对服务质量的评判，不仅基于他们的主观感知，也取决于他们对服务信息的选择、处理、理解和体验过程。这一过程涵盖了用户对服务信息的关注、组织、解释和判断，最终形成他们对服务质量的感受。

在图书馆信息服务管理中，用户获取服务的经历本质上也是一个感知的过程，受到个人差异的影响。为了有效管理图书馆信息服务的质量，应从用户的角度出发，对内外部的服务质量进行调控。全面质量管理，作为一个系统性过程，其核心在于理解顾客需求，提高服务质量和顾客满意度。这与图书馆信息服务质量的目标和宗旨高度一致，即提供优质、高效的服务以满足图书馆用户的需求。在人文策略的指导下，图书馆信息服务管理不仅仅是技术手段的运用，更是对用户体验的深入理解和持续优化。

在当代服务理论的研究中，服务质量被视为顾客与员工共同创造的成果，这个过程有时被称作"真实瞬间"。虽然乍看之下服务的质量似乎完全取决于前线员工，但实际上，它与信息服务的整个流程密切相关。因此，全方位地理解服务质量管理显得尤为重要。许多相互关联且互为作用的因素共同影响着服务质量的高低，包括服务理念、顾客、系统和员工，以及它们之间的相互关系和互动。这表明，在公司使命和服务宗旨的指引下，这些因素如何通过互动实现全面的服务质量。在图书馆这样一个服务体系中，信息服务的质量也是在图书馆信息服务战略和宗旨的指导下，由图书馆的服务文化、用户、系统以及员工的共同作用和影响所决定的。因此，图书馆信息服务管理应当是在图书馆服务文化的引导下，包括信息服务系统的每一个环节和每一位员工，目标是满足用户和员工的需求，实现全面的质量管理。这样，就形成了一个以图书馆用户为中心的信息服务全面质量管理模型，其中图书馆信息服务战略、系统以及工作人员通过相互影响和作用，构成一个良性循环的全面质量管理系统。在这个模型中，人文策略发挥着关键作用，确保服务不仅高效而且富有人文关怀。

图书馆在信息服务管理上融入全面质量管理的理念与技巧，这一趋势反映了社会发展和图书馆服务的自然演进。随着信息和网络技术的广泛应用，图书馆的信息服务不仅实现了迅速发展，同时也面临了新的挑战。为了增强图书馆的核心竞争力，提高其在服务业的地位与影响，图书馆信息服务管理亟须注入创新和活力。全面质量管理凸显了其人文性，这与图书馆信息服务以人为本的核心理念不谋而合。同时，全面质量管理的互动性也与图书馆信息服务所依赖的动态信息资源和人文资源的特性相契合，这些资源随着社会的变迁而不断发展和更新。值得注意的是，在图书馆信息服务的提供过程中，组织、员工、用户之间对于服务质量的感知可能存在差异。这些差异可能源于在获取顾客信息时的偏差、管理层对顾客需求感知的转化不足、员工素质或培训的不足，以及服务设备的问题。组织有时可能过分强调其服务范围，导致最终的服务质量与预期存在差距。因此，图书馆信息服务管理需根据实际情况的变化，有效控制并不断改进和完善服务。全面质量管理恰恰提供了这种持续改进的理念和方法，从战略制定到具体执行，从内部员工的营销管理到用户接受服务的全过程，实现全方位的调控和持续改进。这样的管理不仅提高了图书馆信息服务的质量，也更好地满足了用户的需求和期望。全面质量管理作为图书馆进行信息服务管理的有效工具和技术手段，完全符合图书馆信息服务管理的本质和特性。

三、服务营销对图书馆信息服务管理的指导意义

（一）服务营销与图书馆信息服务管理的关系

服务营销与图书馆信息服务管理并非孤立无关。过去，由于图书馆信息服务的运作多在封闭的经济体系和体制之下，两者间的联系并未得到充分展现。然而，随着信息技术和社会的发展，特别是在新经济时代的背景下，服务营销与图书馆信息服务管理的联系日益紧密。

1. 服务营销是图书馆信息服务管理理论基础构成的基石

伴随信息技术和网络经济的进步，以及服务经济新模式的兴起，图书馆信息服务已经超越了传统的信息服务和管理理念的局限。图书馆的信息服务开始步入市场，面向社会，与其他信息服务机构展开竞争。这一转变中，服务营销的理念和经营管理方法已被引入。在世界贸易组织（WTO）的乌拉圭回合谈判中，"图书馆、档案馆、博物馆和其他文化服务"已被纳入服务贸易的讨论范畴。这意味着各个图书馆之间以及图书馆与其他信息服务机构的竞争将更加明显，对此我们必须有清醒的认识。由于图书馆信息服务具有服务行业的通性，因此引入服务营销理论至关重要。只有这样，图书馆信息服务管理才能遵循客观规律，有效地适应市场环境，提高其服务效能和市场竞争力。

在现代的营销理论中，产品（包括服务）通常被划分为五个层次，这些层次依次包括：核心产品、基础产品、期望产品、附加产品（包含额外服务和利益），以及潜在产品。这一框架同样适用于图书馆信息服务的产品划分。通过这种方法，我们可以发现图书馆信息服务不仅仅提供基本的核心和实体产品，还需要向用户提供附加和潜在产品，以满足他们更高层次的需求。这些产品共同构成了图书馆信息服务用户的价值体系，满足了不同用户的多样化、个性化需求。在网络经济和新技术不断涌现的今天，产品间的差异逐渐缩小，用户的选择空间增加，对质量的要求也日益提高。因此，为了吸引和保留用户，图书馆信息服务系统必须转变其管理理念，增强服务意识。此外，从用户需求的角度出发，图书馆信息服务还应借助服务营销理论来优化其运营和管理。只有这样，用户才会对图书馆的信息服务保持忠诚，图书馆的信息服务才能达到其预期的社会和经济效益。

图书馆信息服务的核心宗旨在于忠诚地为用户提供服务，以实现服务效益的最大化。这一目标与服务营销的基本理念——以客户需求为中心——高度契合，反映了图书馆信息服务管理的实际需求。在图书馆信息服务的实践中，知识化成为一项关键要求，这不仅包括高素质人才的培养，还包括高质量服务的创造。因此，图书馆信息服务管理越来越注重对人的管理，即人本管理，这涵盖了对内部员工和用户的全面关注。服务营销的理念强调了对人的管理，将人视为产品（服务）的重要组成部分。同时，图书馆信息服务的动态特性要求管理者特别重视创新和服务质量的管理。服务营销的特征进一步强调了组织实施差异化和创新战略的必要性，这是获得竞争优势的关键所在，而服务质量正是服务营销理论研究的焦点。服务营销与图书馆信息服务管理在许多方面存在共性和联系。图书馆信息服务管理的理论基础涵盖了服务营销理论的诸多理念和方法，可以说，服务营销构成了图书馆信息服务管理理论基础的坚实基石。

2. 图书馆信息服务管理对服务营销理论的逆向促进

图书馆信息服务管理与服务营销之间存在着一种互动与相互促进的关系。图书馆信息服务管理不仅有其独特的特点和发展规律，而且在推动服务营销理论的发展方面也发挥了重要作用。服务营销理论在图书馆信息服务领域中的应用，不仅促进了该领域的发展，还揭示了新问题和挑战，为服务营销理论提供了新的视角，推动了其更加深入的发展。

同时，图书馆信息服务理论的发展也在不断拓展服务营销的研究范围和思路。图书馆信息服务与服务营销之间的这种互补和相互促进，使得图书馆信息服务及其管理不仅在理论与实践上都取得显著进步，还得到了越来越多的认可和赞誉。此外，服务营销理论在图书馆信息服务这一专门领域的深入研究，为其提供了新的研究方向和视角，从而证明了服务营销理论自身的价值和吸引力，使之逐渐成熟。

（二）服务营销对图书馆信息服务管理的影响与作用

1. 强调顾客导向的理念对图书馆信息服务管理的指导与影响

在现代图书馆的运营中，以用户为中心的服务理念至关重要。图书馆作为信息服务的关键枢纽，其管理和服务的质量直接关系到读者的利益和图书馆的发展。图书馆应当深入探究读者的需求与期望，通过精准的市场调研和心理分析，建立起与用户的有效沟通机制。这种对读者需求的深入研究，不仅有助于提升图书馆的信息服务管理水平，还能够促进服务营销策略的优化。服务营销在这一过程中扮演着核心角色。它不仅仅关注顾客的满意度，而且还致力于培养顾客的长期忠诚。图书馆通过内部管理的优化和服务质量的提升，可以有效地巩固和发展其信息服务用户群。这种管理和营销策略的结合，不仅能够增强图书馆的社会公益性，同时也能够带来更好的经济效益。

2. 服务营销管理更注重"人"这个因素的作用

在现代图书馆的信息服务管理和服务营销领域，人的作用至关重要。这里的"人"不仅指顾客，还包括那些与顾客直接接触的图书馆工作人员。服务营销管理强调顾客参与到服务的制作与评价过程中，使得优化顾客体验成为提升服务质量的关键。同时，服务的质量也取决于服务提供者的专业能力和服务态度，这些因素共同决定了所谓的"技术质量"和"功能质量"。为了实现这一目标，图书馆需建立一种既注重内部员工培养，又重视顾客互动的市场环境。通过激发员工和用户的潜力，满足甚至超越他们的期望，图书馆能够更有效地激发每个人的主动性和创造力。这不仅体现了人文关怀，还有助于培育积极的组织文化，实现组织和用户的共赢。

在图书馆的信息服务管理和服务营销领域，重视人的价值、挖掘个体潜力和创造力对于提升整体服务效果具有深远的影响。图书馆管理者应当吸纳服务营销领域的先进思想与策略，将其融入图书馆的日常运作之中。在图书馆服务文化的引领下，管理者需要对信息服务人员进行适当的激励、及时的培训和适当的授权。这些人性化的管理措施，包括关注员工需求和用户的合理互动，不仅体现了以人为本的原则，同时也有助于树立图书馆信息服务的良好形象，构建品牌效应。此外，通过满足用户对精品化和个性化信息服务的需求，图书馆可以有效地提升其服务水平，实现信息服务的最优化。这种以人为核心的管理策略，不仅有助于提升员工的职业素养和服务质量，也能更好地满足广大用户的多元化需求，进而推动图书馆信息服务管理向更高的水平发展。

3. 服务营销以服务质量为关键环节和要素

在图书馆的信息服务管理与服务营销领域，服务质量被视为核心要素和关键环节。服务营销理论强调，无论是产品本身还是附加服务，其质量都直接影响着顾客的满意度和感知。服务质量不仅与顾客的预期相挂钩，也与他们实际体验的服务水平紧密相关。服务质量的评估不单单基于顾客的期望与实际体验之间的差异，还涵盖了技术质量和功能质量两个维度。技术质量主要关注产品本身的性能和可靠性，而功能质量则更多地关注服务交付过程中的人际互动，如服务人员的专业行为、态度和仪表等。因此，一个高质量的服务不仅要满足技术上的要求，还需要在人际交往和顾客体验方面做到优秀。对于图书馆来说，将这些理念融入其信息服务管理和服务营销策略中至关重要。这意味着不仅要关注书籍和资料的质量，还要注重提供高水平的顾客服务，从而在竞争激烈的信息服务市场中脱颖而出。通过这种全面的方法，图书馆可以提升其整体服务水平，更好地满足用户的需求。

在图书馆的信息服务管理领域，服务产品质量评估，主要基于信息用户对服务产品的感知。用户对图书馆所提供的信息服务的评价不仅仅基于核心价值和基础价值的判断，还包括对附加价值和潜在价值的考量。用户的整体感受直接影响着他们对服务的接受度和认可度，从而影响用户的行为习惯和图书馆信息服务系统的整体效益。因此，图书馆信息服务的质量管理是一个全面和系统性的过程。在这个过程中，任何一个环节的失误都可能导致整个服务链的失败。显然，服务质量管理的重要性不容忽视。为了有效地管理和提升服务质量，图书馆信息服务管理人员应当学习和借鉴服务营销领域的先进质量管理和控制理论。这意味着从设计和实施质量管理模型的角度出发，应该从用户的需求和感知出发，确保从整个图书馆服务系统到每位员工，再到用户实际感受到的服务，都能实现环环相扣、连贯一致的管理和持续改进，以此来保障和提升图书馆信息服务的质量。

第三节 图书馆信息用户的管理

一、图书馆信息用户的产生和发展

（一）图书馆信息用户的概念

在人类社会中，信息服务的发展和演进是为了满足广泛的信息需求。这种服务旗帜鲜明地表现出其社会属性，主要面向那些实际需要信息服务的社会个体和组织，即被称为"信息用户"的群体。这些用户不仅参与信息的生成和传播，同时也是信息的接收和应用者。因此，可以将信息用户定义为那些在社会信息交流中有特定需求的个体或者团体。

从人类历史的角度来看，信息用户的存在和人类的活动密切相关。自人类诞生之日起，为了满足基本生存需求，便与相关信息互动，成为最早的信息使用者。随着历史的演进和社会结构、生产力的不断提升，人类的需求日益多元化，信息种类、传播方式亦随之不断发展和完善。图书馆信息用户便是在这一连串发展中逐渐演变出的一个特定群体，它代表了信息用户在社会发展中的一个细化分支。

（二）图书馆信息用户产生和发展的特点

图书馆信息用户的发展历程是一个从简单到复杂，不断深化和完善的过程。这一过程可以概括为几个关键特点：

1. 需求与社会因素的密切关联：图书馆信息用户的产生和发展与人类的基本需求和社会发展紧密相连。社会的政治、经济状况、体制和教育水平等因素对图书馆用户需求的形成和演变起到了决定性作用。例如，在不同的历史时期，由于社会经济结构和文化背景的不同，人们对图书馆资源的需求和使用方式也随之发生变化。

2. 科技进步与图书馆发展的互动：科技的进步与图书馆的发展息息相关。每一次科技革新，如印刷技术的发展、数字化和网络技术的兴起，都极大地推动了图书馆服务模式的变革，使得图书馆能够更好地满足用户的信息需求。同时，图书馆用户的需求和使用习惯也促进了社会实践和科技的发展。

3. 用户角色与功能的转变：图书馆信息用户的角色和功能正在发生变化。从最初的被动接收者，逐渐转变为主动的信息寻求者和利用者。用户不仅仅是接受服务的对象，更是参与服务设计和评估的主体。

4. 用户研究与管理的动态性：图书馆信息用户研究表明其有着明显的动态性。研究内容从关注个体的需求，发展到对整体用户群体的研究，再到探索个体与社会环境的相互作用。用户研究不再是一个孤立的领域，而是一个与时俱进、不断发展的学科。

在上述特点的基础上，我们可以进一步探讨图书馆信息用户的产生和发展特点。例如，随着数字化时代的到来，信息获取的方式发生了巨大变革。图书馆用户开始更多地利用在线资源，而不再仅限于实体书籍。这种变化反映了信息用户需求的多样性和图书馆服务方式的多元化。同时，图书馆的角色也在发生变化，从传统的信息提供者转变为信息的策划者和管理者。此外，用户参与的观念也逐渐深入到图书馆服务中。图书馆开始鼓励用户参与到藏书的选择、服务的设计以及评估中，以此更好地满足用户的需求。这种参与不仅提升了图书馆服务的质量，也促进了用户与图书馆之间的互动。

二、图书馆信息用户管理的方法

（一）用户管理的重要性

用户在图书馆的信息服务领域中，扮演了无可替代的重要角色。他们不仅是图书馆服务的直接接受者，也是评价服务效果的关键一环。用户的教育背景、心理状态、个性特征和情绪状态等多方面因素，都会对图书馆信息服务的质量产生直接的影响。因此，用户已经在图书馆信息服务中占据了核心位置，并在其中扮演了重要的角色。

有效的用户管理是图书馆信息服务工作的基石。通过对用户需求、兴趣等进行深入的了解和研究，图书馆可以为用户提供更为个性化和专业化的服务。这样既能充分利用现有的信息资源和人力资源，也能更好地满足用户个性化的需求。同时，用户管理还可以引导用户的需求方向和行为，达到满足用户需求，提高用户忠诚度的同时，也使得图书馆信息服务系统的经济效益和社会效益得到提升。

但是，用户在图书馆信息服务和管理过程中，存在着许多的不稳定和不确定的因素。例如，对服务需求、成本和可转换性的预期不确定性；在服务交互过程中的行为不稳定性，以及对服务产出评价的不稳定性。由于服务的无形性和用户个体差异的存在，用户对服务的满意度评价和再次接受服务的意愿都存在着相当的不稳定性。

因此，对于图书馆来说，为了提高服务质量和提升组织价值，必须针对以上可能的不确定性和不稳定性因素，采取切实有效的用户管理措施和方案。这些措施包括了解和分析用户的需求和预期，提供个性化和有针对性的服务，不断改进和优化服务流程，提高服务质量和效率，并通过用户满意度调查和服务效果评估，有效地管理和引导用户的服务期望和行为，消除服务过程中的不确定性和不稳定性，确保图书馆信息服务的顺利进行。

（二）用户管理的方法

1. 用户关系管理

用户关系管理是从企业界倡导的客户关系管理中发展而来，其核心理念在于视客户群体为组织的宝贵资源，通过有效的管理提升客户价值，从而增强组织的竞争力。图书馆的用户关系管理正是基于此理念，致力于通过深入了解并分析用户需求，持续改进服务，增强用户忠诚度，进而提升图书馆信息服务和管理的质量，增强图书馆的整体效益。在用户关系管理中，运用现代计算机和网络技术结合服务管理的先进理论是关键。此管理过程主要包含以下两个步骤：第一步，进行用户分析，确定谁是图书馆的主要用户，了解不同用户群体的特征和需求行为，进而分析这些因素对图书馆服务效益的影响。第二步，管理团队需建立专业的用户管理数据库，运用高效的技术手段和理念，对用户信息进行综合分析，从而为信息服务提供依据。在用户群体的分类上，可以将其划分为当前用户和潜在用户。如以兰卡斯特为代表的专家所指出，不同用户心理状态的特点使得用户群体可以被更细致地划分。这种分类方式有助于图书馆更准确地理解用户的需求，从而为他们提供更加个性化和满意的服务。通过这种精准的用户关系管理，图书馆能够有效提高自身的服务水平和竞争力。

用户关系管理的核心是基于对用户类型和用户心理的深入了解，以精准判断用户需求，并从而实现满足现有用户需求和发展未来潜在用户的双重目标。用户信息需求是一个受多重因素影响的综合体，包括用户的内部因素（如职业角色、教育背景、个人兴趣、信息素养等）和用户的外部因素（图书馆信息服务系统、社会环境等）。图书馆的信息服务需求满足无疑是一个复杂的过程，它主要的问题就是如何转化用户的信息认知和心理需求为实际的查询行为。在这方面，有研究表明，可以采用心理学的

"知感行"过程来描绘用户的信息需求认知过程，即由"认知过程""情感过程"和"意志过程"三大阶段组成，这三个阶段相互关联并相互推动，显示出一种内在的规律性。

对信息服务人员来说，洞悉用户的信息需求心理过程可以帮助他们更科学地理解用户的信息行为，并据此制定有效的用户科学管理和行为引导策略。但是，如何将信息需求折射为实际的信息行为呢？用户信息行为的生成速度、强度，以及其他相应指标不仅会受到外界环境的制约，同时也会直接反映用户的心理状态和信息素养。所以，理解用户的信息需求，实质是要理解用户的心理需求和信息行为之间的复杂关系。例如，由于刺激强度、用户的信息处理机制、知识水平等因素差异，可能会导致用户在面对相同信息时产生不同的信息需求状态，而其中一部分需求可能是潜在的。这说明，不同用户及同一用户在不同时期的信息行为都有可能有所不同。在图书馆信息服务与管理的实践中，信息服务人员应基于用户信息的分析，预测用户的信息行为，并适时引导以及控制用户的期望。具体制定服务承诺的过程中，我们可以考虑图书馆的服务能力、资源状况等因素，以在确保用户感知服务质量的前提下，将用户的期望控制在一个合理或相对较低的水平。同时，为了实现对用户行为的适度引导，信息服务人员应依据用户信息的提取分析和图书馆的内部运营情况，决定和控制用户在服务生产和管理中的参与程度，从而使用户发挥其主体作用，提升服务质量。人性化的柔性管理考虑了用户需求和感受，并通过这些策略有效消除用户的不稳定性，为图书馆服务和管理提供了一种新的视角，使得图书馆赢得了用户的更大信任和忠诚。

在图书馆用户关系管理的过程中，信息服务人员需要与用户保持频繁且及时的沟通，确立有效的沟通渠道与机制。图书馆的用户管理核心在于实现与用户的信息交流。用户关系管理系统能够通过多种方式，如传统的人际交流或网络平台的在线互动，实现知识和思想的双向流动。图书馆工作人员与用户之间的这种互动，不仅有助于传递信息，还能相互启发，丰富服务管理的内容。用户的观点和建议是决策和服务优化的重要参考。为了更好地服务用户，信息服务人员需建立有效的用户反馈机制。重视用户的意见和投诉，及时收集和处理这些信息至关重要，因为用户反馈是提升服务质量和改进工作的关键因素。它还对评估图书馆服务承诺的实现程度以及及时发现并解决服务问题起到了决定性作用。

在图书馆信息服务管理中，以"用户为中心"的理念至关重要。这不仅体现在人性化的管理上，还包括积极的互动管理。图书馆应积极鼓励和挖掘用户的思维力、想象力及创造力，这样的互动与合作有助于不断提升图书馆信息服务管理的水平。

2. 用户教育

在图书馆信息服务的过程中，用户教育占据了关键的地位。基于对用户深入的研究和理解，我们应当通过进行有效的用户教育来增强双方的理解和支持。用户教育主要包括向用户传递图书馆信息服务的内容和相关政策，以便他们更好地利用图书馆资源，这是提高图书馆信息服务体验的重要一环。随着网络环境和新经济形态的发展，用户与信息服务组织之间的互动关系更加紧密。传统的封闭管控模式已经难以满足现代服务需求。因此，图书馆应更主动地向用户开放，推动双向互动，以提升服务管理的效率。图书馆信息服务组织通过宣传自己，树立形象，创立品牌，通过积极的传播和塑造，图书馆作为一种服务机构，成功地树立了自己独特的品牌形象。这种无形的品牌力量，无疑将推动图书馆提高其信息服务质量，从而提升其价值。除此以外，用户教育中的信息素养和技能教育也占有重要的地位，这样的做法实质性地提升了图书馆信息服务的价值，进一步推动了其增值。在当今网络环境下，用户的网络安全意识和网络道德教育更应得到关注和加强。教育读者在搜索和利用信息的过程当中，既要增强个人信息安全防护意识，避免信息被他人非法使用或窃取，同时也应该严格遵循相关的网络道德和安全规程，绝对避免对他人的信息安全产生破坏。网络环境和新经济的发展，对图书馆信息服务组织的用户教育提出了更高更新的要求。这一要求使得用户教育出现了新的趋势和增长点。

三、用户培训的新增长点

在数字化和网络化的时代背景下，用户接触和传播信息的途径和方式经历了翻天覆地的变化。现代图书馆面对这样的挑战，正积极利用网络平台来加强与用户之间的互动和沟通。这种变化导致用户对信息的需求呈现出新的特点和趋势，这给用户培训带来了新的发展方向和新的增长点。

在当代社会，图书馆的用户教育有几个显著的特点：一是由于信息资源的变革，用户教育的内容与形式也同样经历了深刻的变化，现在更强调其针对性、实用性和实践性；二是因用户环境的不同，用户教育的形式更为丰富和灵活；三是随着用户需求的转变，用户教育逐渐注重主动性、互动性以及个性化教学。在这样的环境之下，网络用户培训正在逐渐成为未来发展的引领者，并逐渐成为提升用户培训的新增长点。目前，不少大学图书馆的信息服务系统开始提供在线培训课程。大学图书馆的信息服务系统在内容上，从提升信息素质和信息素养的角度出发，精心设计了课程内容，并与专业课程形成有效结合，扩大了课程的覆盖范围。这样的发展无疑给用户培训带来了新的机遇和挑战，是现在以及未来一段时间用户培训的新趋势和发展方向。用户需求的多元性、优质化和个性化要求用户培训跳出单一、僵化的方式，因地制宜，根据用户的具体特征和需求进行精准的教育与培训。个性化用户培训的实施将是未来的一大亮点和趋势，它将为用户培训带来新的增长点。因此，图书馆信息服务中应深入了解用户的类型、职业、具备任务，以及个体信息素养的差异等，做到不再只提供单一的、规模化的培训方式，而尽可能提供针对用户具体需求的个性化培训，以尽最大限度地满足用户需求。而个性化用户培训的内容、方式以及技术，也将是未来图书馆用户教育研究和探究的关键领域，这无疑为新环境下的用户培训带来了蓬勃的生机与活力，也增添了用户培训发展的多重色彩。

图书馆内部管理沟通体系

第一节 图书馆内部管理沟通的媒介

一、辨析沟通媒介与沟通渠道

（一）沟通媒介的定义与种类

沟通媒介指的是那些帮助信息传递的各类物理载体和方式。这些媒介既可以是具体的物质实体，比如文字、印刷品、标志等，也可以是无形的物理能量，比如声波、光波、电波等。媒介在信息传播的过程中起着桥梁的作用，是信息交流和传递的重要工具。不同种类的沟通媒介对沟通效果有着显著的影响。

学者们为了研究的便利，对沟通媒介进行了分类。基于戴元光等学者的研究，沟通媒介可以根据不同的标准被分为以下几类：首先，根据表达方式的不同，分为口头媒介、印刷媒介和电子媒介；其次，根据面向的受众不同，分为个人媒介和大众媒介。个人媒介包括对话、私人信件、肢体语言等，而大众媒介则包括报纸、广播、电视、电影、图书杂志等；再者，根据传播方式的不同，分为直接媒介和间接媒介；最后，根据媒介作用于人的感官类型分，可分为听觉媒介、视觉媒介和视听复合媒介。听觉媒介包括言语、广播、电话等，视觉媒介则包括文字和各种印刷品，而视听复合媒介则包括电视、电影等。

以上分类主要针对大众传播媒介。在图书馆环境中，沟通媒介的分类可以更为简化，主要依据媒介所依赖的表达手段来划分。在图书馆常见的沟通媒介主要包括：口头沟通媒介（如电话、演讲、会议等），书面沟通媒介（如文件、报告、各类备忘录等），以及电子沟通媒介（如传真、电子邮件、即时通信工具、员工论坛等）。这些沟通媒介在图书馆的日常运作中发挥着至关重要的作用。

（二）沟通渠道的定义与种类

沟通渠道在组织管理和信息传递中扮演着关键角色。在传播学领域，"渠道"一词多指沟通和信息交流的路径，如同水道或途径一般，连接着信息的发送者和接收者。这些渠道可以被划分为人际传播渠道、组织传播渠道和大众传播渠道等多种类型。

在组织管理，特别是在图书馆这样的机构中，沟通渠道的构建需要与组织的结构和管理风格紧密相连。有效的沟通渠道不仅促进信息流通，还有助于实现组织的整体目标。图书馆的组织结构和管理模式往往决定了其沟通渠道的形式和功能。

在图书馆环境中，常见的沟通渠道可以大致分为两类：正式沟通渠道和非正式沟通渠道。正式沟通渠道通常包括明确规定的会议、报告和公告等，这些都是组织结构明确、流程规范的一部分。而非正式沟通渠道则更多体现在日常的交流和互动中，如员工间的非正式对话、团队建设活动等。这些渠道虽然没有正式的框架，但在促进信息流通、增强团队协作方面发挥着不可忽视的作用。

（三）沟通媒介与沟通渠道的不同与相同之处

沟通系统的构成复杂多样，通常涵盖沟通文化背景、沟通者、沟通时机，以及关键的两部分：沟通媒介和沟通渠道。沟通媒介，它是信息在发送者和接收者之间传递的物理载体，例如电话、计算机和传真等。而沟通渠道，则是信息传播的路径，决定了信息如何到达目的地。有学者将沟通媒介和沟通渠道视为同一概念，强调选择合适的媒体即是选择沟通渠道。然而，另一些观点则明确区分二者，认为沟通渠道的多样性需要与不同的沟通媒介相结合。例如，人际交流中，面对面的沟通依赖于人体器官（如语言的发射媒介嘴巴和接收媒介耳朵）和空气作为传递媒介。相对而言，通过广播和电视等方式传递的信息则属于大众传播渠道。人际沟通媒介灵活多变，能够适应并配合不同的沟通渠道，而大众传播媒介的适用范围则相对固定。从组织行为学家 Robbins 的观点来看，他在其著作中对媒介与渠道的关系做了清晰的解释，提出渠道是媒介用于传递信息的路径。这一定义强调了沟通媒介和沟通渠道之间既有联系又有区别的本质。总的来说，沟通媒介和沟通渠道虽然紧密相连，但它们在功能和应用上各有特点。

二、分析图书馆内部管理沟通的媒介

在图书馆的日常运转中，信息传递的需求几乎无处不在。对于管理层来说，信息沟通更是一个复杂而关键的任务。它超越了简单的信息传递，其核心在于借助信息的有效流动来推动内部管理的高效运营。因此，深入了解每位员工对于不同沟通媒介的倾向和特性，成为优化管理策略的重要一环。知晓各种沟通媒介的优势和局限，员工能够更好地认识到自身在信息获取过程中可能存在的盲点。通过这种自我审视，员工能够主动地根据特定的沟通目标和信息需求，精准选择最合适的沟通媒介。如此一来，不仅个人能力得以提升，工作效率也随之提高。同时，内部管理也将更加精细化和个性化。

（一）员工获得馆内信息和进行交流的媒介选择

在图书馆环境中，员工获取信息和进行交流的方式多种多样。员工首选的途径是同事间的口头交流，这种直接而亲切的方式不仅方便快捷，还有利于增强同事间的情感联系。其次，员工通常通过图书馆的内部简报、公告板和文档来接收关于重大决策和福利政策等重要信息。定期的会议也是一个重要的信息交流平台，虽然其频率和紧急性不如日常口头交流。在现代通信技术的辅助下，内部办公系统、电子邮件和电子公告板系统（BBS）也在员工中逐渐流行，尤其是在那些科技运用更为成熟的图书馆中。但是，与领导的面对面会谈在信息交流中所占比重相对较小。这可能是因为其他沟通媒介尚未在某些图书馆中得到充分利用，导致传统的口头交流仍占主导地位。电话交流也是一种受欢迎的沟通方式，特别是在图书馆内部流动性较小、工作环境相对固定的情况下。相比之下，使用内部办公系统的频率较低，这可能是由于一些图书馆尚未建立或完善相应的系统。总体上，书面交流方式由于其较为烦琐的特点，在日常工作中的使用较少，人们更偏好简洁、直观的沟通方法。

（二）不同群体对沟通媒介的喜好

从图书馆内的数据调查分析来看，不同的职位级别和部门有其独特的工作性质和特点，这直接或间接地影响了他们偏爱的沟通媒介。针对这些不同群体，对他们选择沟通媒介的习惯进行分析，我们能观察出一些有用的模式。这些观察结果为我们提供了预见性的信息，有助于我们在未来的工作中，依照每个员工群体的偏好选择更适当的沟通媒介进行交流。通过这种方式，我们将能够优化图书馆的内部管理效率，并提高整个团队的协作水平。

1. 从职务的差异看沟通媒介的选择

图书馆内，不同职务层级的员工在选择沟通媒介方面呈现出显著的差异。

第一，对于普通员工而言，馆内信息的获取主要依赖于口头交流、简报和公告，以及内部的电子沟通工具，如内部办公系统、电子邮件和BBS。他们的工作性质通常较为具体，面对面与领导的沟通机会较少。

第二，对于基层主管，即各业务部门的小组长，他们则更多倾向于通过正式渠道，如简报、文件和定期会议来接收信息。尽管他们作为基层管理者，与领导的直接交流并不频繁，但这种交流在其日常工作中仍扮演着重要角色。

第三，至于中层主管，如部门主任等，他们主要通过定期会议来获取信息，这与他们的职责和工作流程密切相关。在图书馆的例会及部门主任会议中，这一层级的管理者与上级领导之间的沟通尤为关键。

在不同职务群体中，口头交流和面谈都是获取和传递信息的主要方式。值得一提的是，基层和中层主管更倾向于利用电话进行沟通，而普通职员则较少使用。同时，电子邮件的使用率也在逐渐攀升，其与电话沟通的使用率已经越来越接近。这些沟通方式的选择反映了各个职务层级的工作特点和需求。

2. 从年龄的差异看沟通媒介的选择

在图书馆员工中，不同年龄段的人在沟通媒介的选择上呈现出独特的偏好。30岁以下至40岁的员工在获取信息时，倾向于通过口头交流，而与领导的面谈则相对较少。这个年龄段的人群对各类沟通媒介都持开放态度，善于利用多种渠道进行信息交流。

在41岁到50岁的员工群体中，他们更偏好通过简报、公告栏和文件来接收信息，其次是口头交流。这可能源于他们对于文字信息和正式渠道的较高信任度。这个年龄段的员工在利用书面沟通媒介方面表现出较强的倾向。

至于51岁到60岁及以上的员工，他们在获取信息时更多依赖于口头交流和定期会议，同时也常用简报和文件等传统媒介。不过，由于这一年龄段的样本较少，其特点可能不够典型。

在工作沟通中，不同年龄段的员工虽有共同点，如普遍偏好口头交流和面对面沟通，但也存在差异。例如，30岁以下和31至40岁的员工对电子邮件的使用频率高于其他年龄段，而对办公系统和电话的依赖则较低。而41岁到60岁的员工在书面沟通方面的使用频率略高于更年轻的同事。这反映出年长员工对传统书面沟通方式的偏好，同时也显示他们正在逐步适应新的信息技术和沟通媒介。

3. 其他不同类型人群的沟通媒介的选择

在图书馆内，不同部门、性别及工作年限的人群在沟通媒介的选择上呈现出各自的特点。

第一，各部门员工在信息获取方式上有所不同。例如，在多媒体部、参考部、读者服务部，以及历史文献/古籍部门的员工更倾向于通过简报和文件来获取信息。而技术部和数字资源部的员工较少使用这种方式。期刊部和信息咨询部的员工则更多通过定期会议获取信息。在与领导面谈方面，参考部、社工部和技术部的员工更为活跃。与此同时，历史文献部、流通部、文献服务部和社工部等部门较少使用内部办公系统、电子邮件或BBS等方式。在部门之间通过口头信息交流的情况则较为均匀，没有明显的部门差异。

第二，性别在信息获取方式上的差异并不显著。男性员工在与领导面谈方面的比例略高于女性，这可能与图书馆领导阶层中男性占比较高有关。在日常交流中，男性员工更倾向于使用书面方式和办公系统，而女性员工则相对更多地利用电话和电子邮件。

这些发现有助于更好地理解图书馆内不同群体的沟通习惯和偏好，为提高沟通效率和员工满意度提供了有价值的参考。不过，应注意的是，某些部门的样本量较小，因此得出的结论可能不具备普遍性。

第三，在图书馆内，员工的工龄对其沟通媒介选择产生显著影响。新进图书馆员工（工作一年以内）倾向于通过定期会议和与领导面谈来获取信息，这一做法超过了其他工龄群体。他们还更频繁地使用书面材料和电子邮件进行日常工作交流。而工作1至2年的员工在与领导面谈获取信息的比例中占据最小比例，电话交流的使用也相对较少，但他们在使用图书馆内部办公系统方面占比最高。对于工龄在2至5年的员工来说，他们更多地通过简报、公告栏和文件等形式获取信息，但较少参与定期会议。工作5至10年的员工在使用内部办公系统、电子邮件和BBS获取信息方面占比最高，而在书面形式的日常交流中占比最低。最有经验的员工（工作10年以上）更倾向于口头交流，而相比之下，他们使用内部办公系统、电子邮件和BBS的比例最低。在使用简报、公告栏和文件获取信息方面，各个工龄群体间并没有显著差异。

这些差异反映出图书馆员工的沟通习惯与工龄密切相关。除了个人习惯和观念的影响，还有图书馆资源配置和员工规模等因素。面对面交流和面谈成为一种普遍现象，部分是由于图书馆环境的特殊性。

（三）传统沟通媒介优劣势的分析及评价

在我国，各图书馆的规模、员工数量、资源覆盖面以及服务对象各异，因此，其组织结构和管理方式也并非千篇一律。因此，选择适合的沟通媒介成为实现有效组织沟通的关键。随着科技进步，新型沟通媒介层出不穷。尽管并非每个图书馆都适合每一种媒介，也并不需要全盘采纳，但通过比较不同媒介的优缺点，我们可以精准选择适合的沟通工具，并根据特定场景和情境合理运用，从而提高图书馆内部沟通效率。在目前多数图书馆里，书面和口头传递的传统沟通媒介仍然占据主导地位，网络并未成为主流沟通方式。

传统沟通媒介主要包括书面沟通和口头沟通。书面沟通以文字和纸质载体为主，通告、报告、文件、手册等都属于这种类型。另一方面，口头沟通则以语言作为信息传递的主要方式，包括交谈、会议、电话以及讲座等。

根据所覆盖信息的时间跨度和长度，传统沟通媒介可再细分为以下三类：

第一，长期信息沟通，它处理涵盖往期或未来长期的事实、见解、设想或计划，如图书馆简介、中长期规划、长期有效的员工福利政策等，常见的媒介包括员工手册、年度报告以及规章制度汇编等书面形式。

第二，中期信息沟通，信息传递的时间概念上通常介于几周到几个月，涵盖过去或即将发生的事项，如近期的重大活动、定期工作总结以及未来规划等。此类信息的媒介既有书面的如内刊、简讯，也有口头的如全体会议、各部门的周会与月会等。

第三，短期信息沟通，主要涵盖每日的例行工作信息，如日常工作任务安排、工作反馈、暂时出现的问题处理等。此类信息更新频繁，不可预知性强，一般以口头沟通、电子邮件和备忘录等形式快捷传递。

通过对各类沟通媒介的优缺点对比分析，我们可以选择和运用最适合图书馆日常运作需要的工具，使我们的工作更为高效与便捷。

（四）现代沟通媒介优劣势的分析及评价

现代沟通媒介，主要指依赖信息和网络技术实现的信息交流载体，是相对于传统方式而言的新型通信方式。尽管一些学者通过对图书馆员工的问卷调查发现，许多人仍倾向于选择传统的沟通方式，但数据同时揭示出网络等新型沟通媒介正在逐步成为图书馆内部沟通的主流方式。总体看来，现代沟通媒介为图书馆的内部沟通带来以下几种优势：

第一，降低了沟通成本。通过电子邮件、即时通信工具等媒介，我们不仅可以传送文件、数据、表格，还可以增加内容的色彩信息，同时也便于接收者修改并存贮。尤为重要的是，这些方式的成本相对传统方式来说大大降低。

第二，现代沟通媒介为图书馆内的中高层管理者与一般员工提供了更直接的交流平台。传统上，普通员工因等级和地理位置等因素不便直接与管理者接触交流。网络通讯和已建立的馆务办公系统，让员工有更多的机会与高层管理者互动，这种形式扭转了原有的交流模式，可以极大地满足员工参与决策的心理需求，并激发士气，增强组织的凝聚力。对于管理者而言，他们能够及时了解员工的情绪、需求以及工作关注点。研究已经证明，计算机技术的运用有助于提高团队互动的平等性。

第三，促进了图书馆内的团队协作。随着学习型和知识型组织理念的兴起，以任务或项目为核心的团队在图书馆内开始增多，而这些团队的成员往往来自各个部门。在这种情况下，现代沟通媒介成为团队之间沟通的桥梁，发挥了无可替代的角色。

在实际的图书馆管理过程中，我们在享受其便利性的同时也需注意其带来的一些新问题。主要的问题集中在下面几个方面：

第一，信息量超负荷问题。一方面，有些图书馆面临着信息交流不足、内容匮乏的现状；另一方面，随着现代信息技术的应用，它们可能遭遇到信息过度增加、信息流速过快的情况。员工接收的信息量大大超出了他们的消化和处理能力。

第二，纵向沟通弱化与横向沟通扩张问题。因为网络化的通讯方式使人们拥有了更大的交流平台，团队化的工作方式也在促进同级间的交流。一方面，这使得组织内的沟通摆脱了以往的官僚枷锁变得更加自由流畅；另一方面，这也可能引发一些问题，成为我们需要重点关注的事项。

第三，人性化缺失问题。尽管依赖网络的现代沟通工具在某些方面极其方便，但其中缺乏了人性的感情元素。有效的沟通并非仅仅包括事实的传递，有时候也包括情感、思考和观点的交流。相较于面对面的对话交流，网络通讯使得情感和深层含义的探讨变得更加困难。当然，这也取决于沟通的主体和内容，在需要更多人性因素参与的情况下，我们需要审慎考量哪种沟通方式更加有效。

（五）不同沟通媒介的组合

在选择沟通媒介时，我们需要综合考虑目标受众、沟通的内容、目的及其情境，这适用于人际沟通和组织沟通的每一个层面。目前，许多组织采用的是传统与现代沟通媒介的混合使用，或者是某种特定媒介的主导使用。媒介的选取与行业特性、组织的特点和实际的沟通需求紧密相连。

以图书馆为例，当不同部门或上下级之间面临数据整合或技术咨询等问题时，传统的面对面会谈可能显得笨重而缓慢。若适当利用电子媒介，我们既能减少人际往来的复杂性，又能实现快速、高效的沟通。这种做法更符合经济效益和效率的要求。但从另一方面看，虽然电子邮件等方式"提高了沟通效率"，却可能在"反馈速度""语言表达的多样性""人性化交流"等方面有所不足，不能完全满足"沟通有效性"的需求。因此，为了满足不同的沟通需求，我们应采用媒介的组合策略，以此来发挥各自的优势，同时避免单一媒介的局限性。在制定沟通媒介组合策略时，主要需要考虑以下三个方面：

1. 沟通有效性的考虑

关于沟通有效性的考量，应该从信息发送者和接收者两个视角来界定。对于信息发送者而言，沟通有效性体现在如何清楚地传达他们想要表达的信息；而从信息接收者的视角来看，沟通有效性则在于如何准确无误地理解所接收的信息。为了提升沟通的有效性，以下两个方面值得我们关注：

一方面，减少不确定性。不确定性通常意味着信息的不足，这种信息缺失会导致接收者难以准确理解信息的真正含义。为了解决这一问题，沟通双方应努力获取尽可能多的相关信息，以确保信息的完整性和透明度。

另一方面，要努力降低含糊性。含糊性指的是信息可能存在的多种解释，这些解释有时甚至是相互矛盾的。由于不同个体的知识背景、组织角色经验以及个人偏好等因素的差异，同一信息在特定组织环境中可能被不同方式解读。为了减少这种含糊性，沟通者需评估和考虑不同个体的解释，最终达成对信息含义的共同理解和解释。

在提高沟通有效性的过程中，选择适当的沟通媒介，如图书馆中的各种信息传播工具，也至关重要。通过有效地利用沟通媒介，可以进一步确保信息的准确传递和理解，从而提高整体的沟通效率和效果。

2. 沟通效率的考虑

沟通效率的提升是关乎如何更有效地节省时间成本的话题。具体操作来看，主要表现在以下两个方面：一方面，努力压缩我们在有效沟通过程中所要花费的时间，亦即在理想的情况下，我们希望能将在无效沟通行为上浪费的时间减少至零。在日常工作中，无效的沟通行为屡见不鲜，比如频繁打断工作的电话或来访者等。另一方面，尽量缩短平均每次沟通花费的时间。它的核心是在保障沟通效率的同时，尽量缩短我们从开始到结束的沟通周期，比如减少使用传统沟通方法带来的等待时间。

因此，沟通效率的提升不仅仅意味着在固定的时间内能完成更多的有效沟通，也与减少沟通成本直接相关。这样的变化还可能激发团队成员之间的沟通意愿，从而提升了整个组织的合作水平，改进对外部环境变化的应对能力，进一步提升组织的竞争力。

3. 管理控制的考虑

在组织管理中，特别是在图书馆领域，"管理控制"的重要性不言而喻。我们有必要加强对组织沟通活动的监督和控制，将其纳入组织可控的范畴。一方面，要确保信息沟通在组织内部是有序的、计划性的，这要求建立一个系统性的信息流通框架。信息不应该随意流动或仅在偶然情况下传播，而应在组织的常规运作中保持一定的规律性和可控性。另一方面，强化对信息沟通过程的跟踪与监控的能力。管理者需时刻掌握沟通动态，通过有效的跟踪、监控和数据分析，及时识别和解决潜在的沟通障碍。

在这个过程中，许多图书馆利用先进的馆务管理系统来提升信息沟通的效率和监控能力，成为沟通媒介的优选。此外，媒介的选择多种多样，通常取决于管理者的个人判断。虽然使用模糊数学方法将定性事件量化的方式简化了沟通媒介选择的过程，但这种方法也有其局限性。例如，沟通要求需要扩充、媒介类型需要扩充、需要对媒介选择产生的沟通效果做出评价等等都需要在实际的沟通问题中具体考虑并且分别对待。

（六）沟通媒介的信息丰富度与选择沟通媒介

在图书馆领域，沟通媒介的选择对于信息传递的效率和准确性至关重要。理解并运用沟通媒介的信息丰富性，是提高沟通效果的关键。沟通媒介的选择并非简单的优劣问题，而是关乎适宜性——即所选媒介是否与传递的信息内容相匹配。

1. 沟通媒介的信息丰富性因素

信息丰富性是衡量沟通媒介的一个重要指标。根据 Daft 和 Lengel 的媒介丰富度理论，一个媒介的丰富性取决于它在限定时间内能否有效地跨越思维差异，清晰地传达真实意图。一个媒介的丰富性特征包括：快速反馈的能力、传播细微暗示的能力、表达个人情感的能力以及使用自然语言的能力。基于这些特性，面对面沟通被视为信息最丰富的沟通方式，因为它能够提供及时的反馈并确保信息被正确理解。但是，随着技术的发展，如视频通话和实时数据化技术的应用，电子沟通方式也在逐渐提高其信息丰富性。例如，通过电脑监视器进行的视频聊天，允许人们即使在远距离也能进行近似面对面的交流。这些沟通方式虽然不及面对面沟通的丰富性，但在特定情况下也能提供有效的沟通渠道。

2. 沟通媒介的情境复杂性因素

在图书馆管理中，如何适当地选用沟通媒介是一项挑战。为了传递信息或讨论相关议题，管理人员所选择的沟通方式必须与情境的复杂性一一对应。根据达夫特与莱格尔的研究，他们划分出三个沟通有效性的阶段，其中最恰当的一种是当问题或情境复杂性与沟通方式的丰富性达到平衡。当面临复杂的问题时，管理人员应选择更丰富的沟通方式。否则，如果情境与方式无法完全匹配，就可能造成过载或不足的现象。过载阶段，是指通过高丰富性的沟通方式处理简单的情境，导致提供的信息过多。例如，用一次大型代表会议去解决一个并不重要的通知，就可能造成信息的过度供应。相反，不足阶段则是采用简单的沟通媒介去处理复杂的情境，如此一来，无法提供充足的必要信息。假如图书馆因为财务困境需要调整薪资或裁员，这样的复杂情境只通过张贴通知来解决，往往会导致问题的发生。因此，在选择沟通媒介的过程中，我们需要遵守一个原则，即适度丰富的沟通方式以匹配情境的复杂性，从而在传递信息和处理问题时达到效率与效果的平衡。

3. 媒介丰富度理论的局限性和测评媒介效率的新指标

沟通媒介丰富度理论最初是在传统沟通手段占主导的时代提出的。这一理论在当时为人们理解和评估沟通媒介提供了重要的参考。然而，随着数字化和信息化的快速发展，新型的沟通媒介开始展现出超越传统理论的特性。例如，R. W. Zmud指出，现代通讯技术提高了沟通的速度和信息容量，降低了成本，增强了人机交互，并提高了信息传递的带宽和存储能力。

对于沟通媒介丰富度理论的局限性，学者们提出了新的评估指标，包括生动性、互动性、广域性、机动便捷性、储存性和信息到达率。这些指标更全面地考量了沟通媒介的效率和实用性。例如，生动性关注沟通内容的丰富性和情感传达能力，而互动性则着重于信息发送者和接收者之间的交互程度。广域性考量信息传播的范围，机动便捷性关注进入沟通环境的灵活性，储存性则强调信息保存的持久性。最后，信息到达率衡量的是信息成功传递给特定接收者的能力和效率。

随着各种沟通媒介的融合和发展，选择和组合沟通媒介成为一个动态且复杂的过程。这需要根据时间、环境和具体情况来进行调整。通过采用上述新指标，我们可以更有效地评估不同媒介的优劣，为选择最适合的沟通方式提供科学依据。

4. 图书馆内部管理中沟通媒介的选择方法

图书馆作为知识传递和文化交流的重要场所，其内部管理中的沟通策略至关重要。在图书馆内部，沟通媒介的选择不仅关乎信息的高效传达，更影响到整个团队的和谐与协作。现代图书馆管理理论强调，沟通媒介的选择应基于媒介丰富度理论，即根据沟通内容的复杂度和情感丰富度来选择合适的沟通方式。面对面的口头沟通在图书馆管理中占据核心地位。直接的人际交流有助于迅速解决问题，增强信息的透明度，促进员工间的相互理解和信任。例如，定期举行的部门会议、决策层沟通会议、全员年会等，都是促进信息沟通、增强团队凝聚力的重要手段。此外，这种沟通方式还有助于加强馆务的透明度，优化员工间的关系。但是，在现代图书馆的日常运营中，单一的沟通方式已难以满足复杂多变的管理需求。因此，电话、电子邮件等非人际沟通手段作为补充变得十分重要。这些媒介在快速、便捷地传递信息方面具有独特优势，特别是在处理紧急事务或跨地域沟通时更显重要。

在处理复杂或敏感问题时，图书馆管理者需综合考虑多个方面：一是一致性，即确保所有人接收到的信息是统一的，避免信息差异导致的误解或不信任；二是及时性，及时发布信息可以有效预防谣言的产生和传播；三是调整性，不同的员工群体对信息的理解和需求各不相同，需根据不同的"子群"调整沟通策略；四是反馈性，尤其是在传递负面信息时，应允许员工提出疑问和担忧，并给予妥善回应；五是贯彻性，一旦决策制定，应迅速执行，确保信息的有效传达和实施。

在实践中，图书馆的沟通方式往往是多元并存的。尽管电子沟通手段在时间和空间上提供了极大的便利，但面对面的交流仍然不可替代，尤其是在处理复杂和敏感问题时。因此，基于对员工沟通需求和当前沟通状况的深入了解，图书馆应根据自身具体情况和实际沟通场景，采用一种综合且高效的媒介组合方式，以实现最优沟通效果。

第二节 图书馆内部管理沟通的渠道分析

一、正式沟通渠道与非正式沟通渠道定义与关系

在图书馆的内部管理中，沟通渠道的选择对于信息传递和团队协作至关重要。沟通渠道大体上分为正式和非正式两种，各具特点和应用场景。

（一）正式沟通渠道的定义

正式沟通渠道通常是在组织框架内，遵循既定规程进行的信息交流。这种沟通方式往往通过文档传递、会议召开，或是上下级间的定期交流等形式进行。它的信息流向可以是下行（例如领导向下属传达指令），上行（如员工向管理层反馈意见），或者横向（即同级别间的信息交流）。正式沟通的特点是规范化和可预测性，确保了信息的准确性和组织的效率。

（二）非正式沟通渠道的定义

相对于正式沟通，非正式沟通渠道更加灵活和随意。这种沟通通常源于组织成员之间的个人关系和自发动机，不受正式组织结构的限制，也不遵循固定的程序和规则。非正式沟通可以发生在任何时间、任何地点，内容也无固定限制。例如，员工之间的私下交谈、社交活动中的对话，甚至是流言蜚语，都属于非正式沟通的范畴。这种沟通方式能迅速适应环境变化，传递一些在正式渠道中难以获取的信息，并且能真实反映员工的想法和态度。

但是，非正式沟通也存在一定的风险。由于其不受组织控制，传递的信息可能存在失真或误解的风险。此外，非正式沟通有时可能导致小团体的形成，影响团队的稳定和凝聚力。心理学研究表明，非正式沟通的内容和形式往往具有可预测性。例如，新鲜事物更易引发讨论，与工作密切相关的内容也更受关注，熟悉的话题更频繁地被讨论。了解这些规律有助于管理者有效地利用非正式沟通，减少消极影响，甚至将其转化为组织目标的服务。

（三）正式沟通渠道与非正式沟通渠道的异同与联系

在图书馆的内部管理中，沟通渠道的运用至关重要，其中正式与非正式沟通渠道各有特色且相互关联。

正式沟通渠道通常具有明确的对象、固定的时间安排、规范的内容和正规的传播方式。这类沟通在确保信息的准确性和组织决策的有效性方面起着关键作用。而非正式沟通渠道则更加灵活，它不受严格的时间和形式限制，内容上也更加自由。非正式沟通能够促进成员间的互动，增强团队凝聚力，有时甚至能在轻松的环境中解决复杂

问题。

现代管理理论提出了"高度非正式沟通"的概念。这种沟通方式着重于在各种场合和方式中进行连续不断的信息交流，通过排除干扰来构建一个开放、灵活的信息沟通系统。这种沟通方式的优势在于它的灵活性和高效性。在非正式的环境下，人们往往更容易畅所欲言，从而能够快速解决长期难题，减少组织内的人际摩擦。

在图书馆内部管理中，有效地结合正式和非正式沟通渠道对于提升沟通效率、加强团队合作，以及营造良好的工作氛围至关重要。管理者应当灵活运用这两种沟通方式的优势，使它们相辅相成，共同推动图书馆的发展和进步。

二、图书馆内正式沟通渠道的下行沟通

（一）下行沟通的重要内容和媒介

在图书馆的正式沟通体系中，下行沟通扮演着关键的角色，是管理层向基层传递信息和指令的过程。

下行沟通主要包括几个方面的内容：一是关于具体工作任务的指示；二是对工作职责的详细说明；三是员工需遵守的政策和规程；四是对员工工作表现的评价反馈；五是鼓励员工参与的各类活动。

为了有效传递这些信息，图书馆采用了多种媒介：一是书面材料，如指南、公告、政策文件、报告、信件和备忘录等，保证信息的正式性和持久性；二是电子通信方式，包括电邮、电话会议、传真和内部办公系统等，提供快速且便捷的交流途径；三是其他媒介，包括面对面的交流，如直接口头指示、个别谈话和各类会议等，以增强沟通的直接性和互动性。

（二）下行沟通存在的优势和劣势

下行沟通的优势在于能够快速传达管理层的指令和意图，确保图书馆的各项活动和目标得到明确传达，同时增强员工的归属感。它有助于保持图书馆的组织结构和纪律性，促进各部门间的协调一致。但是，这种沟通方式也存在一些劣势。过度依赖下行沟通可能会造成管理层与基层员工之间的隔阂，引起员工的抵触情绪。此外，由于信息需要经过多层传递，有时可能导致信息的延误或误解。

因此，在运用下行沟通时，图书馆管理者需要掌握好沟通的方式与时机，以确保信息的准确性和及时性，同时避免可能出现的负面影响。这对于维持图书馆内部的高效运作和积极氛围至关重要。

三、图书馆内正式沟通渠道的上行沟通

（一）图书馆管理中上行沟通的效用及其内容

在图书馆的正式沟通体系中，上行沟通占据着不可忽视的位置，它指的是从基层员工向管理层传达信息和建议的过程。

上行沟通主要有两种模式：一是层层上报，即员工按照组织结构和流程，逐级向

上反映信息；二是跳级反馈，这种方式减少了中间环节，允许基层员工直接与决策层沟通。这种沟通方式的作用多方面：一是可以为员工提供参与管理和决策的机会；二是帮助减少因信息理解不当导致的错误；三是促进了民主化管理文化的建立，增强了组织的创新力；四是有助于减轻员工的工作压力。

有效的上行沟通与图书馆的组织环境和氛围紧密相关。它不仅让员工能够直接向管理层表达意见，获得心理上的满足感，同时也使管理者能更真实地了解基层的工作状况，与员工建立良好的关系，提升管理效能。根据观察与分析以及工作经历，相关学者对图书馆内上行沟通的主要内容做如下总结：

1. 员工工作中出现的问题与困惑

员工在日常工作中遇到的特殊情况或问题需要及时反馈给上级领导。例如，当图书馆的一些关键数据库因服务器问题而无法使用时，这种情况就需要尽快上报，以便领导层了解并寻求解决方案。向上级领导反馈信息主要包括以下几种：

第一，改良建议。员工基于工作经验提出的改进建议，如在图书馆的公共查询目录中添加电子图书馆链接以提高使用效率，这些建议不仅能提升工作效能，还能增强图书馆的用户体验。一个开放、透明的管理环境能够激发员工更多地参与到改善工作中来。

第二，业绩报告。业绩报告内容主要包括个人或部门在一定周期内的工作成果报告。例如，员工可能需要定期提交月度或年度工作报告，这样的制度有助于领导层全面掌握图书馆的运行状况。

第三，失望与纠纷。员工在工作中可能会产生不满或遇到冲突，如分工问题、晋升过程中的不公或人际关系困扰等。这些问题的上行沟通对于维护图书馆内部的和谐至关重要。

第四，关于个人利益的议题。当员工有关于职称评定、岗位任命或培训进修等方面的不满或建议时，通常会主动向领导反映，以寻求公正和支持。

2. 上行沟通的媒介方式

在图书馆组织中，正式沟通渠道的完善是确保信息畅通无阻的关键。在多样化的媒介方式中，建议系统、申诉和请求程序、协商会议、离职会谈等形式构成了正规沟通的基础。而为了保障上行沟通，我们还采用了诸如意见反馈系统之类的补充方式。例如，意见箱作为一个简便有效的通道，架起了员工与管理层之间的桥梁。此外，员工座谈会也是一个极佳的平台，让各部门代表有机会与领导面对面交流思想与见解。在此基础上，受瑞典模式启发的巡视员角色虽在图书馆中不常见，但其通过专项调查员工关切的做法，为我们提供了新的视角。为了提升上行沟通的效果，媒介的选用和管理显得至关重要。以员工座谈会为例，要营造一个轻松自在、积极开放的讨论环境，我们可以在非正式的氛围中举行，例如在休息时间提供水果和饮料，以此缓解工作压力。会议的主持人应该是能够调动气氛、善于表达的人，能确保会议顺畅且有效。

3. 图书馆上行沟通的例子

在图书馆的管理体系中，上行沟通的畅通与否直接反映了高层领导的管理风格和理念。高层领导的态度，无论是倾向于自我决策，还是更注重集体的智慧汇聚，都可从他们的沟通方式中窥见一斑。一些图书馆在建立有效上行沟通方面的实践，提供了值得学习的案例。良好的上行沟通不仅能营造一个积极进取的组织氛围，还能激发创新思维。如果上行沟通存在障碍，管理层可能无法准确把握员工的需求，也难以判断自己的指令和措施是否切实可行。因此，建立多元化的沟通渠道，并创造一个开放、自由表达的环境，对于促进上行沟通至关重要。许多营利组织已经实行了所谓的"走动管理"或"巡回管理"，这意味着管理者需要走出办公室，深入员工的工作现场，缩短与员工之间的物理和心理距离。这种做法同样适用于图书馆管理。设想一个总是闭门不出的领导，他对基层的工作了解有限，而员工们也可能会对这样的领导保持距离，不敢或不愿主动提出建议和意见。因此，为了促进有效的上行沟通，图书馆管理者应当更加接近员工，了解他们的实际工作情况，这样才能确保信息的双向流动和高效沟通。

（二）图书馆内正式沟通渠道的横向沟通

1. 横向沟通的功能与类别

在组织结构中，横向沟通主要发生在地位相当的同事之间。这种沟通方式因其发生在同一职权层面，通常以工作交流为主，因而沟通效率较高。横向沟通在增强企业团队凝聚力方面发挥着重要作用，涵盖了同一层级的跨部门交流以及不同部门内不同层级人员间的斜向沟通。它与纵向沟通的主要区别在于，横向沟通中不存在直接的上下级关系。横向沟通能够建立合作的平台，提升同事间的工作效率。在这种沟通模式中，同事们能够相互启发、交流建议，必要时还能互相支持。研究显示，与同事进行的沟通和相互激励可以促进创新思维和想象力。横向沟通的功能主要包括：一是简化工作流程、节省时间、提高效率；二是促进部门间的相互理解，增强团队合作意识，避免部门间的孤立；三是促进员工间的相互理解和友谊，满足社交需求，提升工作热情和工作态度。此外，横向沟通可作为正式或非正式方式进行，在正式沟通无法达成时，非正式沟通常常成为有效的补充。但是，横向沟通也存在一些弱点。例如，沟通线路繁多、信息量大可能导致混乱。另外，特别是在个体间的沟通，也可能成为员工抱怨、传播小道消息的渠道，这可能对团队士气产生消极影响。

2. 横向沟通的类型与媒介方式

横向沟通根据沟通主体的不同，可以分为两大类：部门内部的横向沟通和跨部门的横向沟通。以图书馆为例，这种机构往往设有工会组织，其中图书馆的决策层与工会系统间的信息交流也属于横向沟通的范畴。横向沟通的媒介和方式则根据沟通内容的特性而有所不同。在跨部门的沟通中，常用的方式包括面对面的谈话、举行会议、电话通话和电子邮件等。对于一些较为重要的议题，通常会通过召开会议来进行沟通。而在同一部门内部员工之间的横向沟通，则更多采用面谈的方式。当不同部门之间的沟通，比如A部门的员工与B部门的管理者或员工进行沟通时，面谈、电子邮件和电话等方式则更为常见。这样的沟通手段不仅便于交流，还能根据沟通内容的严肃性和紧急性来选择最合适的方式。

3. 图书馆中的部门间沟通相关案例

图书馆内部拥有各种各样的部门，如传统业务部门中的文献编目部、期刊部、采访部等，现代业务部门如技术部、信息参考部和数字资源部，以及综合性业务部门如办公室。尽管这些部门的角色和任务各有独特之处，但在图书馆的运营框架中，它们常常需要联合合作以提高效率，这就是部门间横向沟通。举例来说，我们可以参考美国图书馆行业中的一些相关研究。一些研究专门探讨了参考部和编目部间的潜在矛盾和需要改善沟通的方式。美国田纳西大学的图书馆员就曾经对这两个部门间的交流方式进行过专项调查。

大型图书馆通常会使用更正式的沟通方法，如举行例会。有些图书馆会设立专门的委员会，有些则会将两个相关部门放置在相邻的区域以便沟通。他们的通用沟通方式包括正式会议、政策委员会、电子或纸质表格、内部新闻通讯、电子邮件、随意的对话，以及指定联系人。美国图书馆行业已经对参考馆员与编目员如何相互尊重和配合进行了深入讨论。例如，Kuhlman就曾强调："编目的一个重要原则是要让用户灵活、方便地检索资料。如果我们单方面决定编目方式而不考虑其他部门的意见，尤其是那些直接与用户接触的部门，那就会导致管理上的问题。"对参考馆员的建议也同样重要。他们应该认识到自己的责任，也就是有义务将用户对目录的使用情况（如需求、抱怨和建议）反馈给编目部门。

总的来说，上行沟通的途径较少，下行沟通的渠道较广，而横向沟通则复杂多变。

四、分析图书馆内非正式沟通渠道

1. 非正式沟通的双重性

非正式沟通通常是指在官方流程之外、不受组织层级限制的对话和信息交流。非正式沟通具有以下作用：一是非正式沟通在很大程度上有助于减轻员工的情绪压力，并为个人提供一种心理上的安全感。在信息不对称的环境中，人们往往借助于非正式的信息传播来寻求一种心理平衡，特别是在官方信息渠道不够透明或响应迟缓的情况下。二是非正式沟通可以帮助整合分散的信息，使其成为更加完整和有意义的知识体系。在日常工作中，正式的沟通渠道可能无法完全涵盖所有必要信息，非正式沟通在这里发挥着关键作用。三是非正式沟通有助于增强组织内部成员之间的凝聚力，甚至能将组织外的人员纳入这种社交网络中。通过共享信息，员工之间能够感受到更强的归属感和团队精神。四是对于信息发送者来说，非正式沟通是一种展现其社交地位和影响力的方式。通过分享信息，个体能够在同事群体中树立自己的权威或专业性。因此，非正式沟通在图书馆等机构的日常运作中扮演着不可忽视的角色。虽然它可能带来某些不确定性，但其在促进信息流通、增强组织凝聚力和个人心理安全感方面的积极作用是显而易见的。

非正式沟通的作用具备双重性，其正面作用主要包括以下几点：一是非正式沟通的多样性、弹性大和速度快是其正面作用的显著特点。这使得组织内部的信息流动更加畅通，有助于快速响应各种情况。成员可以以更为自由的形式交流意见、分享观点，不受形式和程序的束缚。这种自由的表达方式使得沟通更加直接，信息传递更为高效。二是非正式沟通能够呈现出更真实的思想状况。相较于正式渠道，非正式沟通更能展现人们真实的情感和观点。在这个环境中，组织成员更加坦率地表达自己的想法，少有矫揉造作之感。通过这种真实的沟通，组织内部能够更好地理解每个成员的立场和需求，从而促进更加开放和平等的讨论。非正式沟通传播的小道消息中有相当比例的内容是真实可靠的。这意味着，非正式沟通不仅仅是信息的传递媒介，更是一种信息的筛选和汇总机制。决策者通过关注非正式渠道，能够获取更为全面、准确的信息，从而做出更具合理性的决策。三是非正式沟通也扮演着一种情绪宣泄的角色。当组织成员感到不满或情绪紧张时，通过非正式沟通渠道，他们能够自由发表意见、倾诉不满，从而达到释放内心压力的效果。这种表达方式不仅有助于改善个体心态，还有助于提高工作积极性，从而对组织绩效产生积极影响。

但是，非正式沟通也存在一些负面作用：一是由于其发生在广泛范围和多样个体之间，信息的传递容易变得零碎不全。因为个体之间在技能、知识和态度上的差异，信息可能在传递过程中发生失真或歪曲，导致思想的混乱。这也使得"以讹传讹""添油加醋"等情况比较普遍，需要警惕信息的准确性。二是非正式沟通有可能导致逆反心理的形成。当组织权威受到动摇时，非正式沟通可能会促使组织成员对正式渠道传递的信息产生相反的理解，使其形成逆反心理和反权威心态。这可能对组织方针、政策的贯彻和执行带来不利影响，需要组织及时采取措施进行引导和调整。

2. 非正式沟通的表现形式与特点

非正式沟通展现了多样的形式，主要体现在社交性的活动上，例如共饮茶水、共进晚餐、参加社交晚会、进行郊游，以及参与文体活动等等。与正式沟通相比，非正式沟通更具开放性，因此信息接受方的障碍较低，而其最显著的作用则在于其卓越的沟通效果。对于非正式沟通的形式，我们可以总结出以下几个显著特点：一是自发性当组织成员在正式组织环境中无法满足某种需求时，他们会自发地在非正式渠道中寻求沟通，以宣泄内心的不满情绪。二是灵活性，非正式沟通具备灵活性。它并不受组织的严格限制，只要双方有相互交流的意愿，就可以在不受时间和地点限制的情况下进行沟通。三是迅速性，非正式沟通具有迅速性，通过不同途径，信息可以快速传播，由一人传至十人，十人传至百人，实现信息的快速扩散。四是随意性。在非正式、轻松的环境中，沟通双方能够随意交流彼此的思想和情绪，而不受正规严肃的时空限制。

这些特点使得非正式沟通成为组织中一种高效且自由的沟通方式。它不仅可以填补正式组织沟通的不足，还能够在组织成员之间建立更为亲密的关系，促进信息的传递和分享。在组织生活中，非正式沟通既是信息传递的桥梁，也是组织文化的重要组成部分。

3. 非正式沟通的传播原理

管理学家西蒙诺夫曾对典型的非正式沟通——"小道消息"的传播进行了相关研究。他提出了一个相关的公式："$E = N(H - C)$"。在这个公式中，E代表小道消息的传播状况，N代表组织成员的情绪，H代表组织成员需要了解的信息，而C代表组织成员已经了解的信息。通过这个公式的分析，我们可以得出以下几个结论：

第一，当$N = 0$时，组织呈现强烈的凝聚力，成员之间保持团结一致。再没有任何消极情绪的情况下，小道消息没有存在的土壤。

第二，当$H = C$时，组织成员所需的信息与已了解的信息相符。当组织成员已经掌握了所有需要的信息时，小道消息便失去存在的必要。

第三，当$C = 0$时，组织管理者可能采取独断专行的方式，不允许成员参与决策。在一切消息被完全封锁的情况下，小道消息会大规模传播。这突显了信息的封闭可能导致非正式沟通的激增。

通过对这个公式的深入分析，我们发现几乎没有一个组织能够确保$N = 0$或$H = C$。也就是说，理想状态下，组织成员对组织完全满意、没有任何想法和抱怨是不存在的。而且，组织无法将所有成员想要了解的信息都完全传达给他们。因此，非正式沟通的存在、小道消息的传播是不可避免的。为了更好地发挥非正式沟通的正面作用，管理者需要充分认识和合理掌控这个沟通渠道。对于组织成员情绪的理解和信息的有效传递是关键。只有在正视并妥善管理非正式沟通的同时，才能更好地促进组织内部的协调与合作。

4. 现代图书馆内的非正式沟通途径

与许多其他组织一样，图书馆一直充满了各种非正式的沟通方式。有趣的是，那些缺乏正式渠道进行信息交流的图书馆，往往会表现出更加活跃的非正式沟通氛围。当前，很多图书馆对营造轻松的沟通环境予以了一定的关注。在相关研究中，一些图书馆的领导更加注重积极引导，致力于为员工创造非正式沟通的机会。实际上，非正式沟通对于管理者而言具有极大的重要性。它能够使管理者深入了解对员工而言最为重要的事务，并通过"小道消息"改进管理策略。经验丰富的管理者能够有效利用"小道消息"，将其负面影响降至最低。此外，管理者若能通过非正式沟通渠道与员工妥善交流，不仅能够获取员工的理解、信任和支持，还有助于员工建立更高的组织认同感，从而进一步促使图书馆的组织文化更加积极和谐。

随着信息技术在图书馆内部沟通中的广泛应用，一些图书馆的管理者将网络论坛视为非正式沟通的新渠道之一。目前，越来越多的图书馆开设了"员工论坛"等沟通渠道。但是，与我国众多图书馆的总数相比，开设这类沟通渠道的总数仍然相对较少。针对这一情况，罗宏珍提出了一些建议，认为图书馆应通过主题会的方式推动良性图书馆文化的互动。主题会是指组织者选择那些具有启发性、反映时代氛围和特色的主题，这些主题能够潜移默化地影响员工思想，使图书馆文化在非压迫的环境中通过交流"润物细无声"。员工在对图书馆文化的认同基础上，能够更好地与组织、与同仁共同进退、共同提高。通过这样的主题会，图书馆可以促使其文化更好地融入组织内部，推动积极向上的文化氛围的形成。

主题会的类型包括以下几种：一是报告式主题会，围绕特定主题邀请外部专家学者或内部领导、员工进行专题报告，也可设立主题让员工自由发表意见。二是学习式主题会，着重于知识学习和技能培养，组织员工学习特定领域的知识和技能。三是纪念式主题会，针对图书馆某些具有特殊纪念意义的日子，可组织规模适当的宣传活动。值得注意的是，这类活动常侧重对外宣传而忽略了内部员工的关注。通过适时开展图书馆发展史的教育，可以进一步激发员工的自豪感和使命感，强化图书馆的凝聚力。四是形象式主题会，以具体、鲜明的先进人物和事迹来启迪教育员工。这种形式容易引起员工的共鸣，具有较强的感召力。五是开展各种业余体育文化活动，可在轻松的气氛中促进员工和部门之间的了解，提高各部门的凝聚力。在组织这些活动时，需要仔细协调各个环节，以确保活动的顺利进行。

各项看似普通的活动不仅有助于促进各部门员工之间的交流，还能够提升组织的和谐度和凝聚力，从而增强团队的整体战斗力。仔细分析一下，我们可以发现产生这种现象的主要原因包括以下几种：一是通过定期举办体育文化运动，有助于倡导健康时尚的生活理念。这一做法与图书馆作为文化娱乐服务提供者的功能不谋而合。二是通过组织一系列员工乐于参与的活动，成功缓解了工作压力，同时激发了员工的竞争心理，使其能够更全情投入到后续工作中。三是通过活动中的默契合作，整个团队能够有机地融合，同时团队观念也在员工心中悄然形成和加强。总的来说，以上的分析和建议反映了基层图书馆员工对于加强内部交流，特别是渴望进行轻松非正式沟通的迫切愿望。

实际上，越来越多的图书馆领导已经认识到非正式沟通对于员工的职业认同和组织内部和谐的重要性。为了创造更加开放坦诚的交流氛围，各级领导正采用各种独特形式，积极构建一种互信共赢的交流环境。

第三节 图书馆内部管理沟通体系的构建

一、图书馆组织内部沟通体系的要素

有效的管理实质上是对人的科学操控，而管理沟通则在于组织环境中个体之间的交流。因此，从人力资源管理的视角审视图书馆内部沟通体系是一种富有合理性的做法。人力资源管理旨在规划、吸引、培养、留住并保有高效能的员工。密歇根大学的研究者从众多人力资源管理职能中提炼出简练的模型，包括人员选聘、考核、薪酬和开发四大职能。这些职能之间的关系可以概括如下：人员选聘旨在选拔出能力素质与岗位需求最匹配的人才，而员工的工作绩效则通过考核得以确认和评估。考核结果，不仅可用于制定绩效薪酬和奖励，也可作为员工自我提升的指南。通过采取有针对性的开发措施，我们能够提高员工当前及未来的工作绩效。实际上，将人力资源管理划分为四项核心职能仅仅是为了方便分析，而在实践中，这些职能之间并不存在如此清晰的分界，相反，它们相互依存。为了确保各职能之间的协调运作，在制度设计时，图书馆组织应该有意识地使人力资源管理的各职能相互关联。此外，图书馆组织还需构建整体性的沟通体系，确保各项管理职能能够顺畅协作。

构建这一沟通体系的要素主要包括管理信息系统、协作系统和评估系统这三个子系统。在特定的组织结构和文化背景下，这三个子系统的协同互动将共同构建组织内部的沟通体系。

（一）沟通体系包括的管理信息子系统

管理沟通体系中对信息流科学有效的管理的做法可以使不同流向的信息得以有序地流动。因此，对管理过程中产生的各类信息（如各类政策、法规、文件、统计资料、决策等）进行收集、组织、控制、流通等活动便是沟通体系中重要的环节之一，也是实现馆务信息透明化的资源基础。这些资源主要包括文本、图样、表格、手册、磁带、磁盘、光盘或软件等多种形式存在，对它们的有效管理在管理沟通中占据着重要位置，对其他工作的顺利开展也至关重要。信息管理涵盖手工管理和计算机管理两个方面。随着计算机在图书馆应用的广泛推广，越来越多的图书馆，尤其是大中型图书馆，逐渐借助计算机和网络进行管理工作。目前，一些图书馆通过信息技术的应用，研发并使用馆务办公系统，该系统是沟通体系中的管理信息系统之一。其中，人力资源信息管理系统是最为关键的一个子系统。在图书馆内部管理中，员工最为关注、流动最为活跃的信息通常与人力资源管理密切相关。因此，人力资源信息管理系统的健全是实现有效沟通的前提。人力资源管理各项职能和人力资源信息管理的完善密切相关。

（二）沟通体系包括的协作子系统

1. 协作系统的作用与目标和准则

协作系统在图书馆的管理沟通体系中扮演着重要的角色，其主要任务是促进信息的交流。它是确保各沟通参与者之间信息传递的质量、效率和有效性的关键环节。作为协助有效沟通的一部分，协作系统的目标主要集中在创造信息透明度和建立信任型文化上：一方面，通过及时、全面、可靠和清晰明了的方式向员工提供必要的信息，以提高信息透明度；另一方面通过合适的沟通媒介和渠道不断改善组织内部关系，如上下级关系、不同工作群体之间的关系，创造真正的信任型和学习型文化。

在协作系统促进信息交流行为的过程中，需要遵循四条基本准则。一是完整性：组织中每个沟通者对每条信息都必须详尽说明其发生的具体环境。员工应当追求真相而不仅仅满足于了解表面现象，避免信息被掩盖。二是客观性：沟通中无法做到100%的客观性，但原则上应力求真实和客观，以建立可信的信息传递。三是简明性：每条信息应易于理解，与接收者的生活经验建立联系。具体要求包括简洁、层次清晰、逻辑合理、语调轻松、图文并茂，以提高信息的理解度。四是及时性：信息的时效性是其价值的一部分，同时组织需要根据科层制等级、部门关联程度和群体差异确定信息的传递顺序。管理者应先于被管理者收到信息，这样有助于快速回答员工问题、筛选与员工相关的信息。

2. 协作系统使用的工具

协作系统所采用的工具主要指为实现信息透明化和建立信任型文化而设立的沟通制度以及使用的沟通工具。目前，许多图书馆尚未明确规定沟通制度，但例如馆务例会和信息公开政策等均可被看作沟通制度的一部分。沟通工具也被称为沟通媒介，只要能使信息在沟通对象之间传达、交流并实现沟通目的，就属于沟通媒介的范畴。在当前图书馆内部管理中，常见的沟通工具主要包括以下几类：一是书面沟通媒介，如文件、报告、各种备忘录等；二是口头沟通媒介，例如电话、演讲、会议等；三是电子沟通媒介，包括传真、电子邮件、即时通信工具、员工论坛等。沟通协作子系统通过制度规范和多样的沟通工具，推动组织内部的信息交流活动，从而促进图书馆管理沟通体系的有效运作。

（三）沟通体系包括的评估子系统

一个成功的评估系统在进行沟通过程和效果等测评活动时，关键的实现有两个环节。首先是测评方式的开发和设计，这一步决定了系统本身的科学性和实用性；其次是实施过程，决定了科学实用的评估系统是否能真正发挥其作用。评估系统的目的主要包括两个：一是对现状进行诊断，通过员工调查等方式对组织整体和部分中存在的沟通问题、长处与不足进行深入分析和诊断；二是提供改进措施。图书馆管理者可以根据诊断结果制定并实施改进计划，进行效益评估，从而不断完善部门和组织层次的沟通状况，使其更符合员工利益并促进组织的发展。

（四）沟通体系包括的软环境分析

在很大程度上，图书馆内部的沟通效果受到多种因素的制约。拥有多样的沟通媒介或完善的文档管理系统并不能保证沟通一定会顺畅、有效。在实际管理中，诸如组织结构、组织文化以及组织文化中的子文化，如沟通氛围等因素，都在一定程度上影响着沟通的有效性。因此，在构建图书馆内部的管理沟通体系时，我们需要特别关注这些因素，可将其总称为沟通体系中的软环境。

（五）建构图书馆整体性内部管理沟通体系的模式

在现代图书馆管理中，构建一个高效的内部管理沟通体系显得尤为重要。通过对沟通体系关键要素的深入分析，我们可以探索出一种新的模式，用以更直观地理解各要素之间的相互关系，以及沟通在整合图书馆人力资源和管理资源中的核心作用。

该模式的关键要素和环节可以简述如下：

第一，沟通主体：领导与员工。图书馆的领导和员工是沟通的主要参与者。他们通过正式和非正式的渠道进行交流，内容涵盖情感沟通、业务信息、制度更新和知识分享等多个层面。

第二，技术支持：信息管理系统与协作系统。为了确保图书馆内部管理沟通的有效进行，信息管理系统和协作系统提供必要的技术支持。这些系统不仅是信息的源泉，也是交流的工具，同时还提供制度上的保障。

第三，评估与调整：持续的评估系统。为了确保沟通过程和效果的优化，需要一个持续的评估机制。这个机制应能够对沟通进行诊断、监督，并及时进行必要的调整。

第四，环境因素：组织结构与文化，图书馆的组织结构和文化是影响沟通效率的关键环境因素。组织结构决定了权力线和信息流动的路径，特别是正式沟通渠道。而组织文化，则是深植于图书馆内部的群体价值观和行为规范，它既是沟通的媒介和目标，也是沟通的背景。

在这个模式中，我们强调的是一个全面而综合的视角。图书馆的管理沟通不仅仅是信息的简单传递，更是一种组织内部互动和资源整合的过程。一个有效的管理沟通体系，可以极大地提高图书馆的工作效率，促进员工之间的协作，增强整个图书馆的组织凝聚力。此外，这一模式还强调了技术在沟通体系中的作用。随着信息技术的快速发展，图书馆可以利用先进的信息管理系统和协作系统，实现更高效的信息处理和沟通。这些系统不仅提高了工作效率，也增强了图书馆应对复杂情况的能力。

二、沟通体系中的管理信息子系统介绍

在当今数字化时代，图书馆作为知识与信息的重要枢纽，越来越注重利用先进的信息技术来提升管理效率。信息技术的广泛应用不仅使得图书馆的内部数据流量激增，同时也提升了从管理层到普通员工对于信息资源共享和实时交流的期待。这种变化催

生了一种全新的需求：一个高效、全面的管理沟通体系。为应对这一挑战，图书馆开发并实施了自己的馆务办公系统。这一系统的核心功能在于优化信息的采集、处理和存储过程，使得各类管理信息的流转更加高效便捷。随着这一系统的不断完善，图书馆内部的工作和交流模式也在逐步发生转变。这不仅影响到员工的日常工作习惯，也促进了图书馆整体管理模式的演进。尤其在决策制定方面，信息的可获取性和处理能力成为关键因素。一个完善的协作系统能够有效地提高信息流转的速度和质量，从而帮助管理者更快、更准确地做出决策。这里会以计算机管理的馆务办公系统为例，进行相关的介绍。

（一）馆务办公系统的设计准则

馆务办公系统的设计和构建是一个综合技术、人员和组织元素的过程。在系统开发与实施过程中，必须根据图书馆的特定需求进行细致规划和设计，以确保其发展的有序性、步骤性和可持续性。在筹备阶段，需成立专门的实施团队，制定明确的实施计划。该团队通常由图书馆的办公室和技术部门联合组成。通过深入调研和分析，可以定制符合图书馆需求的办公自动化方案，包括组织架构、工作流程、表单和文件管理体系、访问权限控制等。此外，各部门应联合起草需求报告，搜集相关数据，并与软件开发商共同拟定实施方案。在设计馆务办公系统时，应结合图书馆内部管理的特性以及借鉴其他行业办公软件的设计经验，综合考虑以下几点：

1. 实用性原则

考虑到图书馆的经费预算限制，系统设计需集中在解决实际问题上，精炼核心功能的同时，也要涵盖常用的辅助功能。节省成本和降低运行风险是这一原则的两大目标。在实践中，虽然某些办公系统功能似乎齐全，涵盖了用户管理、人事、财务、资产和知识管理等方面，但并非所有模块都能实现其预期功能。

2. 易用性原则

易用性原则强调馆务办公系统不仅服务于图书馆的管理层，还要考虑到普通员工的操作便利性。设计时需确保软件界面友好、结构清晰、流程合理，功能清晰易懂，菜单操作符合用户的视觉流程和使用习惯。同时，软件还应易于理解、学习、使用、维护和升级。像"傻瓜相机"那样简单的操作可以大幅度降低实施和培训的成本及周期。易用性的不足已经是导致许多项目失败的常见原因。

3. 先进性原则

先进性原则要求在系统设计中融入当代的新技术，特别是先进的技术架构和设计方法，并结合先进的管理理念。然而，重要的是要避免过度依赖技术本身或仅仅追求概念上的创新。技术和概念的应用必须符合图书馆的具体需求和实际情况。

4. 稳定性原则

图书馆的馆务办公系统作为日常管理的核心，其稳定性不容忽视：一是系统的底层数据库至关重要，应通过多轮严格的测试，保证数据的准确性和稳定性；二是系统功能的流畅性和可靠性也是核心，确保在不同的硬件配置、网络环境和操作系统中均能稳定运行；三是系统应能适应各种操作习惯，提供灵活、顺畅的用户体验，避免数据堵塞和丢失的问题。

5. 安全性原则

馆务办公系统往往保存一些核心资料，如员工的一些保密资料、财务资料等等。安全性是馆务办公系统的生命线。一方面，系统必须能有效防御外部网络攻击，如病毒侵害和恶意软件的威胁；另一方面，对于敏感信息，如员工隐私资料和财务数据，系统应提供严格的访问权限控制。除了多重备份方案，数据的保护还需要采取一系列的安全措施，如数据加密、密码保护和身份认证等。这些措施可以有效地防止内部数据泄露，确保数据安全。这样，在面对各种安全挑战时，系统能够确保关键信息的安全和完整。

6. 拓展性原则

考虑到图书馆的业务需求可能随时间发展和变化，馆务办公系统的拓展性显得尤为重要。系统不仅要支持新增功能模块的灵活整合，还应具备与其他软件系统的互联互通能力。这意味着，系统应当提供开放和标准化的接口，以便轻松与第三方系统对接。通过这种方式，图书馆能够在不影响现有系统稳定性的前提下，逐步构建起一个综合性、高效的信息处理中心，满足未来发展的需求。

（二）馆务办公系统的重要功能

在图书馆的管理中，馆务办公系统和办公自动化系统的重要性不言而喻。它们不仅优化了行政办公流程，还实现了跨部门的高效协作和信息共享，极大地提高了工作效率。归纳起来，图书馆办公自动化系统应具备以下几项功能：

1. 员工信息管理

在员工信息管理方面，图书馆办公自动化系统的作用不仅限于存储基础信息。系统应涵盖员工的全面档案，如教育背景、业务能力、科研成果、奖励情况、岗位评估及考勤记录等。这一全面信息管理，不仅使得数据录入、更新、删除和查询变得便捷，还支持根据不同的需求生成多样化的报表。如此细致的员工信息管理有助于全面了解员工的整体表现，为年度评优和绩效总结提供了坚实的数据支撑。此外，系统中的数据分析功能能够就员工队伍的年龄结构、教育水平等进行深入分析，为人力资源规划提供精确依据。

2. 财务管理

图书馆的财务管理是一个复杂而广泛的领域，包括各类经费项目，如常规预算、特别预算、专项资金等。因此，馆务办公系统在这方面的设计需要精确、细致。系统不仅要处理常规的财务收支、统计和账目打印，还应包括年度预算的制定、执行和决算。

这一模块的设计要能够自动化处理各种数据，生成综合的财务报表，并允许将这些数据轻松导入到其他如 Office 等软件系统中，以便于进一步的分析和处理。

3. 员工交流平台

员工交流平台的设计旨在为图书馆员工提供一个开放且自由的沟通空间。该平台涵盖了学习交流、工作讨论以及员工的业余生活等多个方面。这个平台不仅是员工日常沟通的桥梁，而且有助于缓解职场压力，促进和谐人际关系的构建，丰富员工的业余文化生活。此外，平台中的意见箱功能为员工提供了一个向上层管理提出意见和建议的渠道，从而搭建起基于网络的双向沟通环境。

4. 文件档案管理

图书馆的文件档案管理在办公自动化系统中占据着不可或缺的位置。这一模块主要负责处理图书馆内部的各类公文，如文件、规章制度、业务统计资料、总结报告等。其功能包括公文的接收、发送、流转及登记归档，支持电子文本和扫描图像格式的文件处理。此外，系统还提供了方便的文档录入、提交、检索、浏览和打印功能，为领导和各部门的日常工作提供了极大的便利。通过这种高效的文档管理方式，图书馆的行政管理工作将更加有序和高效。

5. 资产与设备管理

资产与设备管理模块主要负责固定资产、消耗品、场馆和物业资产的全面管理。此模块提供录入、修改、删除、查询和统计等多种功能。具体内容包括设备名称、购置日期、处理人员、成本、注册号码、使用部门和管理人员等信息。此外，该模块还包括了办公用品、业务用品和设备配件等的管理，能够处理用品名目、购买日期、处理人员、费用、使用人员和使用时间等信息。该系统也支持自动化查询、统计、打印和报表生成。同时，它还涵盖了图书馆馆舍和家具的管理，如阅览室分布、房间号码、面积、用途、维修记录和家具的采购记录、数量、部门配置、维修和报废记录等。

6. 日常事务管理

日常事务管理模块致力于处理图书馆的日常接待、联系和会议管理。该模块记录与图书馆业务相关的单位和个人信息，以便于日后联系。会议管理功能包括会议的主题、地点、主持人、参会人员、人数、费用预算、资金来源、主办和协办单位、会议日程、时间安排、议题等，以及会议室管理和会议记录的归档。通过科学系统地管理琐碎事务，不仅提高了工作效率，更能保存珍贵信息，以备将来查阅。

（三）人力资源的信息管理子系统

在现代图书馆管理中，人力资源的信息管理系统是至关重要的部分，它将人力资源管理的工作细分为两大类：事务性和战略性项目。事务性项目包括员工考勤、档案管理、绩效评估和薪酬福利等日常运作，而战略性项目则涵盖人力资源政策的制定、管理层选拔、员工培训、职业规划，以及人才的吸引和留存等更为长远的计划。这一系统的核心目标在于实现人力与物力资源的有效配置，优化员工行为，提升员工素质，以及激发员工的积极性和创造力。人力资源信息管理系统便是利用先进的信息技术来支持达成这些目标，它作为图书馆整体管理信息系统的一个子系统，发挥着不可或缺的作用。

1. 办公系统中对于人力资源信息的管理模式

人力资源信息的管理模式是围绕管理活动进行的。例如，对于图书馆的高级管理层而言，该系统提供了一个进行人力资源管理的有效平台。他们可以在线上完成审批、处理流程，并能实时查看图书馆员工的基本信息。部门主管通过该系统可以访问下属员工的个人信息，管理考勤，并对请假、休假、培训等事务进行审批。此外，主管还能在线进行员工绩效评估，并向人力资源部门提交招聘和培训计划。对普通员工而言，这个系统提供了查阅图书馆规章制度、组织结构、同事信息、个人薪酬福利等的功能。员工可以在系统中记录自己的考勤情况，提交请假和培训申请，甚至更新个人资料和管理个人绩效。人力资源信息管理主要分为三个部分：

（1）人力资源信息的"员工档案管理"模块

在现代图书馆的信息管理体系中，人力资源信息的"员工档案管理"模块扮演着至关重要的角色。这个模块的核心功能包括以下几个方面：一是员工信息的录入与更新。这是员工档案管理的基础，主要包括员工的个人数据录入和后续的更新。这些数据包括员工的基本信息，如姓名、部门、职务等。二是员工信息的检索功能。这一功能支持对员工数据的高效查询，如员工编号、姓名、部门、职位等，以及他们的调动记录。三是人员结构的统计分析。通过这个功能，管理员可以根据职称、性别、教育背景、政治面貌等多个维度进行统计分析，并将结果存储于数据库中以便打印和输出。四是报表生成。该功能支持生成各种报表，如通讯录、员工基本信息、薪资结构、知识结构等，便于管理层的决策和记录。五是工作业绩记录。这一模块记录员工在其职位上的成就和工作表现，为绩效评估提供依据。六是科研成果记录。专门记录员工在科研领域的成果，如发表的论文和完成的科研项目等。

此外，员工档案管理系统可以创建一个全面的员工基本信息数据库，包含姓名、性别、教育背景、政治面貌、职称、职务、工作部门、岗位、聘任时间、离退休情况、调动记录、住址、电话、照片等数据。系统能自动进行各类数据的分类统计，并向相关部门提供必要的统计报表。通过员工独特的 ID 号码，我们不仅能够获取他们的个人信息，更可以全面了解他们在工作和科研活动中的表现。这样，我们就能够更好地把握员工的综合情况，帮助他们更好地发展和成长。这些信息可以通过查询转移到 Excel 或 Word 中，便于打印和编辑。这样的管理方式极大地提高了图书馆人力资源信息管理的效率和准确性。

（2）人力资源信息的考勤管理

图书馆考勤管理模块应当与其他商业性考勤系统有所区别，设计理念应更注重人性化管理。在程序设计时，必须考虑员工在特殊情况下的缺勤和请假处理。考勤管理的核心功能是实现对单个职工考勤情况的自动统计。每月的考勤详细情况应从收集的数据中进行统计并输出。考勤记录分为手工记录和机器记录两种形式。考勤记录应能够自动统计手工记录和机器记录，生成每月和每年的考勤统计报表，并能够随时调用查询每个员工的年度和月度考勤情况。员工的日常表现记录应存档，考勤管理涉及每位员工的年终考核和年终奖金发放，尤其需要准确、合理地记录。

（3）人力资源信息的科研管理

科研管理模块主要记录图书馆职工在年度内承担的科研项目、发表的论文以及其他科研活动。记录的字段主要包括项目名称、负责人、所属学科、成果形式、起止时间、申报部门、申请日期、工作量记分、研究内容、预计费用、经费来源、验收方式、验收结论、验收附件、验收时间等相关信息。该模块能够根据各字段进行查询，并实现每个职工信息的报表打印与输出。科研管理旨在全面记录职工的科研活动，为评估和奖励提供依据。通过该模块，图书馆能够更加精准地管理和推动科研工作，实现科研信息的全面管理。

2. 图书馆人力资源信息管理中的缺点

在当前图书馆人力资源信息管理领域，虽然多数图书馆在构建办公系统时已包括人事信息管理，但整体而言，这些系统尚存诸多不足：一是现有系统多集中于日常数据的行政处理，缺乏对信息系统的战略层面管理；二是信息采集过于局限，仅停留在员工基本资料的层面，而未能实现员工数据与职位信息的有效融合；三是数据内容通常只涵盖现有员工，未能全面反映潜在或未来员工状况，同时也未与过往和未来职位变动情况相结合；四是系统平台多为独立运作，并未形成跨领域的综合应用；五是系统的开发、应用及效果评估过程缺乏用户，如图书馆部门负责人等的直接参与。

为改善现状，图书馆在设计人力资源信息管理子系统时，需依据自身规模和实际需求，参考其他行业或组织的成熟系统。随着信息技术的不断进步，传统的人力资源管理事务已经实现了效率和准确性的显著提升。因此，图书馆的人力资源管理应更多地关注战略性议题，激发员工对工作和个人成长的热情与信心。

第五章

图书馆编目工作的组织管理与发展

第一节 编目规范工作基本内容

在图书馆的编目工作中，实现文献信息目录中记录的标准化是一项重要任务。这不仅包括描述性著录（即对文献项目的详细描述）的标准化，还包括著录标目（即目录记录的标题和关键信息）的标准化。近年来，随着国际编目规则的普及，特别是ISBD（国际标准书目描述）的广泛应用，文献描述著录部分在国际范围内已基本达到了统一的标准。但是，要在著录标目方面实现这样的标准化，仍面临诸多挑战。这些挑战源于不同国家的文化传统、语言特性以及编目与检索习惯等因素的多样性。要想在全球范围内建立统一的标准，我们需要付出更多的努力。

一、规范工作的意义与作用

在图书馆编目工作领域，规范工作扮演着至关重要的角色。通过规范工作，我们可以显著提升目录编制和检索的效率，保障目录的质量，并且优化目录的各项功能。在当今联机编目和网络化的环境下，规范工作更显得尤为重要。通过持续的规范工作，我们可以确保信息资源的高效利用和广泛传播，进而为公众提供更加便捷、准确的信息服务。

（一）规范工作的意义

1. 规范工作

在图书馆的编目工作中，规范工作是指对图书和文献信息中的各种标目进行严格的规范控制。这种工作也常被称为规范控制或权威控制，旨在建立和维护一套规范系统，以确保文献信息目录中标目的唯一性和一致性。

规范工作的主要对象是文献信息目录中的各种著录标目，例如责任者名称、著作题名、主题词等。鉴于文献信息的复杂性，确定这些标目的选择和形式常常面临挑战。例如，同一责任者可能有多种名称或名称变体；同一著作的不同特征可能表现为多种形式；不同的责任者或著作可能具有相同的名称或题名。这些情况给标目著录带来了复杂性和困难。

规范控制的目的就是为了解决这些问题。它通过确保文献信息著录标目的规范性和统一性，提高了目录的准确性和有效性。这不仅有助于简化图书馆的编目工作，还确保了信息检索的高效和准确，为使用者提供更好的服务。

2. 规范系统

规范系统主要由两个核心部分组成：书目文档和规范文档。书目文档，通常被称为文献信息目录或目录数据库，负责记录和描述各种文献信息。而规范文档，则是用于描述这些书目记录中的标目,并为书目记录的使用和检索提供便利。规范文档也被称为权威档、标准档或规范数据库,它是根据编目规则编排的,用于统一管理目录标目形式的工具。规范文档有着多种不同的形式和类型。例如,根据载体形式的不同,可以分为书本式或机读型的规范档;按照标目特征的不同,又可以分为题名规范档、责任者规范档、主题规范档等。而国际图书馆联盟(IFLA)的《规范记录与参照指南》则将规范档分类为名称规范档、丛编规范档和主题规范档。中国国家图书馆建立的规范档主要分为名称规范档和主题规范档。随着文献信息类型的日益丰富和书目数据量的增长,建立联机规范控制系统变得尤为重要,以便更有效地实现规范控制的目标。因此,当下的编目机构通常建立的是机读型的规范档,以适应现代图书馆的需求。

在图书馆编目工作的规范系统中,书目文档与规范文档之间的互动随着技术的发展和时代的变迁而不断演变。在早期的编目系统里,规范数据往往没有独立组织,而是被直接融入公共目录中。这种做法虽然简便,但导致目录体积庞大,不利于图书馆工作人员的使用和管理。另外,有些系统中,书目与规范文档是分开建立和维护的,而且二者间没有建立物理联系。这样的系统主要有两种运用模式:一种是书目中的标目不必严格遵循规范文档,这仅仅把规范文档当作一种参考工具;另一种是书目中的标目必须使用规范文档中的规范标目,二者通过人工方式联系。但在手工操作环境下,这种连接方式会产生大量的数据冗余,更新和维护都非常困难,难以达到真正的规范控制。在现代的自动化编目系统中,尽管书目文档与规范文档依然是分开建立的,但它们之间建立了紧密的联系。例如,书目记录通过特定的标目字段(如规范记录号)与对应的规范记录相连接。这种互联的方式让规范系统变成了一个更加有机和协调的整体,有效地实现了标目数据的编制、维护和应用,真正达到了规范控制的目的。

(二)规范工作的作用

编目工作,即对文献信息进行详尽记录的过程,通常遵循专门的编目条例来选择和记录书目信息。但是,仅凭编目条例来处理书目记录的标目内容,往往难以保证目录中标目记录的一致性和独特性,尤其是在跨文种、不同类型目录的情境下。为了解决这一问题,规范工作便显得尤为重要,规范工作的核心在于实现对著录标目的有效控制。这不仅需要不断修订和完善编目规则,还需要对编目人员进行专业培训。最关键的一步是引入规范文档作为编目工作中的一个重要工具。通过规范文档,可以确保书目记录的标目在整个图书馆系统中保持统一和准确,从而提高目录的质量和效率。简而言之,规范工作确保了图书馆编目工作的高效性和准确性,对于维护和提升图书馆服务水平至关重要。规范工作的作用主要表现在以下几个方面:

1. 对标目的著录实行规范控制

在图书馆的标目著录过程中,规范工作的核心在于建立并应用一个全面的规范系统。具体来说,就是通过规范档案全面记录所选的规范标目,揭示不同规范标目之间以及规范标目与其相关检索点之间的多种联系。此外，规范文档与书目文档的有效连接也是关键一环。规范系统的应用能够管理并确保每个规范标目都以独特的方式标识特定的名称或主题，从而有效区分不同的名称或主题。同时，每个统一的标目能够整合多种相关的检索点，而每种非标准的标目形式都会被指向相应的规范标目。这种目标明确的规范控制能有效避免由于著录差异或不足引起的问题，确保标目选择及其著录形式的唯一性与一致性。

2. 对书目标目实施有效的管理

在图书馆的书目管理中，规范档案的作用不容小觑。每一份规范档案都详细记录了对应标目的全面信息，包括引用的文献种类、数量等，等同于一个完整的"参照记录卡"。这样的记录不仅反映了当前的标目信息，而且提供了一个系统性的管理基础。随着时间的推移和图书馆藏书的增加，规范档案需要不断更新，以适应新的标目的增加和已有标目的变化。

当标目发生更改时，规范档案成了一个不可或缺的参考资源。编目人员可以依据档案中的信息对书目记录中的标目及其相关参照进行添加、删除或修改，确保信息的时效性和准确性。此外，规范档案的存在提升了目录标目的更新与维护水平，确保了目录的系统性、科学性和实用性。对于图书馆而言，这不仅是维护其信息资料完整性的关键，也是提供高质量服务的基础。

3. 为编目员提供得力的参考工具

在图书馆的标目著录过程中，规范工作所创建的各类规范文档，成为编目人员不可或缺的重要参考资料。规范文档应该详尽地记录了每一个确定的规范标目及其相关信息，使编目人员清晰易懂。通过规范档案，编目人员能够快速掌握著录标目的常用原则和方法。这不仅有助于保持目录标目的规范性和统一性，还显著提高了编目工作的质量。具体来说，编目人员可以通过规范档案了解到特定文献的标目情况，从而能够更加准确地选择现有标目或联系相关检索点。此外，规范档案的使用还能够确保不同编目人员或同一人在不同时间所选择的标目具有一致性。这对于保持图书馆目录的整体一致性和准确性至关重要。更重要的是，这样的一致性直接提高了编目工作的效率，减少了重复工作的可能性，为图书馆提供了更高效的服务。

4. 为文献编目标准化创造条件

在图书馆的标目著录工作中，规范工作的主要目标是实现标目著录的规范化，从而为文献编目的标准化营造良好的条件。在当前网络化的书目系统构建中，规范工作的重要性更是不言而喻，它成为实现在线合作编目标准化的关键。规范工作的工作重点就是建立一套统一的标准，这不仅促使各编目机构或系统之间，还包括不同类型和文种的书目数据库之间建立紧密的联系。通过这种方式，我们可以为书目资源的共建共享打下坚实的基础。我国在规范控制方面取得的成就，不仅满足了国内文献编目和读者检索的需求，更有望逐步扩展至国际范围。这将大大促进中文书目数据在全球范围内的无障碍共享，为国际文献信息交流贡献重要力量。

二、规范工作的内容

规范工作包括建立、维护和使用规范系统的全过程。具体而言，规范工作可概括为下面六个方面的内容及步骤：

（一）编制规范数据款目（记录）

编制规范数据款目（记录）是规范工作的基础工作，也是建立规范文档的第一步工作。

1. 规范数据款目（记录）

规范数据款目是规范化工作的基石。在图书馆的标目著录领域，数据款目的规范化至关重要。它是用于描述标目各项著录内容的数据集合，在规范档案中充当独立的排检单元。

根据国际图书馆联盟（IFLA）和国内相关规范著录规则，数据款目分为规范款目、参照款目和说明款目三类。

规范款目主要记录统一标准化标目及其相关信息，旨在确立统一的规范标目并阐释相关的参照信息。它包括个人名称、机构会议名称、作品题名、地理名称和主题词等统一标目类型，并涉及相关的参照查找和编目业务信息说明。规范款目是构建规范档和生成参照款目的基础，对于维持整个系统的一致性和有效性至关重要。

参照款目记录与标目相关的非规范标目及其信息，用于展示标目之间的关系并指导目录的排检途径。它分为单纯参照和相关参照两种类型：单纯参照指导用户从非规范标目查找统一标目；相关参照则指导用户从一个统一标目查找与之相关的其他统一标目。

说明款目，即一般参照款目，主要记录标目的解释性信息，用于阐释标目的特定情况并指导用户检索和选择相关标目。这类款目在整个规范档案中扮演着指导和教育的角色，帮助用户更好地理解和使用整个标目系统。

在机读型的规范档案中，上述三种款目分别被称为规范款目记录、参照款目记录和说明款目记录，它们统称为规范记录。

2. 编制规范数据款目（记录）的基本原理与方法

在图书馆的标目著录中，制订标准化数据条目（记录）是基于对文献资料的内容和形式特性的深入分析。这一过程包括筛选出适当的规范标目、参照标目及说明标目，并将它们分别记录为规范条目、参照条目和说明条目。值得注意的是，这些参照条目往往可以基于规范条目自动生成。

每一个标准化数据款目都是构成规范档案的基础单元。它们的编制质量将直接影响到整个规范档案的质量以及其实际使用效果。在日常编目实务中，制定这些数据款目（记录）通常采用逐步累积的方式。这意味着，在书目记录编制的过程中，一旦确定了特定的统一标目及其相关参照信息，就会立即记录下来，并根据需要进行适时的增删和修改。目前，一些先进的书目规范系统已经能够自动创建标准化记录。例如，CALIC 联合目录规范系统，它可以自动利用书目记录中的相关信息生成新的简化规范记录。经过人工审查和调整后，这些记录可转化为完整的标准化记录。

（二）组织规范文档

组织规范文档的基本方法为：将不同类型的记录按照一定的逻辑顺序排列，比如按照主题、作者、出版日期等。这种分类不仅方便用户检索，还能帮助管理者快速定位信息。

当新记录加入时，我们需要仔细检查，确保没有与现有记录重复的情况。如果发现重复，就需要对记录进行修改，以保证每条记录都具有独一无二的标识。

（三）建立规范系统

在图书馆领域，建立规范系统是提升信息管理质量的关键。规范系统是将书目记录与规范记录有效结合，确保数据的精确性和易用性。以中国机读目录格式为例，其中的某些字段已经被设计成包含了"规范记录号"等子字段。这些规范记录号，或者说是存储指针，它们使得书目记录能够与对应的规范记录建立起联系。这种联系的建立，极大地方便了信息的检索和管理。

在自动化编目系统中，寻求规范文档与书目文档之间的有效稳定连接是尤其关键的部分。总体来说，这种连接方式主要分成两大类：非冗余连接方式和冗余连接方式。

1. 非冗余连接方式

在非冗余连接模式下，规范记录和书目记录是分别建档的。事实上，标目仅在规范文档中存储，而书目记录则通过存储在标目字段内的指针连接到对应的规范记录。这个方式的明显优势在于：一方面它的数据冗余量小，这有助于降低存储空间的需求和缩小索引维护的工作量；另一方面，规范记录在更新时，书目记录内的相关标目也能同步更新，这对于数据维护工作非常有帮助。但是，这种方式存在一定的问题，特别是在用户检索书目记录时，由于系统需要提前通过指针提取统一标目，可能导致检索响应时间较长，从而影响到用户体验。

2. 冗余连接方式

与非冗余连接方式相比，冗余连接方式也同样需要规范记录与书目记录分别进行建档。但在这个方式下，书目记录中会保存标目，索引是基于从规范记录中抽取出的规范标目和非规范标目构建，然后在索引里创建连接。尽管这个方式可能存在一定的数据冗余，它的检索响应时间却较短，同时数据维护工作量适中。

这两种连接方式都是自动连接的具体处理形式，由编目人员对书目记录中需要规范化的标目进行单独的检查和核对。虽然这种做法相对简单，却不太高效。因此，引入自动连接的批量处理方式—就是利用规范档对书目档进行定期的批量处理—将可以大幅度提升规范控制工作的效力。

虽然上述两种方式各有优缺点,但从当前的实际情况来看,冗余连接方式的优势更加明显。由于历史原因,我国的编目机构通常先建立书目文档,再建立规范文档。如今,将规范文档与书目文档结合已逐渐成为编目工作发展的主流趋势。例如,国家图书馆等编目机构利用冗余连接方式,尤其是类似 ALEPH 系统等现代化工具,成功地将书目数据与规范数据关联起来,把规范数据制作工作无缝融入编目流程。

(四)实行规范控制

在现代图书馆管理体系中,"实行规范控制"这一概念发挥着至关重要的作用。其核心目的在于通过规范化的措施来确保图书馆中著录标目的一致性和准确性,从而提升整个图书馆服务体系的效率和质量。规范控制不仅是编目工作的基础,也是确保信息检索准确无误的关键。在这一体系下,每一项著录工作都严格遵循既定的规范,确保了信息的标准化和系统化。这种方法使得图书馆的管理工作更加系统化和科学化,极大地提高了工作效率和服务质量。

规范控制的实施,首先体现在对编目系统中标目的标准化管理上。在这一体系中,所有书目文档中的标目都必须与规范档案中的相应标目保持一致,形成一个统一的、标准化的信息框架。这种做法不仅简化了编目人员的工作流程,还极大地提高了信息的准确性和可靠性。例如,当规范文档中的某一标目发生变化时,所有相关的书目文档中的标目也会同步更新,确保了信息的实时性和一致性。这种动态更新机制,不仅保证了图书馆信息系统的高效运作,也为读者提供了最新、最准确的检索结果。

除了在管理上的应用,规范控制在提升图书馆服务质量方面也发挥着重要作用。例如,通过规范控制,可以实现对同一著作或主题的不同名称形式的统一化处理。这样,即使是名称形式多变的责任者或著作,也能在图书馆系统中以统一的标目出现,极大地方便了读者的检索和识别。此外,对于名称相同但实质不同的责任者或著作,规范控制也能提供清晰的区分,避免了信息的混淆。这种精确的信息控制,不仅提升了目录的准确性,也优化了目录的检索功能,使得读者在面对复杂的检索需求时能够更加容易地找到所需信息。

总体来说,"实行规范控制"在现代图书馆管理中起着举足轻重的作用。它通过标准化和系统化的方法,有效地解决了编目和信息检索过程中的各种问题,提高了图书馆工作的效率和质量。随着信息技术的不断发展,规范控制的重要性将进一步增加,其在图书馆管理和服务中的作用将更加凸显,对于提升图书馆的整体服务水平和用户满意度将起到决定性的影响。

(五)维护规范系统

维护规范系统,主要是指对系统的更新和管理。规范系统,作为一个充满活力的机制,随着文献编目的持续进行,其内涵和外延都在不断发展。编目规则的不断更新、新规范的加入以及已有规范记录及其相互关系的变化，使得系统维护工作变得十分复杂。

规范系统维护的工作内容包括：一是增加新的规范记录和参考关系；二是补充和更新相关项目的信息；三是对现有规范记录和参考关系的修改；四是优化规范文档和目录文档之间的链接关系。

自动化编目系统在规范记录维护方面具有显著优势。一旦规范记录中的某个检索点发生变化，与之关联的书目记录中的相关标目便能自动更新，从而避免了人工逐一进行修改的繁琐过程。当前，许多先进的图书馆如国家图书馆、CALIS 等，都采用了结合人工与自动维护的方法。在国家图书馆应用的 ALEPH 编目软件中，引入了 UPD 字段，这个字段可以根据规范记录的更新自动调整书目记录，实现非规范词与规范词之间的转换，或者用新修订的规范词替换旧的规范词。UPD 字段的设置可以根据工作需求灵活调整。另外，规范数据库中的 COR 字段，当规范记录的规范词发生变化时，会自动创建一个 COR 字段，链接那些仍使用原规范词的书目记录，这样便能保持书目记录与规范数据库的连贯性。这两个字段的协同作用，不仅加强了编目过程的自动化，减少了人工干预的需要，也在一定程度上提升了数据库的质量。

维护规范系统，不仅仅是技术层面的操作，更是对图书馆整体服务质量的提升。一个高效、准确、灵活的规范系统，可以提高图书馆的服务效率和用户的体验。因此，规范系统的维护工作绝非小事，它直接关系到图书馆的整体运作和发展。随着技术的不断进步和发展，我们期待规范系统在图书馆管理中发挥出更加重要的作用，为读者提供更优质的服务。

（六）评估规范系统

评估规范系统工作旨在通过对系统的全面检查和评估，确保其运转的高效与稳定，同时不断优化和提升系统的整体性能。评估的方法多种多样，包括分析法、比较法等，以确保评估的准确性和全面性。评估的具体内容包括：一是有关准备规范数据方面的评估，对数据的合法性、准确性和完备性进行评估，同时还需评估数据格式的合规性和精确度；二是有关规范数据款目记录编制方面的评估，包括对编目人员的工作效率和质量进行评估；三是有关规范系统运转方面的评估，如对系统在不同条件下发挥作用状况的评估，对系统整体功能的评估，对系统查询结果的评估，对系统故障和经济效益的评估等。

为了确保规范工作的高质量，开展上述工作前，应依据国际或国家相关标准，制定一套本机构建立规范系统的详细规则。在具体操作中，还应要求编目人员严格遵守这些规则。

值得注意的是，建立和维护规范档是一项既复杂又耗时的工作，因此最好在权威性高的编目机构或系统的指导下进行。可以成立一个专门的团队来负责这一任务。这样，其他许多编目系统或机构便可直接利用这些成果，无须在基础层面重复劳动，提高资源利用效率。通过这样的方法，可以在保证规范系统高效运行的同时，也保障了整个图书馆服务体系质量的可靠性。

三、规范记录的基本内容

在图书馆中，规范记录是一项核心工作，它依据详尽的规范数据款目著录规则来执行。这些规则定义了三种主要的款目类型：规范款目、参照款目和说明款目。每种款目都有其特定的著录项目、格式、标识符号、原则和细则。

（一）规范款目

规范款目由多个关键部分组成，包括规范标目项、标目附注项、单纯参照根查项、相关参照根查项、编目员注释项、来源项以及标准规范记录号项。

1. 规范标目项

规范标目项的主要任务是记录统一标目，这些标目基于固定原则制定，具有唯一性、简明性和相对稳定性。统一标目覆盖广泛，包括个人名称、团体名称、会议名称、著作题名、地理名称和主题标目等。在著录时，需要根据编目条例尽可能完整地记录。

此外，规范标目还包括并列标目，即不同语言或文字形式的名称或主题词。并列标目的处理方式有两种：在多语种规范表中，建立并列标目并用等号"="标识；而在单语种规范表中，其他语言形式的标目则作为非规范标目处理。

2. 标目附注项

标目附注项用于解释统一标目及其与参照根查之间的关系。这些解释旨在明确标目的使用方法，仅限于向读者说明，不应与编目员注释项混淆。解释内容包括个人著者的职业、历史、成就、著作等，团体或会议的性质、历史、名称变化和出版物，以及著作题名、合订著作、主题标目及其相关信息等。

这些详细的标目附注项有助于读者和编目员更好地理解和使用统一标目，确保信息的准确性和可访问性。例如，对于丛书的总卷数、册数、主编者、出版者、出版地、出版年限等的详细记录，不仅便于检索，也为学术研究提供了宝贵的资料。

3. 单纯参照根查项

单纯参照根查项主要用于记录那些与规范标目紧密相关的非规范标目。这些非规范标目在意义上与规范标目存在同义或准同义的关系，并对检索活动具有重要价值。例如，这些条目可能包括规范标目的不同名称形式，如本名、笔名、原名、简称、全称、不同译名等，以及各种音译形式。在著录这些条目时，通常会使用"＜"符号进行标识。

4. 相关参照根查项

相关参照根查项是指与规范标目在意义或概念上有所联系的相关标目。这些标目可能并不与规范标目描述完全相同的对象，或由于某种原因（如新旧标目的并存使用）而被视为不同。它们包括意义相关的主题标目，以及同一人物、团体或题名的新旧名称等。在相关参照根查项中，标目之前通常使用"＜＜"作为标识。

5. 编目员注释项

编目员注释项是图书编目系统中的一个关键组成部分。它包含了编目员在处理统一标目或建立相关标目时提供的详细说明和注释。这些注释通常包括对标目内容的补充说明、对使用过程中可能出现的特殊情况的提醒，以及对标目修改或更新的记录。

这些注释的主要作用是为编目员在日后的使用、修改或标目建立时提供参考和指导。比如，在处理一个特定的书目时，编目员可以通过查看注释项，迅速了解到该书目的特殊情况或者是历史修改记录，从而做出更为准确和合理的处理决策。

此外，编目员注释项也有助于保持图书编目工作的连续性和一致性。在编目人员更替的情况下，新的编目人员可以通过这些注释迅速掌握前任编目员的工作思路和方法，保证编目工作的顺利进行。

6. 来源项

来源项是记录款目来源信息的重要部分，它详细记载了款目的来源背景，如负责规范款目的编目机构、款目建立所依据的条例，以及款目的建立或修改日期等信息。

例如，一个来源项可能会记录某个特定标目是由哪个编目机构建立的，这对于追溯信息源头、确认信息的权威性至关重要。此外，标目建立所依据的条例信息，通常以代码的形式呈现，这不仅有助于编目员快速理解标目的建立基础，也便于在系统中进行管理和参考。

在实际应用中，来源项还起着规范和指导作用。通过查看来源项，编目员可以了解到某个标目的建立依据和背景，从而在进行编目工作时，能够更加严格地遵守相关规范和条例，确保编目工作的准确性和规范性。

7. 标准规范记录号项

标准规范记录号项是为了实现国际或国内间的交换与控制而设立的标准规范记录号。这个唯一标识号由权威机构分配给规范款目，确保了记录的统一性和可追溯性。

上述这些组成部分共同构成了图书馆规范记录的完整框架。通过这些细致的记录和分类，图书馆能够更有效地管理其藏书，同时也为读者提供了更为便捷和准确的检索服务。规范记录不仅是图书馆工作的基础，也是确保信息传递和共享有效性的关键。

（二）参照款目

在图书馆的参照款目体系中，主要包括三个核心部分：参照标目项、标目附注项以及统一标目项。这些部分共同构成了图书馆目录系统中信息检索和参考的基础框架。

1. 参照标目项

参照标目项主要记录两类标目：单纯参照标目和相关参照标目。单纯参照标目，即非规范标目，其功能在于将读者从一个非规范化的条目引导至相应的统一化标目。而相关参照标目是指将读者从一个已规范化的标目引向另一个相关的规范标目。这些参照标目的著录内容需要与相应的规范标目保持一致性。

2. 标目附注项

标目附注项则提供了对参照标目及其与所参照统一标目之间关系的详细解释。这些内容包括但不限于人名标目间的参照关系、团体或会议名称之间的联系、著作题名与其分册之间的关联，以及主题标目的范围或结构方式等。通过这些附注，使用者能更清晰地理解不同标目之间的关系和联系。

3. 统一标目项

统一标目项的核心在于记录参照标目所指向的统一标目及其相关说明。它为用户提供了查找特定信息的明确途径。在著录时，如果参照标目是非规范标目，则在相应的统一标目前标记"＞"；若参照标目是相关标目，则使用"＞＞"作为标识。

（三）说明款目

在图书馆的目录管理体系中，"说明款目"扮演着核心角色，其主要包括四个重要组成部分：说明标目项、标目附注项、来源项以及标准规范记录号项。

1. 说明标目项

说明标目项主要负责记录说明标目，它们是一类特殊的标目，通常不完整或呈现出格式化、典型的特征。这些标目的主要作用在于指引用户查找某一特定群组或类别的统一标目，为用户提供更为明确的导向。

2. 标目附注项

标目附注项的作用在于提供对说明标目及其与相关统一标目间关系的详细说明。这包括对统一标目的结构方式、排列方法及相关实例的解释说明。通过这些附注信息，用户能够更深入地理解和使用目录系统。

3. 来源项

说明款目中的来源项与规范款目中的来源项是相同的。

4. 标准规范记录号项

说明款目的标准规范记录号项与规范款目中的标准规范记录号项一致。

第二节 编目工作的组织管理

在 21 世纪的知识经济时代，图书馆的编目工作及其组织管理显得愈发重要。这一工作不仅是图书馆日常任务的基石，更是保障其效率和质量的关键。深入研究编目工作的组织和管理，对于提升图书馆整体的服务水平和效益具有不可忽视的意义。

一、编目工作组织管理的基本原理与内容

随着社会的演进，从工业经济社会向知识经济社会的转型，知识的角色愈发显著，成为社会发展的驱动力。图书情报机构作为知识的重要组织者和传播者，其运作方式和结构也随之进入转型期。在这个过程中，图书馆不仅承担着传统的知识保存功能，还应对用户的需求做出响应，帮助他们更高效地发现、获取、利用知识。在图书情报机构中，编目工作承担着将零散、无序的文献信息转换为系统化、规范化的检索体系的重要任务。它是连接用户与知识的桥梁，确保信息资源的高效利用。在这个信息爆炸的时代，编目工作更显得极其关键，它不仅影响着信息资源的整理和存取，也直接关系到图书馆服务质量的提升。因此，研究和掌握先进的编目工作组织与管理方法，是提升图书情报机构工作效能的关键。

（一）编目工作组织管理的基本原理

1. 编目工作管理的定义

（1）管理

根据管理学创始人法约尔的定义，管理是一个包含计划、组织、指挥、协调和控制等多个职能的活动过程。它的核心在于实现组织的预期目标，这一过程不仅包括资源的合理分配和利用，还包括人际关系的有效协调。管理的成功在很大程度上取决于如何以人为中心，发挥每个人的潜能并促进团队协作。

（2）图书情报机构管理

在图书情报机构中，管理的要求更为具体和复杂。这些机构需要根据社会的需求，合理利用内部的人力、物力和财力资源。工作的细分日益精细化，包括但不限于文献采访、分类编目、典藏、借阅和咨询服务等。有效的图书馆管理不仅需要协调各部门和个人间的工作，还需确保整个机构的运作流程高效顺畅。

（3）编目工作管理

图书馆中的编目工作管理主要指的是在明确编目任务的基础上，利用一系列有效的组织和技术手段，以提升编目效率和质量为目标的过程。要实施有效的编目管理，首先需确立编目部门的具体任务和目标。接着，选择适合的工作模式和组织结构，设计出高效的编目流程和方法。同时，还需合理配置人力、物力和财力资源，确保资源的最佳利用。此外，协调好编目过程中各个环节的相互作用，以及编目工作与图书馆其他业务间的关系也是不可忽视的一环。这样的管理旨在提高编目的准确性和工作效率，为图书馆的整体服务和运营提供坚实的技术基础和支持。

2. 编目工作组织的定义

（1）组织

在社会与事业领域，"组织"通常指的是为达成特定目标而形成的集体体系，它在管理学中特指一个按既定目标和程序构建的责权结构体系。这样的结构主要包括以

下四个核心要素：

职权：这是通过正规程序授予特定职位的管理权力，指的是在职务范畴内所拥有的指导和决策能力。

职责：指个人或岗位所承担的任务义务，包括对所负责事务的责任感和执行力。

负责：它体现了组织中上下层级及不同部门、岗位间的相互联系和依赖关系。

管理职能：组织的管理实质上是基于明确的工作分工，旨在通过有效的协调与监督，确保组织目标的实现。

（2）图书情报机构组织

图书馆在进行编目工作时，必须建立一个有效的组织架构来实现其核心使命。这一过程首先是将图书馆的总体目标细化为多个具体目标。接着，依据图书馆所拥有的人力和物力资源，将完成这些目标所需的各类活动进行分类和组合。图书馆内部的每个部门和层级都需要紧密协作，以确保目标的顺利实现。

图书馆的组织结构实际上是对其内部工作部门的层级顺序、空间布局、工作聚焦点、沟通方式以及不同要素间相互关系的具体安排。这种结构或体系是基于图书馆的社会目标和职能，通过精心设计和创造而成。有了这样的组织架构，图书馆内部的信息流动、人员流动和才能得以高效运转，从而确保目标达成和管理有效进行。因此，组织架构不仅是图书馆管理的基础，也是实现编目工作效率和质量的关键工具。

（3）编目工作组织

编目工作的组织，是指根据编目工作自身的工作流程、时空范围、聚集状态以及与其他部门的联系，科学安排的管理模式和体制。在编目组织的结构设计中，不仅要明确各岗位的职责，还需要细化岗位间的相互关系，无论是横向还是纵向。此外，这种组织结构本身具有流动性和适应性，随着机构目标的变更、信息与物流动态的改变，编目管理者必须能够灵活调整其管理策略，以确保工作的有效性和效率。

（二）编目工作组织管理的基本内容

在图书馆领域，组织管理编目工作采用特定的方法和方式，对分散的文献信息进行系统化处理，包括整理、记录、分类、标引以及格式化。这些步骤的目的是将信息有效地整合成一个有序的结构体系，从而构建起图书馆的业务框架，为读者提供有效服务，并管理内部的文献信息。

图书馆编目的有效管理和组织是一项复杂而重要的任务。其核心是将多元化的功能融合并高效运作。首先，需要明确编目部门的架构和各自职责，并根据图书馆的具体情况制定操作流程。接着，设计并实施分类与编目的规则体系，同时优化编目流程。此外，对于编目的管理方法、质量监控、团队建设与培训，也需给予充分的考虑和规划。此外，编目人员还需考虑图书馆的规模（如大型、中型或小型）、特性（包括综合性或专业性、研究型或普通型）以及所使用的自动化集成系统等因素，以确保选择最合适的组织模式。这种全面而细致的管理方式，不仅提高了编目工作的效率，而且更好地满足了图书馆的整体目标和读者的需求。

二、编目工作模式与组织机构的设置

图书编目的工作方式是指图书信息组织和处理的具体形式与方法。这种方式与编目部门的工作性质、职责和规模紧密相关。深入理解图书信息机构的职责，确立适宜的编目方式，是图书信息编目管理以及机构构建的关键基础。

（一）编目工作组织模式

通常，根据机构的职责、特点和规模的差异，编目工作模式可以选择以下几种方式：

1. 按照文献信息语种组织工作模式

依据文献信息语种组织和划分的编目工作模式是指根据文献的语言种类，把编目工作分成中文编目和外语编目。外语编目进一步可以划分为英文、日文、俄文等不同部门。这是一种在大型或中型图书信息机构，尤其是外文藏书量较大的机构中常见的方式。选择这种方式的理由主要包括：一是中文编目与外语编目所用的编目格式和著录规则有所不同，分开操作可以避免混淆；二是外语编目要求工作人员具备较高的外语能力，按照文献的语言进行编目有助于更快地熟悉和掌握特定语言文献的特性；三是考虑到使用的计算机编目系统或字符集可能需要针对不同语言分别设置，因此按语种划分编目工作也显得必要。

2. 按照文献信息类型组织工作模式

在图书馆或档案馆中，按照文献信息类型组织工作模式是一种高效的方法。该方法是指将不同类型的文献资料按照其性质进行分类，并指派专门的团队或个人负责这些类别的编目任务。这样做的核心目的是充分利用每一类文献的独有特点，优化编目过程。通过这种方式，可以有效地打通工作流程中的障碍，确保编目人员对特定类别文献的编目规则和细节有深入了解，进而提升编目效率。通常，这种基于文献类型的编目工作分布在不同的部门，如图书、期刊、古籍、非图书材料、电子资源及网络信息资源等。

3. 文献信息语种与类型相结合组织工作模式

文献信息语种与类型相结合的工作模式，是指根据文献的语言种类进行分类，然后在每种语言类别内部，根据文献的具体类型进行进一步的选择和编目工作。这种方法的一个优势是，它与我国图书情报机构现行的分类体系高度契合，该体系同样是先依据语种再根据类型进行分类。同时，这种模式也与国内常见的检索目录制度相符，有助于工作人员对特定语种及其文献类型的特征有更深入的理解和掌握。由于这种方法的稳定性和高效性，它已成为许多大型图书情报机构采用的标准组织形式。

4. 按照采购、编目功能组织工作模式

按照采、编工作中的不同功能组织的工作模式是指将不同语种、不同类型的文献信息按照采编工作功能的先后顺序，依次划分为采访、编目、加工典藏、目录维护等几个业务组。这种分工方式允许每个团队专注于流程中的一个特定阶段，并以连续的顺序操作，形成类似流水线的工作模式。这样做的优点在于每个团队可以深入研究自己负责的部分，确保文档信息编目的统一性。此外，文档信息的处理质量在多个阶段得到验证，有利于及时发现并纠正错误。然而，这种模式也有其不足，即不同阶段之间的衔接和沟通可能存在挑战。此外，要求处理相同工作的员工必须熟悉多种语言和文档类型，这可能增加工作难度。

5. 按照学科内容组织工作模式

按学科内容组织的工作模式，是指以知识的学科性为中心组建一个个灵活的以学科馆员为主的学科单元，采、编等一系列工作融于每一个学科单元之中，即根据文献信息所反映的学科性质和内容。每个单元都是围绕特定学科领域组织的，比如文学、自然科学、工程技术、医学等，并且由专门的馆员负责。这些馆员将负责相应学科的全部工作流程，包括采集、编目、整理保管等，每个学科形成一个独立的操作流程。在这种模式下，馆员需要同时承担多重角色，将采集、编目等多项任务合并在一起。这种模式特别适用于那些专业性强、规模较大的图书情报机构。但是，对于那些学科范围广泛、交叉性强的综合性和大型机构来说，这种模式的应用可能较少。每种工作模式都有其适用场景，并没有绝对的优劣之分。对于具体的图书情报机构来说，选择哪种工作模式应根据自身的实际情况和自动化集成系统的功能设置来决定。

（二）编目工作组织机构设置

在图书情报机构中，编目工作的组织架构是根据社会变化和需求以及服务工作的要求来设立的，按照相应的工作模式，配备相应的人员、设备和场所，同时成立专门的业务部门。此外，还要明确部门的工作范围、任务、相应的权利、责任、义务，以及与其他部门的关系。

1. 设置独立的编目部门

设置独立的编目部门是一种传统做法，随着社会和技术的发展，图书馆的活动变得越来越复杂，工作分工日益细致。独立的编目部门可以更好地应对工业社会中专业化分工的需求，以及图书情报机构业务操作的特点。

2. 采编一体化

采编一体化作为一种部门设置的方式，其核心在于整合采访和编目工作，形成一个统一的采编部门。这种模式在图书馆的早期阶段就有所体现，当时的整合更多是出于初期发展的必然性，而非深思熟虑的策略。随着时间的推移，社会分工变得更加精细，图书情报机构的业务也逐渐专业化。这导致采访和编目工作开始分化为两个独立的部门，以更好地应对日益复杂的工作需求。然而，进入信息技术高速发展的现代社会，计算机自动化技术的应用使得不同的业务部门可以在一个统一的系统下工作，促使工作流程趋向整合。

在这种背景下，采访和编目工作之间的界限变得模糊。许多传统的手工操作逐渐被自动化所替代，数据共享成为两个部门的共同基础。新技术的发展不仅改变了图书馆业务的结构，也使得业务重点从单纯的文献信息处理转移到了信息和知识的深层次挖掘。因此，在业务流程再造的企业管理思路指导下，图书馆应简化工作环节，整合相同功能，重新组织业务流程。这意味着打破原有职能部门的边界，将重点放在过程的连续性和有效性上。管理的焦点应从单一的职能部门转移到整个过程上，通过重组业务流程，将原本因职能分工而分离的流程重新整合，形成以作业流程为核心的新型组织结构。这种转变不仅提高了工作效率，也更好地适应了现代社会的需求。

3. 编阅一体化

所谓编阅一体化，就是把编目工作移至阅览部门，让新入馆的书籍和资料直接送达阅览区域。在这里，文献资料一边完成编目处理，一边即刻提供给读者阅读。这种做法大幅缩短了文献资料处理的时间，有助于读者更快速、有效地获取所需信息。这套体系通常更适合中小型图书资料机构。

4. 联机合作编目

随着时代进步，图书馆编目部门的命名也发生了显著变化。在现代信息技术的支持下，一方面，传统的部门名称如编目部、采编部等仍被使用；另一方面，出现了许多新的部门名称，如资源部、资源建设部、文献建设部、文献资源建设部、数据处理部等。这些新的名称不仅反映了编目工作范围的拓展，从传统的图书延伸至包含电子资源在内的各类文献资料，而且也意味着编目工作的内容变得更加多元和深入，从简单的书目记录扩展到对文献内容、信息乃至知识层面的深度挖掘。

三、编目工作流程设计及其实施

确定了图书馆的工作模式之后，接下来的重点是根据选定的模式，规划出一套高效的工作流程。这样做的目的是确保编目工作的每个环节都能紧密衔接，形成一个流畅而有序的运作系统。工作流程是指一个任务从启动到完成的全部步骤，它是一系列有序且连续的活动。这些活动的规划和执行方式是根据任务的具体内容和完成的具体要求而定制的。

（一）编目工作基本内容与要点

图书编目工作根据基本内容、性质和作用，通常分为以下几个部分：

（1）文献接收与验证：这一阶段涉及新书的接收、核对、清点以及验收工作。

（2）文献查重工作：在此阶段，将新收文献与馆藏现有的文献进行比对，以确定新书是否为重复版本、多卷本或新增藏书。

（3）编目操作：编目分为两个主要环节，一是运用规定的规则和格式对新书的特性进行详细描述，即著录工作；二是依据特定的分类体系对书籍内容进行系统展示，包括分类标引和主题标引。这两个环节通常合称为编目工作，也称为分类编目。

（4）数据审查与校对：此环节包括对已经分类的书目记录进行细致审查、核对和修订，以确保信息准确无误并入库至书目数据库中，进行目录的整理和管理。

（5）文献加工处理：这包括给书籍装订磁条、贴上条形码、盖上馆藏章等工作。同时，对已经审查并修改的书目数据所对应的文献进行进一步加工，如书签打印、粘贴等后续处理。

（6）典藏与调配：在编目和加工完成后，将文献分配至适当的藏书地点，并根据馆藏地进行调配入库和资产管理。

每一份文献资料在被纳入图书情报机构的书目体系之前，都应经过以上所有环节，以确保其在体系中有自己相应的位置。

（二）编目工作流程设计原则

在规划图书编目的工作流程时，应遵循以下几个关键原则：

（1）逻辑性与一致性：工作流程中的每个环节都应基于图书情报领域的内在规则和逻辑关系，确保整个流程的连贯性和合理性。

（2）实用性与灵活性：流程设计以实用性为核心，同时保持灵活性，以适应不同情况下的调整需求。

（3）可调整性与开放性：设计的流程应能够根据工作的开展和变化灵活调整，包括增加、删除或合并特定工作环节。

（4）适应性：流程设计需考虑本机构的特定工作特点和需求，确保符合单位的实际发展和操作需求。

（5）效率性与简洁性：尽量依照编目过程的自然顺序安排工作流程，避免迂回，以提高工作效率和减少资源消耗。

（6）无重复劳动与共享原则：确保每个环节的工作成果能被后续环节共享和利用，下一个环节同时担负起上一个环节的质量检查和校验功能，依赖于流程的标准化设计。

除了遵循以上原则，在设计工作流程时，编目部门还需要制定相关的业务规章、操作规范和指导手册，确保整个流程在统一的操作方法和工作条件下高效执行。

（三）编目工作基本流程及其实施

1.编目基本流程

图书编目的工作流程借鉴了工业制造的概念，类似于工业产品的生产线。任何产品或任务在生产活动中经历的步骤和顺序，共同构成了特定的工作流程。简而言之，具有相似特性的产品或任务可以形成一条生产线。在这个基础上，根据不同的工作模式，可以发展出各自独特的工作流程；而不同的生产线则基于共同目标和逻辑联系，在更广泛的框架内结合，形成一个整体的工作流程。

2. 流程实施步骤

（1）复本编目

在图书情报领域，复本编目是一种特定的书目数据处理方法。它适用于两种情形：一是当图书情报机构的本地数据库已有某本图书的记录；二是当所需处理的文献是图书情报机构已收藏的系列丛书中的一部分，而该系列丛书作为一个整体仅有一条书目记录。在执行复本编目时，首先进行查重，确认待处理的文献是否为复本。确认后，提取已有的书目记录，并检查记录是否需进行更新或修改。如果需要更新，就对记录进行相应修改，并补充新加入的文献信息。若无须修改，直接在记录中添加新的馆藏信息，然后将更新后的记录录入到总书目数据库中。最后，将该记录进行加工，至此，复本编目流程便告完成。

（2）新文献编目

在图书馆或情报机构中，新文献编目是一项重要的工作。当馆藏中新增图书或资料时，这些文献首先要经过本地总书目库的查重。如果这些文献在数据库中没有相应的记录，需要进行新文献编目。这个过程通常有两个主要的方法：套录编目和原始编目。

在套录编目中，图书馆工作人员会利用外部的数据源来完成编目工作。这些外部数据源包括联机合作编目系统中的书目数据、由专业编目机构提供的数据、书商随书提供的采访数据、拥有使用权的第三方书目数据，甚至是互联网上的免费书目资源。在套录编目过程中，工作人员首先会在这些数据源中搜索待编文献的相关信息。一旦找到相匹配的数据，就可以将其下载并按照本馆的编目规则进行处理，比如进行分类、主题标引等。在核对下载的记录与实际文献之后，工作人员还需要判断是否有必要对记录进行修改或升级，或者是否需要建立规范的记录。完成这些步骤后，加上本馆的索书号和馆藏信息，通过审校后，这条书目记录就可以被正式提交到馆内的总书目数据库。接下来的步骤包括将文献送入加工环节，加工完成后，文献便会被分配到相应的馆藏地点。

原始编目是在外部数据源中未能找到相应记录时采用的方法。在这种情况下，图书馆工作人员需要自行创建和编制书目记录。创建好原始编目记录后，根据不同的情况会有不同的处理流程。在此，我将为您提供一些关于文献管理的帮助。如果该文献仅供本馆使用，则接下来需要添加馆藏信息，并经过审校合格后，将被存储在本地总书目数据库中，并进行目录组织。然后，文献将被送入加工环节，处理完成后，将被分配到馆藏地点。

如果编目机构是联机合作编目系统的一部分，那么原始编目记录将不仅供本馆使用，还将被共享至其他成员机构。在这种情况下，编目工作通常通过专门的联机编目客户端进行。这样做的好处是可以确保所有机构都遵循统一的编目规则，从而保证了信息的一致性和准确性。这些规则通常涵盖了编目的各个方面，如书目信息的详细程度、格式标准、分类和索引方法等。

编目人员在完成原始记录的创建后，需要将这些记录从联机系统拉取到本地编目系统中。在这一过程中，他们会对记录进行细致的审核和修改，确保其准确无误。此外，编目人员还需添加详细的馆藏信息，这对于后续的加工环节至关重要。馆藏信息包括书籍的具体位置、数量、流通状态等，这些信息有助于图书馆管理者和读者快速定位和使用资源。一旦记录被导入到本地系统，接下来的步骤是将其存储进本地的总书目数据库，并进行合理的目录组织。这个过程不仅仅是信息存储，更包括如何高效地组织和检索这些信息。目录组织的好坏直接影响到读者检索书目的便利性。

随后，加工环节开始。在这个阶段，文献会被贴上条形码、防盗标签等，同时还会对书籍的物理状况进行检查和维护。加工完成后的文献将会被适当地分配到图书馆的各个馆藏。新书调拨也是这一阶段的重要组成部分，特别是对于有多个分馆的大型图书馆来说，合理的调拨可以确保各个分馆的资源均衡。至此，整个编目流程便告一段落。

（3）联机合作编目

联机合作编目作为现代图书馆编目工作的重要组成部分，正逐渐成为该领域发展的主流趋势。在这个框架下，编目工作的流程设计变得尤为关键，必须将联机合作编目环节有效融入整体编目流程之中。具体来说，这个过程可以按照以下两种情形进行操作：

第一种情况，联机合作编目成员馆。这些成员馆一般承担着编目任务，特别是原始编目工作。在设计编目工作流程时，需要重点关注"三个必须"点：一是对于外来数据源的选择，联合目录数据库应是首选；二是在提交编目数据前，必须与联合目录数据库进行查重工作；三是无论是完成编目数据后（包括馆藏信息）还是在数据修改或升级之后，都必须将其上传至联合目录数据库。这样的流程设计，旨在确保联机合作编目环节能够无缝集成于整体编目流程中，从而保障编目数据的完整性、同步性和共享性。

第二种情况，联机合作编目数据使用单位。作为联机合作编目数据的使用单位，主要职责是共享和使用这些数据。在这一过程中，一个关键的环节是确保本地系统与联机合作编目系统之间能够无缝衔接。这要求图书馆的信息技术团队和编目专家密切合作，以确保两个系统之间的数据交换既高效又准确。首先，使用单位需要从联机合作编目系统中下载所需的编目数据。这里需要特别指出的是，虽然联机合作编目系统提供了丰富的书目资源，但它仅仅是众多可能的数据来源之一。图书馆需要从多个渠道获取数据，以丰富和完善自己的书目数据库。其次，本馆完成的编目数据通常无须下载，或者只需按规定提交馆藏信息。在某些情况下，甚至连馆藏信息也不需要提交，仅用于下载记录。在这种情况下，流程设计仅需在外来数据源部分建立链接。

3. 流程设计中应注意处理的关系

（1）文献物流与信息流的关系

在图书情报机构的编目工作中，我们可以从两个不同但相互关联的层面来进行探讨。一是文献物流的管理至关重要，它涵盖了对文献实体的全面处理。无论是处理传统的印刷材料还是它们的衍生品（比如缩微资料、音像制品等），都包含了诸如著录、组织、加工等一系列关键阶段。二是信息流的管理，指的是编目过程中信息的传递和编目数据的流向。

在建立文献物流与信息流的概念时，并非旨在将这两者割裂开来。事实上，它们共同定义了当代文献的新特性。深入理解这两个概念，有助于我们更准确地把握事物发展的规律，从而科学地设计和优化工作流程。在实际操作中，编目过程中的物流和信息流是相互交织、不可分割的。

在传统的图书馆文献编目流程中，文献物流——即实体材料的搬运和处理——是核心环节。信息流伴随着文献处理的每一个步骤，不仅与物流紧密相连，而且在许多情况下还会对物流产生显著的影响。这意味着信息流不只是简单地跟随实体文献的转移；它在整个加工流程中也遵循着自己的规律和方向。信息流可根据需求进行再创造或重组，形成全新的信息结构。例如，通过书目信息的重新整理，可以创建出更精确、更全面的图书馆目录。这种独立于实体物流的信息动态，为整个编目流程带来了更多的灵活性和调整可能性。

（2）采访数据与编目数据的关系

在图书情报领域，文献采访与编目是两个紧密相连的核心工作环节。这一过程的起点是文献的采访活动，其产生的信息即为采访数据，这些数据为编目工作奠定了数据基础。在自动化集成系统中，以机读目录格式存储的采访数据不仅服务于文献的采购流程，也承担着编目工作中的核心环节，如验收、查重和核对等任务。许多重要的采访数据，如书目数据，是必须保存的关键内容。值得注意的是，不同的加工环节对信息流的依赖程度不同。一些环节可能因为书目信息属性较少，而较少受到信息流的影响。这种情况下，编目人员在实际操作中可以享有更大的灵活性和调整空间。这种灵活性是有效处理实体文献和信息流的关键，它使得编目人员可以根据具体情况灵活调整工作流程，从而提高整体工作效率。在编目加工流程中，采访数据的质量直接影响到后续编目工作的效率和质量。因此，在处理采访数据时，我们需要注意以下几点：

第一，源头的可靠性检验：由于采访数据主要来源于出版商的征订目录、广告宣传材料，以及如 CIP（Cataloging in Publication）数据等在版书目信息，这些数据可能存在与实物不符或信息缺失的问题。因此，在编目过程中，必须对这些数据进行仔细的核对和校验，确保信息的准确性和完整性。

第二，格式的严格遵守：在制作采访数据时，编目人员应严格遵循规定的书目格式，确保数据的标准化和规范化。这不仅有助于提高后续编目工作的效率，还能确保信息的一致性和可靠性。在制作采访数据时，应优先考虑使用可靠的外部数据源，并与本地总书目数据库进行查重。通过这种方式，可以避免重复工作，提升数据的准确性和有效性。此外，利用网络联合目录数据库的优势，下载高质量的记录，也是提升采访数据质量的有效途径。

第三，为了保证采访数据的质量，需要制定一套标准化的采访数据编制流程。这不仅规范了本馆的采访工作，也为后续的数据共享和利用打下了坚实的基础。

采访数据与编目数据之间的相互依存和转化关系是图书情报工作中不可忽视的环节。通过精细的管理和优化，可以显著提升整个图书情报机构的工作效率和数据质量。

（3）本地编目系统与联机合作编目系统的关系

图书情报机构作为联机合作编目成员，面临着如何将联机合作编目工作与本馆的编目任务整合的挑战。在设计工作流程时，应确保联机合作编目系统和本地编目系统的工作环节能够无缝对接，实现顺畅的协作。工作人员需要清楚地理解这两个系统各自的核心职责：联机合作编目系统主要致力于书目数据的生成、质量控制和共享；而本地编目系统则专注于处理馆藏信息和文献加工的个性化需求。

在处理这两个系统的关系时，图书情报机构应该遵守以下两条原则：一是联机编目流程优先原则。在数据制作环节，尽可能利用联机合作编目系统提供的书目数据，以覆盖本馆尚未编辑或简编的记录。当本馆编目规则与联机编目规则存在差异时，优先遵循联机合作编目的规则。二是本地编目系统流程优先原则。对于本馆特有的信息和个性化字段，例如本馆控制号、索书号、馆藏地点、编目员代码、采购信息等，应仅在本地系统中处理。这些数据在下载到本地系统后进行编辑，而无需上传至联机合作编目数据库。

四、编目工作管理与质量控制

目前，编目工作的管理方法众多，其中结合量化管理和质量控制的做法在日常管理中广泛应用。此外，目标管理法等其他管理方式也被一些机构采纳。这里从基层部门的工作实践角度出发，将重点介绍量化管理和质量控制方法。

（一）编目工作量化管理

量化管理，是指在既定的技术和设备条件下，合理设定编目工作人员在单位时间内应完成工作量的方法。这种方法不仅界定了编目工作的劳动消耗量，还有助于编目部门进行人员配置和劳动组织。通过量化的方法，管理者能够更精准地评估工作质量和员工绩效，从而为提升整体编目工作质量提供坚实基础。

1. 量化管理方式

在编目工作中，量化管理主要指对工时定额和工作量定额的管理，并在此基础上派生出工序定额、人数定额等不同的管理用法。

（1）工时定额和工作量定额

工时定额，又称为时间定额，是指在既定的生产技术和组织条件下，工作人员完成某项任务所需的标准工时。例如，一名编目人员需要多少时间来著录一本书或创建一条书目记录，这个时间就是其工时定额。工作量定额，也被称作产量定额，是指在相同条件下，工作人员在一个工作日或特定小时内应完成的产品数量。举个例子，如果编目一条完整的书目记录需要 15 分钟（工时定额），那么在一个 8 小时的工作日中，理论上应该完成 32 条记录，这就是工作量定额。

（2）工序定额

在图书编目工作的流程当中，工序定额是指对各个业务环节特性及需求的分析，为每个环节设立特定的完成标准。工序定额分为两大类：针对单个业务环节的单一工序定额，以及涵盖多个业务环节的多工序综合定额。其中，单一工序定额关注于某个特定环节的时间及工作量标准；而多工序综合定额则包括一连串相互关联的工序或数个关键工序的时间和工作量标准。在量化管理的框架下，工序定额是图书编目工作中的一种常规方法。考虑到不同工序的任务性质和内容各异，各自的定额标准自然也会有所区别。

（3）人数定额

在图书编目工作中，人数定额是指在一段时间内按照参与完成任务的人数进行量化管理的方法。人数定额又细分为三种：个人定额、团队定额、部门定额。个人定额是指对编目人员个人的时间定额和工作量定额，确保每位员工能清晰地理解自己的任务和责任。团队定额是指一组工作人员的时间定额和工作量定额，例如某特定项目需求，要求多人在限定时间内共同完成的工作量。部门定额指的是图书信息机构对编目部门规定的时间和工作量标准，比如一年内需完成的图书种类和数量。从某种程度上讲，部门定额可以被视为团队定额的一种扩展应用。

在实际操作中，编目部门通常不会单独采用其中一种定额方式，而是结合多种方式，根据实际需要进行综合运用以达到有效的量化管理。个人定额通常用于部门对单个员工的管理和评估，而团队定额和部门定额则更多用于上级机构或图书信息机构对编目部门整体的管理和评估。

2. 工作定额制定方法

在编目工作中，确立工作定额是量化管理的核心。科学地确定工作定额，需要综合考虑编目工作的多种因素，如年度文献采购总量、编目流程及组织方式、编目的深度与范围、参与人员的数量及其基本技能、工作强度、技术条件和使用的设备等。常用的工作定额制定方法如下：

（1）时间技术定额法

时间技术定额法将工作流程拆分成多个时间段，每个时间段包括准备、执行、休息和总结四个环节。它注重于日常工作的实际观察与记录，如同细致的日志记录。通过这种方法，我们可以详细了解工作流程的每一个环节，找出时间消耗的瓶颈。对收集到的数据进行详尽的分析和科学计算后，可以制定出合理的工作定额，在提高工作效率的同时，也保证员工的休息和健康。

（2）经验统计定额法

经验统计定额法是指依据过去一段时间内的工作统计数据和经验丰富的员工的工作成效来设定定额。这种方法认为，历史数据是未来工作预测的重要参考，而经验丰富的员工的实际工作成效能为定额设定提供实践依据。这种方法的优势在于，它能够结合过去的实际情况和员工的实际操作能力，制定出更接近实际工作状态的定额标准。

（3）测试比较定额法

测试比较定额法是指将员工在实际工作中的表现和能力进行测试与比较。通过设置标准化的测试项目，让不同业务能力的员工在相同条件下完成同样的任务，记录所需时间和质量。同时，可以将本单位的工作定额与其他类似单位的定额进行比较，以此来调整和优化本单位的工作定额。这种方法的核心在于，通过实际的工作测试和横向比较，找出最适合本单位的工作定额标准。

不论采取哪种方法，确定工作定额的最终目的都是要确保工作效率和员工福祉的双重平衡。科学合理的工作定额既要基于严谨的数据分析，又要考虑员工的实际工作能力和健康状况。一个良好的工作定额标准，应该在保障工作效率的同时，确保员工不会因过度劳累而影响健康。同时，工作定额在实施一段时间后应保持稳定，避免频繁调整或大幅度变动，除非是因技术条件或生产组织方式的改变。反之，当生产条件、组织方式或技术手段发生变化时，应及时调整工作定额，以提升劳动效率。显然，传统手工编目与现代计算机自动化编目的工作量和定额标准是不同的。

量化管理虽为有效的管理策略，但其潜在问题在于可能过分强调工作数量，而忽视书目数据的质量。质量和数量相辅相成，缺少数量质量便无从谈起，而质量不保障的数量也毫无意义。因此，在推行量化管理的同时，必须强调质量管理和控制，确保编目工作的质量与数量之间达到恰当的平衡，因此质量管理（质量控制）也就应运而生了。

（二）编目工作质量控制

质量控制指的是为确保并提升编目工作效果所开展的一系列活动，包括研究调查、组织调整、质量审核、规范制定和质量反馈等。在传统意义上，编目工作的质量控制主要关注于编目结果与分类编目规范的契合度，即其达到的标准化水平。随着实践的深入，编目工作的质量控制涵义也逐渐扩展。它不单单关注编目成果与规则的一致性，还包括编目工作的规范化程度、对用户服务的适应性和科学性。也就是说，编目部门需要根据用户反馈，评估编目数据和目录结构是否能够满足用户需求。一般而言，编目部门会根据图书情报机构的实际情况和员工分工，灵活选择质量控制方法。

1. 设立编目数据审校岗位

编目数据审校人员专门负责编目数据的核查工作，确保书目数据的准确性和完整性。在质量核查中，若发现数据问题，需将书目数据退回给编目人员进行修改，或由核查人员自行更正。这种方法是一种直接且有效的监督手段，但在核查环节可能造成工作流的堵塞，导致资料处理上的延误。该方法着重于问题的事后处理，而非事前预防，因此成本较高。

2. 采用数据审校分流方式

为缓解核查环节的数据积压问题，可采取数据审校分流方式。编目人员互相进行初步核查，称为初级核查；核查人员则进行抽查，即高级核查。在高级核查过程中，设定一定的容错率，以此来控制编目过程中书目数据的质量。若抽查中的错误率超过预定标准，表明操作过程需调整，对该批数据进行严格监控，以确保书目数据的高质量。此方法虽提高了核查效率，但依旧是在事后进行检验，缺乏有效的预防机制。

3. 建立全面质量管理体系

构建一个全面的质量管理体系是图书编目工作中的关键环节，其目的在于实现高质量书目数据的创建和维护。这种体系被称为"综合质量管理"，其核心是实施"三全"原则，即全员参与、全过程管理和全面的质量管理方法。建立全面质量管理体系可以通过以下几个步骤实现：

（1）标准化与规范化：一方面，必须根据国际和国家的书目著录标准，建立一套完备的规章制度和质量标准。这些标准应涵盖著录和标引规则、工作操作规范等方面，成为编目人员严格遵守的指导性文件。另一方面，需要定期更新这些标准，以适应信息技术和行业发展的新趋势。

（2）统一操作流程：设计一套连贯、高效的工作流程对提高数据质量至关重要。在每个环节设定明确的操作步骤和标准，比如在查重环节，规定具体的操作步骤、数据源选择原则和数据处理方法等，以确保各环节的数据处理达到一致的高标准。

（3）审校与监控：在编目流程中设置专门的审校岗位，负责对编目数据进行定期和随机的质量检查。重点关注的领域包括书目信息的完整性、检索点的准确性、标引的规范性等。这不仅有助于及时发现并纠正错误，还能对编目人员的工作提供反馈，促进其技能提升。

（4）用户反馈机制：用户是书目数据的最终使用者，因此他们的反馈对于质量控制至关重要。建立一个有效的用户反馈机制，如在线调查、意见箱等，可以帮助编目部门更好地理解用户需求，从而进一步提高数据质量。

（5）培训与教育：定期为编目人员提供培训和教育，以确保他们对最新的著录规则和技术有充分了解。这些培训不仅包括技术层面的内容，还应涉及服务理念、用户需求理解等方面。

（6）技术支持与创新：利用现代信息技术，如自动化工具和人工智能算法，来提升编目效率和质量。例如，自动化工具可以帮助快速识别重复数据，人工智能算法则可以在某些程度上辅助审校工作。

（7）持续改进：建立一个持续改进的机制，通过定期评审和调整流程，以适应不断变化的环境和技术。这包括对内部流程、技术应用和员工技能等方面的持续审视和升级。

（8）文化建设：在组织内部培养一种以质量为核心的文化，鼓励每个员工认识到他们在质量管理中的作用。这种文化的建立有助于形成一种自上而下的质量意识，从而提高整个组织的质量管理水平。

全面质量管理理念将质量控制从少数审校人员手中释放，使得每一个编目环节的工作人员都成为书目数据质量的守门人。每个环节又相互形成排错机制，实现了事先预防措施与事后检验的有效结合，这样的质量控制方式更能有效地保证质量目标的实现。

第三节 编目工作的发展与优化

一、图书馆编目工作面临的问题

（一）著录规则的统一规范问题

文献编目，作为连接图书馆与读者的纽带，是开发和利用文献信息资源的基础。编目工作主要依赖于各种文献著录规则。国际上广泛采用的编目规则包括《国际标准书目著录》《书目记录的功能需求》《英美编目条例》等。基于这些国际标准，我国也相继制定了《中文普通图书统一著录条例》《西文文献著录条例》《文献著录总则》等国家标准，作为文献编目的重要依据。随着计算机编目的发展，还发布了《中国机读目录使用手册》《CALIS联机使用编目手册》《中国机读规范格式》等。目前，国际图书馆联合会（IFLA）推广的《资源描述与检索》正逐渐成为国际通用的编目标准。

尽管这些规则和条例的制定旨在实现著录的统一规范，但在实际的文献著录和资源共享过程中，各图书馆根据自己的需求选择适用的标准，同时也面临多种规则带来的挑战。这些挑战主要表现在以下几个方面：

1. 编目规则的多样性：各编目机构根据自身需求选择不同的编目规则，导致著录标准存在差异。

2. 执行细节的差异：即使采用相同的编目规则，不同机构在执行著录细节上也可能出现明显差异。

3. 规则的不断更新：无论是国家层面的编目规则还是机构自定的细则，都在持续修订中，这使得选取原则和著录形式时常出现一致性问题。

4. 编目人员的理解差异：不同编目员甚至同一编目员在不同时间对编目规则的理解和认知会有所不同。

5. 特殊情况的处理难题：所有编目规则都难以详尽列出著录过程中的所有特殊情况，尤其是在实际编目工作中遇到的问题。

这些挑战不仅体现在著录规则的选择和应用上，还反映了编目工作的复杂性和动态性。因此，对于图书馆来说，既要关注规则的统一和标准化，也需要灵活应对各种特殊情况，不断提升编目工作的质量和效率。在这个过程中，如何平衡统一标准和个性化需求，如何处理新旧规则的过渡，如何提高编目人员的专业水平和适应能力，都是亟待解决的问题。

（二）编目对象的类型多样问题

在当今的网络时代，图书馆的信息资源已远远超越了传统的纸质书籍和期刊。资源的形态多元化，包括数字化、多样化的内容，以及其无限性和跨时空的特征。这种变化使得现代图书馆的馆藏范围显著扩大，其中，数字信息资源的收集成为图书馆藏书建设的关键部分。与此同时，编目工作也在不断拓展，从传统纸质文献的分类整理，逐步扩展到包括各种媒体和网络资源的编目加工。

电子资源与传统文献资源的主要区别在于其数量庞大且流动性强。面对电子图书、视听资料和网络资源，如何实现它们的规范化管理，选择何种有效手段进行精确分类和著录，以实现资源类别的清晰编目和整合利用，已成为编目人员面临的一大挑战。虽然一些图书馆已采用多种手段对部分类型的电子资源进行编目处理，但这些做法仍未能充分满足读者对各类电子资源的检索需求。

这种多样化的电子资源组织和检索对传统的编目理论和方法提出了新的挑战。如何在保持传统编目精确性和系统性的同时，适应新型电子资源的特点，成为一个亟待解决的问题。此外，对于编目人员而言，他们需要更新自己的技能和知识，以应对这些新型资源的编目需求。这不仅包括技术层面的挑战，还包括理念和方法论的更新，以实现电子资源的有效管理和利用，提高图书馆服务质量和效率。

（三）编目数据的精准实用问题

在图书馆的编目工作中，标准化的文献著录、统一的数据格式和规范的书目控制是基础性要求。但是，现实中，不少图书馆的书目数据库存在数据质量问题，如信息的不标准、不规范和不实用，这直接影响了馆藏书目数据的整体质量，同时也降低了读者对这些数据库的使用频率。例如，有高校教师在使用图书馆的 OPAC 系统检索图书时，常常遇到信息不全的问题，导致他们不得不额外核实信息或转而在网络书店进行搜索和购买，这虽然增加了费用支出，但大大节省了时间。

这种情形在许多图书馆都有可能发生。当读者需要在图书馆的 OPAC 系统、网络搜索引擎和在线书店之间做出选择时，很可能会倾向于后两者，因为它们提供了更加全面和便捷的信息。这凸显了一个关键问题：图书馆的编目工作若不能有效提升书目数据的精确性和实用性，就难以最大限度地提高读者利用图书馆文献资源的效率。

因此，图书馆需要致力于加强书目数据的精确和实用性，确保编目工作能够真正满足读者的需求。这不仅是对编目专业技能的挑战，也是对图书馆服务理念的考验，目的在于通过高效、准确的编目工作，提升图书馆服务的整体质量和效率，从而更好地服务于广大读者。

（四）编目人员的业务素养问题

随着网络技术在图书馆领域的广泛应用，文献编目的工作模式和环境发生了显著变化，这对编目人员的专业素养提出了新的挑战。一方面，编目人员需要掌握各种编目规则和标准，如分类法、著录标准、机读目录格式、主题词表等；另一方面，他们还需要具备深厚的科学文化知识、文献分析能力和娴熟的计算机操作技能。目前，图书馆编目人员在整体业务素养方面普遍面临以下问题：

1. 编目观念落伍

在信息技术广泛应用的今天，图书馆的编目工作经历了翻天覆地的变化。这种变化不仅体现在编目方法的现代化，也体现在编目人员所需技能的转变上。编目观念落伍具体体现在以下几个方面：

第一，传统的编目方式依赖于纸质材料和手工处理，而现代化的编目方法则利用了各种信息技术，如数据库管理系统、自动化编目工具等。这些技术的应用不仅提高了编目的效率，也增加了编目记录的准确性和一致性。然而，这也意味着编目人员需要掌握新的技能，如数据管理、编程和元数据标准等。

第二，随着编目工作的数字化和自动化，传统的编目技能变得不再那么重要，而新的技能需求正在上升。这对于一些长期从事传统编目工作的人员来说是个挑战。他们需要适应新的工作环境，学习新的技术和方法。然而，并非所有人都能轻松适应这种变化，一些人可能会对新技术感到不适应甚至抵触。

第三，随着MARC（Machine-Readable Cataloging）标准的普及，编目工作越来越多地依赖于标准化的数据格式。虽然这提高了数据的一致性和可交换性，但也可能导致对内容的深入描述和分析被忽视。编目人员可能会过于关注数据格式和技术细节，而忽视了对文献内容本身的理解和解释。这种情况下，编目信息可能无法满足用户日益增长和多样化的需求。

第四，自动化和半自动化工具的广泛应用，虽然减轻了编目人员的脑力劳动，但也可能导致他们对自己工作的重要性产生误解。有些人可能认为现代化的工具可以完全替代人工编目，从而忽视了编目人员在信息组织、知识管理和用户服务中的关键作用。编目不仅仅是一个技术过程，它还涉及对信息的评估和组织，这是任何自动化工具都难以完全取代的。

2. 编目业务的技能单一

在联机编目的新时代，图书馆编目工作步入了网络化的新阶段。这个阶段对编目人员提出了更高的要求，特别是在技能的多元化方面。过去，一些图书馆的编目人员可能认为只需掌握基本的著录程序，完成数据输入和馆藏管理就足够了。但现在，这种单一的技能观念已不再适应时代的需求。

对于专业知识而言，图书馆编目人员需要掌握更加广泛和深入的技能。这不仅包括熟悉各类编目规则和条例，还需要熟练使用本馆的编目软件系统，以便在编目过程中能够灵活解决各种问题。此外，随着国际化的步伐加快，外语能力也变得至关重要。尽管要求编目人员掌握所有外语是不现实的，但至少应具备一定的英语水平，能够使用语言工具书来分析文献中的外语内容，从而更深入地理解文献的内涵。在计算机和网络知识方面的要求也日益增加。编目人员不仅需要掌握计算机的基本操作和常用软件的使用，还应该具备网络搜索的技能，能够有效检索和获取各类信息资源。

3. 学科服务的意识薄弱

在数字化和网络化的背景下，图书馆编目工作经历了显著的转型。随着图书著录工作日益规范、标准化，编目人员传统的角色正在逐步淡化。同时，读者对信息的需求更加广泛和多元，与网络信息资源的繁杂性形成对比。这种状况要求编目人员不仅要关注文献资源的建设，还需承担起学科服务的职责，通过筛选、整理和处理不同渠道的信息，构建相关的书目资料数据库，以满足读者的具体需求。但是，在面对这些变化时，一些编目人员发现难以适应。部分编目人员可能还未能迅速掌握新的技能，或缺乏主动提供学科服务的意识，从而难以对自身的角色进行重新定位，跟不上网络时代的发展步伐。

二、图书馆编目工作发展的前景

在数字技术和网络通信的推动下，图书馆的文献编目工作正经历着一场深刻的变革。传统的、局限的、零散的编目方式正逐步向在线联机编目转变，预示着图书馆编目工作的未来将更加开放和协同。在这个持续变化的网络环境中，对文献资料的管理和编排变得更为重要。文献编目成果的交流和传播，以及地区乃至全国范围内的网络联合编目，是实现书目数据资源共建和共享的关键。这种共享不仅能有效节约资源，还能增强书目数据的应用价值。为了适应这种发展趋势，图书馆的文献编目工作需要在几个关键领域进行加强：一是外包业务的管理，确保高效利用外部资源；二是对网络资源的整合和利用需要更加深入，以提高编目工作的效率和准确性；三是对编目人员的培训和能力建设也至关重要。通过提升个人技能和专业知识，编目人员可以更好地适应新技术的应用，有效推动图书馆编目工作的创新和发展。这些措施将有助于图书馆更好地满足时代的需求，提升其在学科服务领域的作用和影响力。

（一）控制编目外包的规范与质量

在当前图书馆管理的新阶段，编目工作不断向前发展，呈现出成熟化和细分化的趋势。这一发展背景下，图书馆将编目业务的部分环节通过外部合作的方式进行处理。这种外部合作，最初是为了降低运营成本，但渐渐地，它也被视为一种激发图书馆创新和增强其市场竞争力的战略工具。编目外包不仅可以有效减少成本、节约人力资源，还能提升工作效率，更好地满足读者的需求。然而，要想让这一外包模式发挥最大的作用，就需要精心设计适应图书馆需求的外包流程和加工标准，并对编目外包的质量实施严格的监控。

1. 制订编目加工标准

鉴于参与编目外包任务的人员经常更换，且各高等院校对文献加工的要求千差万别，负责管理这一业务的图书馆编目工作人员须建立一套具体的工作制度。这套制度旨在规范文献加工流程，确保外包编目数据的高质量。因此，应根据不同环节特点，制定《文献加工规范》《分类编目操作规程》和《本馆著录标准细则》等相关规章，以指导和规范编目工作。

2. 遴选编目外包书商

在处理编目外包的过程中，图书馆需要实施周密的外包战略，以应对其中潜在的风险。首先，在招标阶段，除了评估书商的市场发展能力和存货管理能力外，更需仔细考察其提供编目数据的效率和组织协调能力，确保其技术水平符合外包任务的需求。接着，在选定书商时，应重视其业绩表现，调整评选标准，适当降低折扣优惠的重要性。优先选择那些技术能力强、信誉良好的书商，并通过签订合约来有效降低风险。

3. 检验外包数据质量

安排具有高专业水准的编目人员，对外包产出的编目数据执行抽查工作，确保数据质量符合标准。编目团队的质量检验需与外包处理流程同步进行，一旦发现数据存在问题或不符合要求，应即刻反馈给外包团队并要求其调整。此外，定期对外包人员进行编目技能的培训，强化他们对细节的掌握，并根据实际情况调整外包的编目规则和规范，以防错误进一步扩散。

（二）加强网络资源的建设与管理

随着互联网的迅猛发展，网络信息资源已成为高校教育中不可或缺的一部分，它为学生和教师提供了丰富的学习与研究资源，极大地丰富了知识储备。但是，随着网络信息资源的迅速增长，师生面临着资源查询与整合的挑战。为了解决这个问题，高校图书馆必须积极投入到网络信息资源的整合与编目工作中，创建一个系统化、规范化的信息资源库，以提高用户检索效率。

在网络资源的编目方法上，当前业界主要存在两种观点。第一种是采用DC（Dublin Core）核心元数据的方式，通过建立一套描述网络资源的系统，以便于用户进行搜索、查询和辨别。DC 元数据以其简洁易懂的特点，成为网络资源快速整合的有力工具。尤其在传统 MARC 元数据在网络资源组织上显得力不从心时，DC 元数据能够提供有效的解决方案。第二种观点主张，采用 MARC 元数据来详尽规范网络资源的描述。MARC 格式以其标准的信息交换格式、多样的检索点、完整的书目描述、适用于不同描述层次的特点，已成为成熟的信息著录格式。其能够实现资源的整合，便于不同系统间的异构检索，并且与本地书目数据库具有良好的兼容性。

鉴于 DC 和 MARC 元数据各有千秋，图书馆可以考虑将两者结合使用，即利用 DC 元数据作为桥梁，实现 DC 与 MARC 的有效映射。这样的做法不仅能整合馆藏和网络资源，还能满足特定领域读者的检索需求。通过这种方法，高校图书馆能够更好地管理和优化网络信息资源，为读者提供更加丰富、高效的信息检索服务。

（三）实现编目职能的扩充与转型

在当今网络化和数字化迅速发展的背景下，图书馆编目工作正在经历一场深刻的变革。这一变化不仅拓宽了编目的范围和深度，也对编目人员的知识体系和技能水平提出了更高的挑战。因此，加强编目人员的综合素质培养，尤其是培育具有多种技能的复合型人才，已成为图书馆工作中的一个关键议题。这样的转型和扩充，旨在应对日益复杂的信息处理需求，提升图书馆的服务质量。

1. 数据督检员

随着图书馆编目业务的部分外包和特色资源库的建设，编目人员的职责已不再局限于传统的编目工作。他们需要具备对外包数据进行严格审查和校对的能力，以及开发和管理特色数据的技能。例如，在外包数据的监督检验方面，由于从编目公司和书商处接收的 MARC 数据存在一定的错误率，编目人员必须对数据的每个字段进行精确检查和校正，从而确保馆藏建设和读者服务不受负面影响。同时，他们还需要在构建特色自建库的过程中，不仅承担常规的建库工作，而且要对文献信息进行深度筛选和加工，推动二次文献数据库的建设，如索引、题录、文摘、综述、评价等。

2. 学科联络员

随着图书馆服务模式从以藏书为核心转变为以读者需求为中心，学科服务和参考咨询已经逐渐成为图书馆的主要职能。在这种背景下，编目人员作为图书馆技术服务的核心力量，也面临着转型的需求。他们需要从传统的编目和分类工作，转变为更为动态和互动性强的"学科联络员"角色。

作为学科联络员，编目人员的角色和职责发生了根本性的改变。他们不再仅仅是在幕后处理图书和资料，而是需要主动走出办公室，与所服务学科的领军人物和教师建立紧密的联系。这种联系不仅限于传统的书籍推荐，还包括对各类数据库和在线资源的深入了解与推广。

学科联络员需要深入了解他们服务对象的具体需求。这包括了解教师的研究方向、学生的学习需求，以及整个学科领域的发展动态。通过这种深入了解，学科联络员能够更准确地推荐相关的新书、期刊、数据库资源，甚至组织专题讲座和研讨会，帮助学者和学生更快地获取所需信息，有效地支持他们的教学和研究工作。

3. 文献导读员

作为熟悉馆藏资源分类布局和组织体系的专业人士，他们在科技进步和社会发展的背景下，应具备引导读者在海量文献资源中发现有价值信息的能力。在这个过程中，编目人员不仅是藏书的管理者，更是智慧和文明的传播者，帮助读者在复杂的信息世界中找到方向，获得启发。这一角色的转型和升级，对于提高图书馆的服务质量和满足读者需求具有重要意义。

三、网络环境下图书馆编目工作优化措施

在网络环境下，图书馆的编目工作面临着前所未有的挑战和机遇。为了适应这种新的工作环境，图书馆的编目工作必须进行创新和优化，以提升服务质量和满足日益增长的读者需求。

（一）更新传统编目工作理念，拓展编目工作内容

传统的编目模式已不能满足当前的需求，因此，必须转变思维，从封闭式处理转向开放式管理。这意味着编目工作不仅仅局限于传统的卡片式加工处理，还应涵盖网络环境下对非印刷型和印刷型文献资料的整理与分类。通过这种转变，图书馆能更有效地帮助读者快速寻找所需信息资源。

此外，工作内容的拓展也非常重要。目前，编目工作往往仅停留在记录文献资料的基本信息如出版者和标题等层面，缺乏对内容更深层次的开发和挖掘。在网络环境下，编目工作人员应当重视对文献资料的深度加工，比如加强文献资料综述、题录和评介等方面的建设。为此，可以设立专门部门，负责管理和加快这些工作的进程。这样不仅能满足读者的多样化搜索需求，还能显著提高他们对图书馆服务的满意度。

（二）合理实施联机编目

网络信息技术的快速发展为图书馆提供了实施联机编目的良机。这要求工作人员利用这些技术优势，结合图书馆自身的具体情况，进行高效的联机编目。例如，积极参与CALIS编目中心，这不仅可以从中复制和套录记录，还能通过外部数据库下载数据，从而大幅提升编目工作的质量和效率。通过这样的措施，图书馆的服务能力和发展前景将得到显著提升。

（三）加强编目人员培训，拓展其服务职能

随着网络环境对图书馆编目工作的影响日益增强，对编目人员的要求也随之提高。图书馆应制定有效的培训和考核机制，确保每位工作人员都能够熟练掌握必要的信息网络技术，以适应网络环境带来的挑战。例如，提供定期的技能培训课程，组织交流研讨会，以及开展实践操作演练等。

随着编目业务的部分外包，编目人员的工作量减轻，这为他们提供了更多的机会去拓展自己的服务职能。除了对已编书目的日常审核外，编目人员可以转移部分精力到直接服务读者上。例如，通过编制推荐书目、提供阅读指导、参与文献信息检索和参考咨询等，编目人员可以更直接地参与到读者服务中。特别是对于那些不熟悉图书馆文献组织方法的读者，编目人员可以提供有效的辅导，帮助他们更加高效和准确地进行资料查询。此外，为了更有效地服务于读者，编目人员应与图书馆的其他部门进行紧密合作。例如，与咨询服务部门配合，提供针对性的文献信息查询和参考咨询服务。通过这样的跨部门合作，可以更全面地满足读者的需求，提升图书馆的整体服务水平。

（四）注重书目数据的维护管理

在图书馆中，书目数据的整理和记录原为馆内编目员所承担。随着这些任务逐渐外包，这些专业人员的职责转变为对数据进行精细的维护和审核。受限于人力和时间，彻底的数据校对变得极具挑战。这一过程中可能遗漏的错误，如分类编号不准确、书名不匹配等，常在检索和借阅流程中显现。面对这一挑战，编目员需在日常工作中加强对读者需求和图书流通情况的观察，与前线的图书馆工作人员保持频繁的交流与沟通。通过这种方式，结合实际反馈，及时发现并纠正数据中的误差。修正后，还需对数据进行持续的动态管理，以确保数据质量的持续提升。在数字化环境下，书目数据的维护和记录仍是图书馆工作的核心，编目工作应更注重读者的需求，以读者视角推进工作，充分展现馆藏资源，提高编目工作的准确性和效率。

（五）积极开发网络、电子资源编目

在数字化和信息化的浪潮下，网络和电子资源的发展日新月异。图书馆的馆藏也因此变得更加多元，如微缩资料、录音资料和光盘等非传统图书资料的出现，丰富了馆藏内容。面对这些日益增多的电子资源，许多图书馆纷纷设立电子阅览室，以更好地服务于读者。但是，目前许多图书馆在电子资源的管理方面仍然处于起步阶段，管理手段较为原始，需要积极进行发展与建设。与此同时，在大数据时代背景下，网络信息量的剧增受到了广泛关注。对此，图书馆需要加大网络资源编目处理的重视程度，并把这一任务纳入重要日程。鉴于目前的编目方式和馆藏状况，编目人员应调整工作重心，合理运用标准化的著录格式来整理网络和电子资源，并将它们纳入馆藏数据库。这样做不仅能够丰富馆藏资源，还能为读者提供更便捷的检索和使用体验。

图书馆的编目工作是一项基础而关键的任务，高质量的编目对图书馆的持续发展至关重要。在网络环境中，图书馆工作人员应深入分析编目工作的各种变化，结合网络特点创新工作模式，提高编目质量和水平，推动图书馆健康发展，为社会提供优质的文献信息服务。

第章

图书馆文献资源建设及编目工作

第一节 图书馆文献类型及特征

纵观人类文明的几千年历程，我们发现，在与自然和社会的互动中，人类从客观世界中吸取了海量的信息。这些信息在经过人类智慧的加工和精炼后，逐步演变成了知识。然而，知识的存在和传播，总是依赖于某种物理载体。在早期社会，这种载体仅限于人类的大脑，导致知识的传递受到时空限制。但随着社会生产力的发展，人类超越了这种局限，创造出了文献这一新型的物理载体，将知识以规则性的信息符号记录下来。文献，作为人类智慧和物质的结晶，不仅记录了人类的知识和活动，也成了科学知识传承和表达的重要形式。

在人类知识传播的历程中，文献扮演着不可或缺的角色。它是图书情报学的核心要素，直接关系到图书馆文献资源的构建。因此，掌握文献概念和特征，对于建设高校图书馆文献资源十分重要。

一、图书馆文献的概念

文献这一概念随着时代的进步而不断演变。在《论语•八佾》中，孔子首次提及了"文献"一词："子曰：'夏礼，吾能言之，杞不足征也；殷礼，吾能言之，宋不足征也。文献不足故也。足，则吾能征之矣。'"意思为孔子说，夏朝的礼仪，我能说得出来，杞国的礼仪却讲不出来；殷商的礼仪，我能说得出来，宋国的礼仪却讲不出来；因为文献保存得不足的缘故。如果文献足够了，那么我就能用来证明我所说的两朝的礼仪，并使人们相信。对于孔子所说的"文献"，宋代的朱熹在《四书章句集注》中注释为："文，典籍也，献，贤也。"典籍是指有关典章制度的文字资料；而"献"同"贤"，是指见多识广、满腹经纶的贤人。这说明古人研究历史，不仅要依靠书本文字记载的资料，而且还要借助于那些贤人口耳相传，可见那时的"文献"一词包含着"典籍"和"贤人"两个方面的含义。

后来，"文献"一词的概念发生了较大的变化，元代马端临在《文献道考，总序》中对"文献"做了比较具体的注释。他认为：凡经、史、会要，百家传记藏书，信而有证者，谓之文；凡臣僚之奏疏、诸儒之评论、名流之燕谈、稗官之记录等，一语一言，可以订典故之得失，证史传之是非者，为之献。可见，随着人类记录知识手段的发展进步，书籍文章的增多，"文献"一词偏向于"文"，逐渐演变为专指那些具有历史价值的文章和图书，而"贤"的含义逐渐消失。

科技进步的浪潮带来了知识的爆炸式增长，伴随着多样化的知识记录方式和载体的诞生，文献的范畴日益拓宽。在这样的背景下，对文献的定义也呈现出多元化的趋势。国际标准化组织在《文献情报术语国际标准（草案）》中对文献进行了明确的界定，将其定义为能够在存储、检索、应用或传递信息过程中作为一个单元来处理的载体，这些载体能够存储信息或数据。文献，作为记录人类智慧和知识的媒介，不限于文字和图形，还扩展到声音和视频等多种形式。这种知识记录可以是实体的，如印刷在书本、杂志上，也可以是数字化的，比如存储在电子介质中。文献的类型繁多，从传统的图书、期刊到会议记录、科技报告、专利描述、学位论文乃至科技档案，种类繁多。现代文献的形式更加多样，涵盖了各种声音和图像记录的知识。文献在记录、保存、分享和传承知识方面发挥着至关重要的作用。在人类社会的信息获取和交流中，文献是最基础且核心的资源。

二、图书馆文献的类型

在当今时代，图书馆中的文献资源远远超越了传统的纸质印刷品。深入了解这些多样化的文献类型，可以有效地构建和管理图书馆的文献资源。文献的种类可按照其载体形态、内容特点及处理深度、出版方式等因素进行分类。具体而言，文献类型主要包括以下几个方面：

（一）按文献的载体形式划分

文献资源的概念，源自图书馆传统的"藏书"观念，体现了人类对文献理解层次的不断深化。文献资源，与国家资源、矿产资源、森林资源等同，是人类社会极为珍贵的财富。它代表了社会智力的积累，是知识的物质化表现。文献资源的集聚，构成了国家知识的储备，是国家科学研究能力的关键组成部分。其丰裕程度和存量水平，成为衡量一个国家文明程度及其经济、文化、科学技术综合国力的关键指标。持续而高效地挖掘和利用文献资源，能够为人类社会带来巨大的社会与经济效益，这些效益往往难以量化。在现代社会中，文献资源具有快速增长、形式多样、类型丰富、内容广泛等特点。文献资源具有可重复使用、复制和传播的特性，通过选择、组织和布局，可以进行积累、改造和优化。其价值潜在，产生的社会和经济效益则是间接且深远的。文献资源的提取、开发和效益评估需要采用特殊的方法和手段。只有通过不断的积累、开发和利用，文献资源的价值才能得以充分体现。因此，图书馆在注重收集和组织的同时，也应重视对馆藏文献资源的开发利用，以及其带来的效益和环境保护方面的研究。

图书馆在建设馆藏文献资源时，应从专业建设、学科发展、教学科研需求等方面出发，依托现代文献发展的趋势和师生的使用习惯，进行文献资源的收集、整理和开发。目前，图书馆所拥有的文献资源，主要包括以下几种类型。

1. 印刷型文献资源

印刷型文献资源是指以纸张为载体，通过印刷技术记录文字和图像的资料。这类资源包括图书、杂志、报纸、图片和画册等多种形式。作为图书馆中最常见的藏书类型，印刷型文献资源的采购经费通常占据图书馆总预算的一半至三分之二。

2. 缩微型文献资源

缩微型文献资源是将纸质文献通过光学摄影技术缩小并固定在感光材料上的资料，包括微缩胶卷、微缩平片和微缩卡片等。随着电子和网络技术的发展，微缩文献资源由于阅读不便，正逐步被数字化文献所替代。目前，图书馆通常不再制作或采购新的微缩文献资源，只保留已有的藏品。

3. 数字型文献资源（简称数字资源）

数字型文献资源指的是所有以数字格式存储的资料，其范围广泛，形式多样。这类资源既包括网络上免费的信息，也包括出版商或数据库提供商生产和发行的商业化正式出版物。数字化文献资源大致分为电子型文献资源和网络型文献资源两种。

（1）电子型文献资源

电子型文献资源是一种将文字、声音和图像信息存储于磁带、磁盘、光盘等介质的资源。这种资源包括实体媒介，如光盘版的数据库和声像资料，例如各大学图书馆收藏的"百家讲坛"系列。随着网络资源的兴起，图书馆对电子文献资源的需求更加集中于声像类材料。相比之下，光盘版数据库由于其对硬件的高要求和使用上的不便利，其在图书馆预算中的比重正在逐渐减少。

（2）网络型文献资源

与实体的电子型文献资源不同，网络型文献资源是无形的，依托现代技术，通过计算机网络来搜集、整理和传递那些存放在图书馆以外的信息资料，也被称作虚拟文献资源。

网络文献资源主要包含两大类：一是可在线检索的数据库，二是互联网上的信息资源。这些资源，不论是图书馆购买、租借、接受捐赠还是自行创建（如扫描、转码、输入），只要拥有数字格式且可通过磁盘、光盘或网络获取使用权，均属于网络文献资源。

目前，图书馆的网络型文献资源可归纳为七类：电子图书（包括学术专著、学位论文、教科书、标准、技术报告等）；电子期刊（由出版社、学术机构或集成商提供）；实用工具资源（如考试系统、参考文献管理工具等）；教育型数据库（主要涵盖语言学习和素质教育的文本和多媒体资源）；综合性和专业性的文摘索引数据库；数值型数据库（主要涉及经济和金融统计数据）；集成商提供的全文数据库（含报纸、杂志、期刊等混合型资源）。

随着科技进步和计算机技术的普及，网络型文献资源在图书馆的文献采购预算中所占比重逐年上升，目前已占到总预算的约 $1/3—1/2$。

（二）按文献的内容性质和加工程度划分

文献按照内容特性和加工程度分为不同的级别，主要包括零次文献、一次文献、二次文献和三次文献四类。

1. 零次文献

零次文献是指作者亲自创作但未经正式出版的原始资料。这类文献包括个人笔记、草稿、手写稿、私人信函、新闻稿件、工程设计图纸、考察记录、实验笔记、调查报告、原始统计数据和技术档案等。与一次文献相比，零次文献的记录形式、内容价值和加工程度存在差异。由于这类文献未经官方出版和流通，获取和利用起来颇具挑战，通常不作为常规的文献资源使用。

2. 一次文献

一次文献，也被称作原始文献，是指作者首次正式发表的原创作品，如图书、期刊文章、科技报告、会议论文和专利说明等。这类文献基于一手的生产活动或科研成果创作而成，内容前沿，观点深刻，叙述详尽，信息量丰富，具有极高的参考价值。一次文献是衍生二次和三次文献的基础。

3. 二次文献

二次文献是在一次文献基础上，经过加工、提炼、整理而生成的检索工具，包括各类目录、题录、索引、简介和文摘等。被称为"检索性文献"或"通报性文献"，二次文献由图书情报工作人员在大量收集一次文献的基础上，通过分析、整理、重组后发布。它们的主要作用是帮助读者快速获取大量一次文献信息，具备集成性、工具性、综合性和系统性特点，是存储和利用一次文献的关键途径。

4. 三次文献

三次文献则是基于二次文献提供的信息，选择大量一次文献内容，经过系统分析、综合和评述后再次出版的文献。这类文献包括综述研究（如专题评论、总结报告、行业动态、前瞻性预测等）、参考工具类（如年鉴、手册、百科全书、词典、全书等）和文献指南类（如专业文献指南、工具书目录等）。三次文献是经过高度浓缩和加工的再生科研资料，以其内容的集中性、针对性、参考性和指导性而著称，是获取和掌握信息的重要渠道。

（三）按文献的出版类型划分

依据出版类型，文献一般可分为以下类型。

1. 图书

图书作为传播知识与文化的重要媒介，按照内容和用途可分为多种类别。总体而言，图书是对特定领域知识进行阐述或介绍的出版物，具备完整的内容结构、一定的篇幅和装帧形式。具体来看，图书可划分为以下三大类：一是阅读性图书，这类图书主要用于阅读和学习，包括教科书、科普读物以及各类生产技术相关书籍。这些图书可能是单册出版，也可能是多卷本或丛书形式。例如，教科书就是这一类别的典型代表，它们是教学和学习的基础资料，覆盖了从《高等数学》到《大学英语》等各个学科领域。

二是检索性工具图书。此类图书包括书目、索引和文摘等，主要用于信息检索和资料查询。它们为读者提供了便利的工具，以快速查找和获取所需信息。三是参考性工具图书。参考性图书如指南、手册、年鉴、百科全书、辞典和字典等，提供了详实的信息和数据，是研究和学习的重要辅助资料。

（1）教科书

教科书是教育过程中的基本教学资料，供师生在教学和学习中使用。它们以标准化的内容和结构，全面覆盖特定学科的知识体系，如《高度数学》《生物学》《经济学》等。

（2）科普读物

科普读物旨在将科学知识、方法、思想和精神普及给大众。这些书籍以易于理解的方式介绍科学技术，旨在提升公众的科学素养，激发对科学的兴趣，并帮助公众参与到科技政策的讨论中。代表性的科普读物包括《量子物理的故事》《科学的游戏》《世界改变者的方程式》《时间的简明史》等，这些作品不仅提供知识，也启迪思考。

（3）一般生产技术图书

一般生产技术图书主要记录和传播工业生产领域的技术知识。它们以书面形式详细介绍特定的生产技术，比如《曲轴锻造技术探究》《烟花与爆竹的安全制造指南》等，为专业人士提供宝贵的参考资料。

（4）卷书

卷书是指每一册都是一本独立完整的作品，不依赖于其他卷册。例如，《红层软岩工程地质研究》《英美文学经典解读》《行政法解析及案例研究》等，每本书都是一个完整的知识单元。

（5）多卷书

多卷书是将一个完整的作品分成两卷或更多卷出版。这些书籍通常在一个总标题下发布，各卷通常不单独命名。如《宋代历史全纪》《高级神经病学参考全书》《近代中国社会与文化变迁研究》等，都是多卷本书籍的典范。

（6）丛书

丛书是指将多种单独的著作集结成一套，并赋予一个总名称。丛书可分为综合性和专门性两类。中国古代的丛书如《四库全书》《四部丛刊》等，是综合性丛书的代表。现代则有如《现代草坪建植技术系列》《中小学教师教学艺术系列》《日常生活咨询手册系列》《生态旅游与法律指南系列》等专门性丛书。

（7）书目

书目是按特定顺序编列一系列相关文献的工具书，用于展示和报告文献信息。例如，《国内新书汇编》《比利时文献目录》《中学生推荐阅读目录》等。

（8）索引

索引是对文献中关键信息进行摘录和有序编排的工具书，包括书名、作者、出版地、引用文献、关键字、人名、地点等。例如，《全国新闻媒体索引》《中文社科引文目录》《工程技术索引》《中国行政区域索引》等。

（9）文摘

文摘通过收集首次发布的文献，在指定的知识领域中进行全面报道。它不仅记录文献的基本信息，还提供内容摘要，是一个系统报道、积累和检索文献的重要工具。例如，《新闻摘要》《计算机科学摘要》《读者文摘》《化学研究摘要》《医学研究摘要》等。

（10）指南

指南是系统介绍文献、科研进展、人物、机构、旅游景点、商业信息等的工具书，旨在帮助读者全面了解相关情况。例如，《商业信息指南》《电视节目指南》《中考备考指南》《创业路径指南》《手足口病防治手册》等。

（11）手册、年鉴

手册通常集合某一领域经常查询的资料，比如基础知识、基本数据、公式、规章等，便于快速参考。它们可分为综合类和专业类两种，例如《高考志愿填报全指南》《企业员工指引手册》《汽车修理指南》《机械设计参考手册》《深圳旅游指南》《旅行指导手册》等。

年鉴则专注于翔实、系统地记录上一年度的各项活动和发展情况。年鉴通常汇集一年间的重大事件、文献和统计数据，例如政府公告、重要新闻报道、统计机构的数据等，并持续年度出版。它博采众长，集辞典、手册、年表、图录、书目、索引、文摘、表谱、统计资料、指南、便览于一身，具有资料权威、反应及时、连续出版、功能齐全的特点，主要作用是向人们提供一年内全面、真实、系统的事实资料，便于了解现状和研究发展趋势。年鉴分为综合类和专业类两种，如《中国综合年鉴》《世界大事记》《百科事典年鉴》《都市纪事》《上海年度纪录》《湖北大典》等；专业类年鉴例如《中国经济动态》《中国影视年鉴》《中国信息科技年鉴》《中国统计摘要》《长江纪年》等；知名年鉴如《世界事记》《咨询大全》《惠特克记录》《政治与经济年鉴》等。

（12）百科全书

百科全书作为汇集人类知识精华的工具书，不仅囊括了各个知识领域，也是文化和科学发展的一个缩影。其目的在于为寻求知识和事实资料的人提供参考，同时拓宽知识视野，帮助系统学习。百科全书的魅力在于其内容的全面性，将多种类型的工具书元素融为一体，涵盖了广泛的知识领域，被誉为"无形的学府"。例如《大英百科全书》《美利坚合众国百科全书》《全球大百科事典》《中华百科全书》《中国军事知识百科》《中国美食百科》《中国古代知识宝库》《中国少年儿童百科》等。

（13）词典（辞典）

词典主要用于解释词汇的含义、概念和使用方式，是查询语言资料的重要工具。广义上的词典包括语文词典和其他以词汇为主要收录对象的工具书；狭义上则专指语文词典。一般由前言、使用说明、主体内容、附录和索引等部分构成，以词条形式详细解释每个词目。根据不同的分类标准，词典有多种类型。例如，汉语词典按内容可分为语文词典、学科性（百科）词典、专业名词词典等，如《柯林斯英语大词典》《汉语综合大词典》《牛津英语大词典》《辞海》《牛津高级英语学习词典》《英汉电子技术词典》《科学与技术社会学辞典》《税务专业辞典》等。随着科技进步，词典已逐渐向电子化转型，人们可以通过网络方便快捷地访问所需信息。

（14）字典

字典是一种提供字词发音、含义、例句以及用法的参考工具书。根据不同的特点，字典大致分为两类：一是详细解释字典，这种字典对字的结构、发音和含义进行全面阐释，比如《新华字典》和《汉语大字典》等；二是特定主题的字典，也被称为专项字典，它专注于解释字词的某个特定方面，例如正字字典、发音字典、虚词字典、生僻字字典等。

现代字典具备多种实用功能，其中两个主要功能尤为突出：一是促进交流，帮助用户理解和翻译文字；二是作为知识的载体，专注于某一特定主题或领域的知识探索。

2. 期刊

期刊，通常也称为杂志，这一名称源自英文的"magazine""periodical"和"journal"。它们通常指定期出版的连续刊物，具有稳定的出版周期、固定的刊名，并标有卷期或年月信息。期刊通常围绕特定主题、学科或研究对象，集合多位作者的文章、研究资料或信息，由专业编辑团队负责编辑和出版。

期刊的种类繁多，根据其内容和侧重点分类，主要包括学术性期刊，关注学术研究和理论探讨；政论性期刊，专注于政治议题和评论；行业性期刊，聚焦特定行业的动态和发展；资料性期刊，提供各类重要资料和信息；检索性期刊，便于检索和参考的信息类刊物；报道性期刊，关注时事新闻和报道；评述性期刊，提供评论和观点；通俗性期刊，面向大众的读物；以及文学艺术性期刊，专注于文学和艺术领域的作品。每种期刊都有其特定的读者群和出版目的，共同构成了丰富多彩的期刊出版领域。

3. 专利文献

专利文献，这一术语通常指涵盖了各类申请或认证的发明、实用新型、工业设计等研究成果的文件。这些文件可能包括出版或未出版的文档（或其摘要），旨在记录发明和创新的细节，同时保护发明者和专利权所有者的合法权益。专利文献主要由国家专利局发布，形式多样，包括但不限于专利说明书、专利公报、专利摘要、专利索引和分类表等。专利说明书作为专利文献的核心部分，详细介绍了发明的目的、结构和效果。这些说明书在专利局的审查之后，会被公开发行，让全球公众都能够了解相关技术的详细信息。

专利文献可以分为三大类：一次专利文献，如专利说明书；二次专利文献，例如专利公报、专利目录和专利摘要；专利分类资料，比如专利分类表、分类索引、关键词索引等。通过这些资料，人们可以系统地了解、检索和研究特定领域的专利技术和发展动态。

4. 标准文献

标准文献，是指由权威机构认证并发布的一系列规范性文件，这些文件在特定的领域内提出了必须遵守的规格、规则和技术要求。它们主要围绕工业产品质量、规格及其检验方法等技术规范进行阐述。根据其性质和内容，标准文献可分为不同类型。技术标准主要涵盖基础标准、产品规范、方法规范、安全及环保标准等，而管理标准则包括技术管理、生产组织、经济管理、行政管理以及工作流程等方面的规范。此外，标准文献的适用范围也有所不同，可以划分为国际标准、区域性标准、国家标准、行业标准以及企业标准。同时，这些标准根据其制定和实施的成熟程度，可分为法定标准、推荐标准、试行标准和标准草案等类别。一个国家的标准文献反映出该国在生产工艺和技术经济政策方面的水平。而国际标准，尤其是那些由国际标准化组织和国际电工委员会等主要标准化机构制定的标准，往往代表着全球技术的前沿水平。这些国际标准和先进国家的标准是科学研究和生产活动的重要指南。

5. 会议文献

会议文献，通常是指在国际或国内学术、专业会议中所呈现的论文、报告以及相关文档的总称。这类文献经常以会议记录的形式出版。根据会议进行的不同阶段，会议文献可以分为三种主要类型：会前文献、会中文献和会后文献。会前文献主要包括征稿通知、会议预告、日程安排、预发表论文以及论文摘要等。其中，预发表论文是在会议前几月提供给参会者或进行公开销售的资料，这些资料通常比正式会议记录更早发布，但可能在内容的完整性和准确性上略逊一筹。会议期间的文献则涵盖了开幕词、演讲、讨论记录、会议决议以及闭幕词等内容。而会后文献则包括会议记录、论文集、学术讨论会报告、专题杂志等，其中会后文献是最主要的部分，它们将会议中的论文、报告和讨论整理汇编，并进行公开出版或发表。由于会议文献没有统一的出版方式，它们通常被收录在各学术协会的期刊中，作为特刊、专辑或增刊发布，或在专门刊登会议记录和论文摘要的期刊上发表。

6. 科技报告

从 20 世纪 40 年代开始，科技报告作为一种文献类型开始广泛流行。这类报告也被称作研究报告或技术报告，主要记录了国家、政府机构或科研单位在某一科学研究项目中的阶段性进展或是研究成果的汇总。

科技报告可以根据其来源和性质被分为多种类型。这些类型包括工作报告、会议报告、实验报告、调查报告和科研报告。同时，它们也可以根据报告内容的不同，被划分为专题报告和综合报告。此外，从时间维度考虑，科技报告还可分为年报、季报和月报。而从活动进展的角度看，它们可被分类为初步报告、进展报告和总结报告。

出于对尖端技术或国家安全等方面的考虑，一些科技报告会被划分为不同的保密等级,如绝密、机密、内部使用和公开发行等。

7. 学位论文

学位论文通常是高校或研究机构中的学生在导师的指导下,为了获得相应学位而撰写的科研成果或实验成果的书面报告。这类论文反映了学生的科学研究能力和实验成果,是学位授予体系的直接产物。不同国家和地区的教育体系下,学位的类别和层次各异,因此学位论文也分为学士、硕士和博士等不同级别。这些论文通常聚焦深入且专业的议题,尽管存在质量上的差异,但多数展现出创新性思考。特别是博士学位论文,往往具有较高的学术研究价值。大多数学位论文不对外公开,仅作内部学术交流之用。但也有部分优秀作品,在答辩成功后,以科研报告或学术期刊文章的形式对外发布。

8. 产品技术资料

产品技术资料是介绍产品特性以促进其在市场上的宣传和销售的一类资料。这些资料包括产品目录、样本、说明书、厂商概况、产品列表、数据手册、企业刊物、外贸出版物等。一般而言,产品样本会详细描述产品的性能、结构、应用、使用方法和操作流程,通常包含产品的外观照片和结构图。这些资料的内容经过精心编制,提供的数据也较为可靠。人们通常可以直接向生产商索取产品技术资料,或在地方情报机构中查询。一些已经编纂成册并正式出版的产品技术资料,还可以在图书馆找到。

9. 科技档案

科技档案指在科学研究和生产建设过程中形成的,具有参考价值并被保存的技术文档。这些档案包括技术文件、图纸、图表、照片和原始记录等。根据科技活动的性质,科技档案可以分为科研档案、工程建设档案、生产技术档案、设备管理及维修档案等;按专业领域则可分为工业技术档案、农业技术档案、交通运输档案、城市建设档案等。这些档案的内容丰富,包括任务书、合作协议、技术标准、审批文件、研究计划、方案草案、技术措施、调研资料、设计资料、实验和工艺记录等,是科研工作中积累经验、总结教训的重要资料来源。由于科技档案一般用于内部参考,不对外公开发行,并且有些档案还设有保密级别限制,因此在参考文献和检索工具中很少被引用。

10. 政府出版物

政府出版物,是各国政府机构或其下属专业部门负责编辑、印制的文本和图像,包括音像制品和电子文档等。这类出版物作为政府传达文件精神、展现思想及政策方针的重要媒介,扮演着传递政府意志和行为的关键角色。同时,它们在社会中发挥着影响力,成为政府意图和政策效果传播的主要方式。政府出版物的范围十分广泛,涵盖社会科学、自然科学在内的多个学术领域。按照文献性质分类,政府出版物可以细分为行政性文件和科学技术文献。行政性文件包括法令、政策方针、规章制度及各类调查统计资料等,而科学技术文献则涵盖研究报告、技术政策、科教文化统计资料及会议记录等。例如,《中国统计年鉴》便是一种典型的政府出版物。政府出版物与其他文献类型相比，在发布时间和频率上有所不同。相较于期刊这类出版物的快速多样性，政府出版物因其特殊性和精确性，出版量相对有限。与题录、目录、文摘相比，政府出版物通常更早发布，因其内容直接来源于政府行为和决策。而图书、综述和百科全书则需更长时间准备，因为它们需要综合大量一手资料。

三、图书馆文献的特征

（一）图书馆文献的总体特征

1. 数量庞大，增长迅速

随着科学技术的不断进步，记录知识的文献数量也在稳步增长。现代科技的飞速发展和研究人员队伍的扩大使得文献作为知识的产物呈现出显著的增长趋势。尽管文献的增长有其历史阶段性特点，且不可能无限增长，但这种增长趋势对于我们理解文献发展速度具有重要意义。

2. 内容交叉重复严重，冗余性大

科学技术的迅猛发展，科研机构和科研人员的激增，国际交流合作的频繁，以及竞争的加剧，导致了文献内容的重复和交叉现象日益显著。这种现象主要体现在以下几个方面：

第一。同一科研成果以多种形式发布：例如，一篇科研论文可能先在学术会议上报告，后在期刊发表。

第二，一个发明可能在多国申请专利，并以不同语言发布专利说明。

第三，多国间的相互翻译出版行为：相同内容的文献被译成不同语言，占据了全球图书出版的一大部分。

第四，相同内容的文献以多种形式出版：如某些科技报告既有印刷版，也有缩微版，甚至以电子版形式出现。

3. 载文相对集中却又高度分散

在当代科学技术快速发展的背景下，学科的细分与融合并行，产生了越来越多的分支学科和交叉学科。这一趋势导致了专业文献在分布上的极大不均匀性：在某一专业领域的论文，一方面相对地集中在一小部分专业性刊物上；另一方面又高度分散在其他业内知名度高的相关领域的刊物上。这种分散性使得全面掌握专业文献变得更加困难。因此，深入了解布氏文献分布定律，精准识别和利用高载文率、信息量丰富的核心期刊，对图书馆文献资源的构建至关重要。

4. 形式复杂，语种繁多

随着科技的进步，文献不仅内容丰富，其载体形式也在不断变化。现代文献已经超越了传统的纸质印刷模式，涵盖了各种现代技术和新材料的应用。例如，缩微平片、录音带、录像带、计算机磁带、磁盘和光盘等新型文献载体相继出现，形成了多种文献载体并存的局面。此外，文献使用的语种也在不断增加。从20世纪40年代主要使

用英、德、法等几种语言，到现在已经涵盖数十种语言。例如，俄罗斯的《文摘杂志》就引用了 66 种不同语言的文献，美国的《化学文摘》也使用了多种语言。这样的语种多样性在一定程度上增加了文献收集、整理和利用的难度。

5. 时效性强，新陈代谢加速

在人类社会和科学技术不断进步的今天，科学知识在累积的同时，也在快速更新换代。因此，虽然新文献不断涌现，但同时也有许多旧文献因信息过时而逐渐失去其价值，这正是文献生命周期的一个重要特征。特别是在现代科技快速发展的背景下，文献的有效期已经大幅度缩短。例如，图书的使用寿命大约在 10 至 20 年之间，期刊论文则在 3 至 5 年，而科技报告、学位论文、标准文献等的使用寿命也有所不同，多数科技文献的平均寿命不超过 5 年。因此，对文献生命周期规律的研究，以及对文献半衰期的了解，对图书馆文献的收集、评审、淘汰、规划和利用都具有极为重要的意义。

（二）不同出版类型文献的具体特征

1. 图书的特征

图书以其鲜明的主题、系统的结构和稳定的可靠性而著称。然而，出版周期相对较长，信息更新较慢，通常被用作系统性学习的资源。

2. 期刊的特征

期刊以其最新的内容、快速的报道、丰富的信息量著称。它们具备多样性、兼容性和集群特性，是科技信息传播和学术交流的基础。期刊所拥有的信息占据了所有信息来源的 60% 至 70%，成为科研人员的主要参考资料，同时也是教育和研究工作中深入探究特定问题的重要途径。

3. 专利文献的特征

专利文献因其法律性、实用性、可靠性、创新性、重复性、系统性和阅读难度而独树一帜，对教育和科研人员，特别是工程技术人员在结合实践和启发思维方面，具有重要的价值。

4. 标准文献的特征

标准文献作为规章性文档，具有法律约束力，适用范围和用途明确，高度可靠。其特点还包括系统性、完整配套性以及频繁的更新。一般标准的平均使用寿命约为 10 年，而在新技术领域，标准的有效期通常只有 3 至 5 年。

5. 会议文献的特征

会议文献以其及时传递信息、内容的新颖性、专业针对性强、类型丰富和出版形态多样化著称。它们能够迅速地展示科学技术领域的最新发现、成果和发展趋势，代表该领域的前沿成就。因其高度的启发性和参考价值，会议文献成为科技文献的重要组成部分，是获取最新信息的关键来源之一。

6. 科技报告的特征

科技报告在内容上比期刊论文更专业、深入、详尽且可靠，是一种珍贵的信息资源。其特点包括真实性、新颖性、动态性、传播方式的独特性和不公开发布的性质，通常由相关管理机构定期发布。

7. 学位论文的特征

学位论文具有显著的学术性和原创性，对科研和教学工作提供了高度的参考价值。

8 产品技术资料的特征

产品手册通常详细描述了成品的性能、结构、用途、使用方法和操作程序，其内容成熟、数据可靠、图文并茂，形象生动，发布速度快，多数是免费提供。

9. 科技档案的特征

科技档案具有较高的保密性，主要用于内部参考。在参考文献和检索工具中很少被引用。

（三）电子型文献资源的特征

1. 存储量大、体积小

电子型文献资源使用声波、光波和电磁波作为存储媒介，与传统的印刷文献大相径庭。例如，一张直径300毫米的光盘能存放高达100万页的16开文字资料，这样的存储容量大幅减少了物理空间的需求。

2. 阅读不便，利用率低

电子型文献资源的使用依赖于计算机等硬件设备及相应软件。随着电子文献数量的增加，如光盘等存储设备的需求也随之增长，这对条件相对落后的图书馆构成了一定的挑战。此外，文献数量的增加导致检索工作变得更加复杂，这可能对读者的使用体验产生负面影响。

（四）网络型文献资源的特征

1. 数量庞大，类型繁多

互联网上汇聚了各类信息资源，种类繁多，数量庞大。例如，谷歌等大型搜索引擎公司与多个世界知名图书馆合作，将大量图书数字化并上网，形成了一个规模庞大的网上图书馆系统。

2. 依赖信息基础设施

网络型文献资源的获取和使用，依赖于电信网络、服务器、交换机以及计算机等基础设施。当前，全球互联网用户已达数十亿，中国用户约9亿至10亿，国内图书馆主要通过国内高教科研网络接入国际互联网。

3. 传播速度快，更新及时

网络型文献资源因其在线性质，具有快速更新和及时传播的特点。许多新闻网站、在线学术文献库和电子期刊等，都能够实现每日内容更新，确保信息的时效性和新鲜度。

4. 检索方便，利用率高

为方便用户在海量网络信息中寻找所需资料，多家开发商设计了各种搜索引擎，如搜狗、百度等。此外，很多网络学术文献库和在线图书馆都提供了高级检索功能，用户可以通过题名、作者、关键词等方式快速定位所需信息。

第二节 文献资源特色建设策略与质量管理工作

一、图书馆文献资源建设的必要性

图书馆在推动文献资源共建共享的过程中扮演着关键角色。面对经费限制的现实，各图书馆新书的采购量逐渐减少，全面收藏各类文献资源对于任何图书馆而言都是一项艰巨的任务。由于不可能满足所有读者的需求，因此，共建共享文献资源成为图书馆发展的关键目标。为实现这一目的，图书馆应当采取分工合作和资源共享的策略。资源共享需基于互惠互利原则，即在共建共享过程中，各图书馆需将资源的奉献与索取结合起来。为了响应这一需求，各图书馆应根据自身特色和重点学科，构建具有自身特点的专题文献数据库。借助这些"独特优势"，不仅能彰显自己藏书的独特魅力，更能为社会提供独具特色的服务。通过这种方式，不仅丰富了馆藏，还为文献资源的共建共享做出了重要贡献。

此外，随着高校招生规模的不断扩大、学科专业的日益细分以及学生个性化需求的增长，图书馆面临的挑战越发严峻。缩微技术和网络技术给图书馆带来了巨大变革。在这种网络环境下，图书馆不仅保留了传统的印刷版图书，还引进了电子书籍和各类数字资源，显著提升了馆藏能力和服务水平。然而，这也带来了新的挑战，特别是在信息资源建设方面，需要图书馆进行更加细致和前瞻性的规划。

信息资源建设在图书馆的发展发挥着重要作用。正如《中国大百科全书》所述，图书馆不仅是收集、整理、保存文献资料的机构，更是为读者提供这些资源的重要场所。传统图书馆通过有序集合的信息资源，成为人类智慧、文明与精神财富的传递中心，同时也是历史记忆的载体。而随着科技的进步，电子图书馆、数字图书馆及虚拟图书馆等现代图书馆形式应运而生，这些都是高科技与传统图书馆融合的产物，代表了传统图书馆向现代化的转型。

在信息资源建设方面，图书馆面临的挑战与机遇并存。在当前的网络环境下，图书馆并非唯一的信息服务提供者。众多在线平台、出版社和商业公司均在网络上提供信息服务。特别是在中国加入世界贸易组织后，外国的大型信息服务机构凭借先进技术和丰富资源，在中国的信息服务市场迅速占据一席之地。这一现状为中国的图书馆带来了前所未有的竞争压力。为了在这场竞争中立于不败之地，强化图书馆的信息资源建设显得尤为重要。

此外，中国高校的合并活动也是教育界的一大焦点事件。这些合并旨在通过互补学科优势、充分利用教育资源来提升办学效率。在此背景下，图书馆作为高校的重要组成部分，面临着如何在合并后的高校中更好地发挥其作用、科学合理地进行文献资源建设的挑战，这无疑是合并后图书馆的首要任务。

（一）有利于文献资源的共建共享

为了应对公众对文献信息日渐增长的需求，各图书馆纷纷采取共建共享文献资源的策略。全国图书馆外文期刊协调网就是清晰的例证，这是一项在全国高校图情工委的支持下成立的共建共享外文期刊的组织。在教育部"211工程"下，"CALIS"也是一项在更广泛领域内进行文献资源共建共享的项目。与此同时，地方性的协调组织也纷纷崭露头角。图书馆合并的优点在于，能更有效地运用经费，提升文献资源的采购效益。

在合并前，各个图书馆根据自身任务和读者需求来进行文献资源的建设，这无疑有其自身的局限性。再加上馆际协调网的约束力不足，此时往往会导致文献购置出现一些重复或缺失的情况。但是，图书馆合并后，作为一个大型图书馆，可以对文献资源的建设进行统一规划，这不仅能够解决小型图书馆所面临的局限性问题，而且能够显著减少文献的重复采购或者缺失的问题。

（二）有利于提高文献的"投入—产出"比率

现代图书馆极其重视文献资源的使用情况。在过去，我国许多图书馆的文献资源使用率并不理想，导致大量文献资源闲置。随着高校的整合，学校的学科专业范围将得以扩展，这对于提高文献资源的使用效率将产生积极影响。此外，图书馆合并之后，将有更充分的条件对馆藏文献资源进行全面规划。这样的规划能够确保馆藏文献涵盖学校的所有学科专业，并且重点收集国家重点学科和博士点学科的相关文献。同时，对新兴学科和边缘学科的文献资源也给予足够的关注，这将极大地提升馆藏文献的使用效率，使其"投入—产出"比率达到更理想的水平。

（三）有利于建立特色藏书

特色藏书是图书馆馆藏特色和重点的体现。图书馆的藏书本身就呈现了专业的特点，这使得其专业文献在某种程度上已经具备特色藏书的性质。但是，由于资源和经费的限制，单一图书馆往往难以全面收藏所有学科的文献，即便是重点学科的文献收藏也经常面临经费不足的问题。高校合并后，尽管文献购置经费增长有限，但总量的增长却为系统性的收藏某些重点学科文献提供了可能，这对于建立特色的藏书具有重要意义。合并后的图书馆为了更好地建设文献资源，需要采取一系列配套措施。

第一，建立一个单本书库。传统上，图书馆普遍设有单本书库。例如，佳木斯大学图书馆在合并前的各个学院都有自己的单本书库。合并之后，可以考虑不再在每个分馆设立单本书库，而是建立一个中央化的单本书库。为方便读者使用，可以根据学科专业的分布，将单本书库的藏书按学科特点分布在不同的校区。例如，医学文献可以存放在医学院所在的校区，工程和技术类文献存放在原工学院所在的校区，而教育类文献则可以放置在原师范学院的图书馆。这样既避免了资源的重复购置，又便于读者访问。

第二，合并后的高校应该协调不同学科的文献收藏。高校的校区一般会按照学科专业和学生级别（如本科生、研究生）进行布局。相应地，图书馆的藏书布局也应该依照学校的学科专业布局进行调整。专业文献（包括教学和科研用文献）应根据学科专业的布局进行调整；基础课程和公共课程的文献则应根据学生人数比例或课时多少分配给各个校区。对于跨学科的综合性文献，可以根据经费和使用情况在相关校区进行存放。对于价格昂贵、不易复制的珍贵文献，原则上应在某一校区设立专门的存放点，以保证其完整性和安全。

第三，在优化大型工具书、丛书及检索性刊物的配置和布局方面，图书馆面临着新的挑战和机遇。这些资源，包括各种大型工具书、多卷本书籍和系列丛书以及各类检索刊物，对于广大读者的学术研究和知识探索至关重要。在高校合并后，关于这些资源是否需要在每个校区的分馆中都配备一套，我们提出一个既集中又分散的处理方法，类似于单本书库的管理策略。

第四，对于数字化资源的存放和服务，特别是如光盘、联机数据库等日益增长的数字文献资源，合并后的图书馆在规划文献资源时，应当给予充分重视。特别是电子版的检索性文献和参考工具书，应作为收藏的重点。由于这些资源需要较大的计算机和网络环境支持，且投资颇高，不宜在校内重复购置。因此，应当采用集中收藏、分布式服务的模式，通过互联网使全校师生能够共享这些资源。

第五，为了解决高校合并后校区分散所带来的困难，应加强联机读者目录（OPAC）的功能。这将使读者能够通过多种方式找到他们所需的文献及其存放位置，大大减少往返的不便。此外，各校区内应实行通借通阅通还制度，以方便读者。简言之，只要是本校的读者，无论在哪个校区，都可以借阅和归还图书馆的书籍和刊物。

二、文献资源特色建设策略

图书馆需依据学校发展目标以及教学、科研和管理需求，结合馆藏基础和区域或系统内文献资源的整体布局，制定出一套科学且符合本校特色的馆藏资源发展方针。在构建馆藏体系时，应平衡纸质、数字以及其他形式的文献资源，同时注重对文献载体和使用权的采购。这样做旨在协调实体馆藏与虚拟馆藏的共同发展，确保关键文献和特色藏书的完整性与持续性。此外，图书馆应重视与主要学科相关的出版物和学术文献的收集。同时，图书馆还应关注多样化的文献采选方式，包括出版物交换、法定送交、征集或接受捐赠、文献复印及其他途径。

（一）明确图书馆的重要地位

在数字化时代背景下，尽管用户接触信息的渠道变得多元化，但这并不意味着图书馆的价值有所降低。图书馆在提供原始文献资源方面扮演着不可或缺的角色，这一点至关重要。因此，图书馆必须重新确立自己的核心地位，并积极推进图书馆建设，增强馆藏能力。

（二）加强馆际信息资源共建共享

单个图书馆的能力有限，为了提升图书馆服务的质量，需要进一步发展降低信息成本的合作模式。这包括联合采购、联合存储、联网编目、联网检索、文献传递服务以及合作性的参考咨询服务等。应制定科学且合理的信息资源共享机制，解决大型图书馆在资源共享方面的担忧，同时消除小型图书馆可能存在的依赖心理。通过区域性和学科性的资源共享，能够有效提升图书馆在资源建设方面的能力。

（三）鼓励用户的参与

对于图书馆而言，读者的参与和反馈至关重要，可以显著指导图书馆的资源建设。图书馆可以通过各种激励机制，激发读者主动参与图书馆建设，为图书馆提供宝贵的意见和反馈。此外，图书馆应主动向读者收集关于馆藏资源的信息，并关注读者对于图书馆服务和工作的评价。

（四）平衡实体资源和电子资源的收藏比例

随着科技的发展，电子资源需求不断增长，但对于一些珍贵的古籍和特色期刊，实体收藏依然不可或缺。因此，图书馆需要在实体资源和电子资源之间找到一个平衡点。这种平衡不仅有助于降低图书馆的建设成本，还能更好地凸显图书馆的特色。

（五）做好信息资源的深层次开发利用

深度开发和利用信息资源是图书馆工作的核心环节之一。有些图书馆虽拥有众多图书和昂贵的数据库使用权，但由于宣传不足或信息不对称等问题，这些资源的利用率并不理想，造成了资源的浪费。因此，加强图书馆信息资源的组织、管理和宣传工作，对于提高资源利用效率至关重要。

（六）信息资源的标准化和规范化

为确保信息资源的有效共享与应用，其标准化与规范化成为关键所在。这涉及信息资源的可靠性、系统性、连续性、完整性及兼容性，并对资源共建系统的每一环节发挥核心作用。因此，图书馆需为不同类型的信息资源，例如文献资源、数据库资源及网络信息资源，设立合适的标准，以促进资源的优化共享。

（七）培养优秀的专业的信息资源建设人员

在网络化的新时代背景下，图书馆工作人员面临着更多挑战和更高标准。他们不仅需要掌握图书馆学、信息学等专业知识，还应精通计算机、网络技术及外语能力，并具备创新精神和信息快速获取、高效处理及分析的能力。拥有这些专业技能的图书馆工作人员是图书馆建设成功的关键。

（八）特色化信息资源的建设

每个图书馆都应发展其独特的建设特色，尤其是在馆藏方面。图书馆应在平衡实体资源与电子资源的比例的同时，从学校的重点学科和科研方向出发，强化相关学科的信息资源建设，以打造结构合理、特色鲜明的信息资源体系。

（九）纸质文献资源建设

图书馆在采购纸质文献时，应重视学校的当前教学和科研需求，并预见未来的发展趋势。这包括合理安排书刊比例、更新书目，并考虑馆藏的多样性。同时，图书馆还需要定期对馆藏建设进行评估，以保证资源的高效利用和更新。

（十）数字资源建设

在图书馆的发展中，数字资源的构建是一个关键环节。图书馆应将一部分文献购置经费专门用于数字资源的开发，并逐年增加这一比例。在构建数字资源时，图书馆需要全面考量资源的数量、体系结构以及资源的价值、需求类型和使用权益。同时，关注数字资源的许可证协议、采购政策及其建设与共享策略也至关重要。

为满足各类读者的需求，图书馆应遵循三大原则：一是知识资源的共享和公平分配原则。这包括平衡学习型需求与研究型需求，同时融合知识成品性与信息资源性的文献；二是学术价值与实用价值并重原则。馆藏的利用率和读者满意度取决于资源的学术和实用价值，故应在二者间找到平衡点；三是坚持多载体化原则。虽然网络资源提供了便捷的信息获取途径，但印刷版文献仍然不可或缺。图书馆需避免过度依赖数字化资源，特别是在收藏教学参考书、基础理论书籍、文学名著等方面，应重视印本文献的价值。

（十一）专题特色文献资源建设

为提升图书馆的学术价值和服务水平，图书馆应深耕本校及当地的特色学科专业，与区域的政治、经济、文化和社会发展紧密结合，创新性地开展针对性强、特色明显的专题文献资源建设。这一过程中，图书馆将通过长期的系统收集和整理，构建具有独特优势的专题特色藏书和文献资源。在推进图书馆的自动化和网络化方面，图书馆可采取多样化策略，如自建或委托管理、租赁等，以配备适应各类需求的专业服务器、大容量存储和数据备份设备。这些措施将提供高效能、高可靠性和高安全性的信息技术支持，确保各类应用系统的平稳运行，并支撑图书馆业务的持续发展。图书馆的局域网络应与校园网络无缝对接，确保出口带宽能够满足日常网络应用的需求，并在必要区域提供充足的信息接入点或覆盖无线网络。同时，图书馆应致力于为读者提供高效便捷的复印、打印、扫描等服务，并逐渐过渡到更为先进的自助服务模式。

（十二）文献的加工与共享

在文献资源的处理和共享方面，图书馆需遵循国家规定，确保文献信息资源的加工、组织和管理达到一定的标准。这包括对新收集的文献信息资源进行及时而科学的处理和排列，并迅速向公众开放。图书馆应当遵循国家政策，积极参与图书资源的共建与共享，积极加入并参与文献信息资源保障共享系统的建设，从而推动区域内高等教育院校图书馆的协同发展。此外，图书馆应参与全国性或地区性的集中采购活动，加入全国性或地区性的联合编目或数据库建设，为资源的共建和共享做出贡献。同时，图书馆需要妥善管理自己的纸质文献和其他媒介的文献，对特色藏书、珍贵文献以及磁性和光学媒介的资料进行特别保护和定期盘点。对于数据库，需要定期进行更新和备份，以确保数据和资源的一致性。

（十三）文献的规范管理制度

图书馆文献管理的标准化与精细化是图书馆发展的核心。图书馆的文献管理制度不仅是图书馆员和读者共同遵循的规范，更是保障图书馆服务质量和效率的基石。要实现这一目标，首先需要明确图书馆文献管理的重要性，并通过制定和执行相关政策法规来规范其发展方向。在当前的图书馆文献管理实践中，一个显著的问题是管理的不精细，缺乏精益求精的态度。因此，引入细致化管理理念至关重要。这意味着在处理图书馆文献时，必须做到精确、准确和细致。具体来说，"精"代表着在文献管理中追求卓越，注重细节；"准"意味着提供标准化、规范化的服务，确保信息的准确无误；"细"则强调在文献管理的每个操作环节都要细致入微，从而提升服务质量。

特色文献资源不仅为图书馆增添了亮丽的色彩，也为开展具有特色的服务提供了坚实的基础。每一所图书馆都有能力通过精心策划和努力，打造出特色文献资源。虽然这听起来简单，但实际操作却颇具挑战。一个地方性大学图书馆要想在文献资源建设上形成自身的特色，需要考虑多方面因素，例如学校的学科建设特色、所在地区的区域特性、图书馆工作人员的专业水平，以及图书馆的经费、设备和环境等。综合这些因素，我们可以逐步构建出图书馆的特色文献资源。

每个图书馆都需发掘自身独特之处，塑造独特风格和鲜明个性。这对于提升图书馆的吸引力、获得学术界关注至关重要。地方大学图书馆通过特有的文献资源和独特的文献信息服务，能够明显区分自己与其他图书馆。这样不仅在图书馆界确立其地位，还在社会上显现其价值，为自身的存在与发展开辟道路。地方大学图书馆与其他高等教育机构相比，有着自己的学术特长和教学优势。这些特点源于科研任务的差异、校园文化、教学经验，以及师资和科研人员的不同。虽然重点院校在某些方面可能有更多优势，但地方大学图书馆如果能充分利用本校的特长和优势，围绕这些专业领域和课题，广泛收集多种类型和载体的文献，就能建设出自己的特色文献资源。

三、图书馆文献资源建设工作的质量管理

在当今市场经济和信息化社会的背景下，图书馆的文献资源建设面临着前所未有的挑战和机遇。21世纪的图书馆管理不仅需要适应这些变化，而且还必须采用更为科学的管理方法以提升其服务质量和效率。在此背景下，全面质量管理（TQM）理念成为图书馆文献资源建设中的关键因素。

全面质量管理在图书馆中的应用，意味着将信息服务质量的提升放在核心位置。这种管理方法强调全员参与、以读者满意为最终目标。它不仅涉及管理技术和专业技能的运用，还包括思想教育、经济手段和科学方法的综合应用。通过这种方法，图书馆能够建立起一个全面而健全的服务质量保障体系，实现对服务全过程的有效控制和监督。

图书馆被视作师生获取文献信息和学术资源的中心枢纽，担负着高等教育机构信息交流的重任。从20世纪90年代开始，国际上尤其是欧美地区的大学图书馆已经在管理实践中引入了质量管理体系，取得了显著成效。当前，图书馆在追求卓越服务的过程中，面临如何加强质量管理以提升整体服务水平的关键问题。因此，全面质量管理（TQM）的实施成为确保图书馆可持续发展和优化管理的关键策略。图书馆采用全面质量管理的意义，在于它能够平衡日常管理活动中的细节与宏观战略之间的协调。目前，许多图书馆在管理上侧重于操作层面，尽管引入了目标和量化管理，但缺乏全局的视角，导致管理的局限性。这种局限性可能会导致管理上的脱节、部门间的不协调和工作效率的下降。鉴于此，我们应该把服务质量作为工作的核心理念，不断提高服务水平，克服管理上的不足，规范工作流程，提高效率和服务质量，这是共识。引进并建立全面质量管理体系，有助于弥补现有管理方法的不足，提升图书馆的管理水平和服务质量。它使得图书馆能够更好地发挥其功能，为读者提供更优质的服务。

（一）图书馆质量管理的必要性

1. 有利于图书馆的可持续发展

在当代学术领域，图书馆的全面质量管理（TQM）被视为一项创新的管理变革，其核心在于贯彻质量管理的基本原则和方法，以适应图书馆的实际需要和时代的发展趋势。这种管理方式的推行，不仅代表了管理思想的进步，还体现了从管理风格到方法，乃至整个组织架构的深刻变革。这种变革致力于推动图书馆事业朝向更加科学、合理和高效的方向发展。全面质量管理强调在图书馆的运营中实现可持续发展，这与中国当前的图书馆管理、考核和评估体系相比，显示出其独特的优势。全面质量管理不仅关注图书馆的即时表现和成果，而且着眼于长远发展和持续改进。这种管理方法的核心在于持续评估和优化服务质量，从而确保图书馆服务的持续性和适应性。

通过实施全面质量管理，图书馆能够更好地适应快速变化的信息环境和用户需求。这种管理方式鼓励图书馆采用更灵活的策略，以应对新兴的技术挑战和不断变化的学

术需求。此外，全面质量管理还促使图书馆更加重视用户满意度，通过有效的资源配置、服务创新和技术整合，提升用户体验。

2. 可提高图书馆的服务质量

在当代高等教育体系中，图书馆扮演着至关重要的角色，服务着广泛的师生群体。为了有效提升这些机构的服务水平，全面的质量管理方法不可或缺。这种方法不仅仅关注于提高服务质量，更着眼于提升整体效益。传统上，图书馆在服务质量的规范化和统一标准方面存在不足，其服务质量评估机制亦显得不够全面和成熟。结果是对服务中出现的问题常常只能在事后进行处理，导致工作流程处于一种较为被动的状态。引入全面质量管理的概念能够根本性地改变这一局面。它推动服务质量的检查、评价、监督和考核体系由一种被动、随意的模式转向更为规范、标准化的模式。这种转变意味着图书馆能够保持较高的服务水平和稳定的服务质量，更好地满足读者的需求。

（二）图书馆质量管理的内容

全面质量管理在图书馆领域的应用呈现出一种全方位的特征。这种管理方法在实践中展现了三个核心要素：全面性的质量观念、整个过程的质量控制，以及全员参与的管理理念。首先，全面性的质量观念强调了质量的多元构成。在图书馆中，服务质量并不仅仅局限于直接的服务交付，而是涵盖了工作质量、操作流程、信息准确度、员工素质、系统有效性及目标设定等多个方面。这意味着质量管理的视角应当更为广泛，考虑到所有可能影响服务水平的因素。其次，整个过程的质量控制涵盖了从前期准备到后期执行的每一个环节，旨在为图书馆的业务流程、工作方法、服务理念等方面提供全面的质量管理支持。通过这种方式，我们可以从根本上解决那些可能影响服务质量的问题，从而确保我们的服务始终保持高水平。这种全过程的管理方式是对全员管理理念的进一步扩展，它与全员管理紧密相连，共同构成了全面质量管理的核心特征。最后，全员参与的管理理念强调了对质量的全面承诺和树立"质量第一"的意识。在这个框架下，每位图书馆工作人员，从管理层到普通员工，都应具备强烈的质量意识，将提供高质量的信息产品和服务视为自己的职责。这种全员参与确保了质量管理的深入和持续，是实现高标准服务的关键。

在现代图书馆中，信息产品的提供是一个涉及多个环节的复杂过程，包括纸质文献信息、电子文献信息以及网络信息。这个过程涵盖了从收集到生产、再到提供利用的各个阶段，每个环节都对产品质量的形成起着关键作用。在全面质量管理的框架下，提出了"内部顾客"这一概念，强调了工作流程中各环节相互依赖的重要性。每个环节的工作人员不仅是上一环节的顾客，也是下一环节的供应者。这种模式确保了只有当每个环节都能为自己的"顾客"提供高质量的产品或服务时，图书馆才能向最终用户（即外部顾客）提供高质量的信息产品和服务。特别地，在图书馆中，文献资源的建设是一个技术性和专业性极强的内部业务。它构成了图书馆提供各种服务的基础和保障。文献资源建设的质量直接影响到图书馆信息服务的质量以及用户对信息需求的满意度。因此，文献资源建设的质量管理成为图书馆全面质量管理中的一个关键环节。这一过程主要通过以下措施实现：

1. 文献资源采购的质量管理

图书馆的文献信息资源是开展信息服务的关键，其购买量与质量直接决定着大学图书馆的服务质量。为了进一步提升文献资源购买的质量，在采购各类载体的文献前，应首先在广大师生群体中进行深度和广度的研究，做到精准掌握读者需求，收集和分析读者观点，从而深入了解他们的阅读需求。特别是要听取学校相关学科负责人、学术骨干的观点，将学校学科的发展方向考虑在内，以此提升文献资源的使用率。同时，负责采购的员工需要了解各出版社的特点及其出版物的内容，实时关注最新的出版趋势，定期追踪关注重点出版社的消息，提高图书采购的针对性。这样不仅可以提升图书馆文献资源的购买质量，还将极大地提高其使用效能，满足师生的学术需求。

2. 图书分编工作的质量管理

在当前的大学图书馆中，已普遍建立了基于网络的信息化图书管理系统，实现了图书分类与现代化的编目工作。采用信息化手段进行图书馆管理，可以显著提升图书分类与编目的质量，这对图书馆工作人员和读者都带来极大便利。高效的分类和编目工作不仅提升了图书馆工作人员的上架和排序效率，而且使读者能够通过书目数据库迅速检索，如使用书号、书名、作者或出版社等信息进行快速查询。这样的质量管理方式确保了图书馆资源的高效运用，同时也提升了读者体验，确保了信息的快速准确获取。

3. 书库与文献中心的质量管理

书库与文献中心是直接面向读者服务的，在高校教学和科研中发挥了重要作用。图书馆服务质量的管理集中体现在文献服务的各个环节：一是核心服务是基础，包括借阅、查询、咨询等，旨在通过文献信息满足用户的知识和信息需求；二是形式服务涉及服务态度和效率，为读者提供的整体体验；三是附加服务则包括阅览、休息、餐饮、住宿等，增加用户便利。这些服务都应围绕核心服务展开。

随着计算机技术在图书馆的广泛应用，遵循"以读者为中心，服务至上"的理念，文献信息的使用效率和利用率得到了显著提升。这种技术的应用不仅优化了文献信息资源的运用，还为读者在使用图书馆文献资源时提供了更多的便捷。这样的质量管理策略，有效提升了图书馆的整体服务水平，更好地满足了读者的需求。

4. 电子阅览中心的质量管理

电子阅览中心利用先进的信息技术，为用户提供全新的服务内容和方式。这些网络数据库中的文献资源以其丰富的信息量、便捷的查询方式和高效的处理速度著称，打破了地理限制，甚至能为校外读者提供多元化的服务。电子阅览室的工作人员在深入的调研和有效沟通的基础上，持续改进检索系统，提升检索策略的效率，采用最合适的方法为读者检索到最准确、全面的信息。随着信息技术的快速发展，电子阅览室的自动化系统已经深入到图书馆的每一个角落，对图书馆整体发展产生了深远的影响。这种质量管理策略，不仅提高了电子阅览室的服务水平，也为图书馆的现代化进程注入了新的动力。

（三）图书馆数字资源建设特质

在当今信息化时代，图书馆正在积极适应数字化趋势，不断优化和扩充其数字资源。这一转变不仅体现在服务方式的更新，更反映出图书馆如何更好地服务于学术研究和学习需求。具体而言，这种转变可分为以下几个方面：

1. 增强数字资源库存

图书馆正通过引入各种大型数据库来丰富其馆藏。例如，CNKI、万方数据库、维普数据库等已成为馆藏的重要组成部分。这些数据库的引入，不仅为读者提供了更便捷的网络环境中的资源使用方式，同时也代表了图书馆信息服务方式的一大变革。

2. 数字信息服务的新形式

传统的图书馆服务以馆内藏书为核心，服务的范围和水平受限于馆藏的规模和结构。但数字信息服务的出现打破了这一局限。许多图书馆开始采用信息咨询服务，以此提高数字资源的利用效率。然而，目前大部分参考咨询服务的内容相对单一，主要集中在文献传递，这种服务方式较为被动，且层次较浅，大多仅仅局限于简单回答读者的提问。

3. 重视资源建设与共享

虽然近年来图书馆在数据库和网络建设方面取得了一定的进展，但许多图书馆并未充分重视特色数据库的建设，也未能在各校图书馆之间实现广泛的资源共享。此外，由于各个图书馆数据库建设标准的不统一，导致了过于注重数字信息资源的搜集而忽略了资源建设的深度和广度。因此，图书馆应该加强特色数据库建设，提高资源建设的深度和广度，以便更好地服务于教学和科研工作。

（四）图书馆质量管理的措施

1. 工作流程的规范化

通过建立标准、一致、实用的工作制度，规范化各个岗位的工作流程至关重要。制度化不仅涉及工作目标、职责、流程、内容的明确规定，还包括对特殊情况的注意事项的列举，以确保高效率和高质量的工作输出。

2. 明晰馆员职责

质量管理的核心在于对服务质量的承诺，即提供最优质的服务以满足读者需求。这要求实行责任制，针对各岗位制定明确的职责和工作流程，同时考虑到图书馆的实际情况和服务对象，确保制度的合理性、细致性和可行性。

3. 优化读者服务

转变观念，不再将图书馆仅视为文献存储的场所，而是注重提供高质量的读者服务。这意味着馆员应具备强烈的职业精神、高度的责任感、友好的服务态度和娴熟的专业技能。同时，应向读者提供更加开放、便捷的借阅服务。

4. 提升员工素质

管理人员应具备计算机操作、网络技术应用、相关业务知识和一定的外语能力。同时，定期组织各种培训和研讨活动，提高员工的专业水平和业务能力，增强其对新知识和新技术的接受能力，更好地适应数字化时代的需求。只有不断提高自身素质和能力，才能更好地服务于学生和教师，为学校的发展做出更大的贡献。

5. 实施量化考核

在现代质量管理体系中，量化考核是关键。通过引入量化指标，对员工的工作进行客观评价，以实现科学管理。图书馆可以根据实际情况制定量化指标，确保工作的有效执行和避免管理工作中的主观随意性。

第三节　文献信息的编目工作

一、文献信息编目的相关概念

（一）文献编目

文献编目就是根据既定的标准和规范，对文献的内容和格式进行细致的分析、筛选和记载的工序。细化到文献的具体记录和描述，我们称之为文献著录。著录的结果以款目的形式出现，然后经过字顺和分类的步骤，将这些款目组织成目录，甚至是类似的查找工具。这个过程的核心目的，就是将在某个空间、时间、学科或主题范围内的文献进行有序的整理，以推广、检索和利用文献。

文献编目是所有文献情报服务机构的一项基础工作。它的主要任务，就是将源自不同学科、专业、语言和形态的文献，依据它们彼此间的内在联系，通过恰当的方法，将其有机地组合起来，构建出一个方便检索的系统，将原本庞杂的文献整合起来，以方便用户查找和利用。在文献编目过程中，被我们称之为"文献"的对象，是一种特殊的概念，它特别指向以实体的方式出版的、被文献服务机构收藏的、能够作为独立书目描述的知识记录载体。由此，这类型的文献，有时被冠以"在编文献"的称呼。

文献编目这一术语，按其涵盖的范围，可分为广义和狭义两种。

在广义层面上，文献编目是指根据特定规则为不同类别的文献进行的整理工作。这一过程涵盖编制各类出版物目录、阅读清单以及藏书目录等多种形式。其中，藏书目录的制作又可以根据其覆盖范围细分为几类：一是展现个人藏书状态的私人藏书目录；二是反映某一文献机构（通常是图书馆）藏书情况的机构目录；三是展现一个地区或国家内多个文献机构藏书状态的联合目录。此外，广义的文献编目还包括将著录的各个条目根据特定的原则和方法整理成各种类别的目录的过程。

狭义的文献编目则专指制作反映单一文献机构藏书情况的目录。这一定义下的文献编目分为著录和目录组织两大部分。具体来说，它包括两个主要环节：首先是记录文献的形式和内容特征，例如，文献的标题、作者、出版机构和时间、所讨论的主题、文献内容所涵盖的学科等，这一环节称为著录。完成著录后，在机读目录中会形成多条记录，在手工目录中则形成款目，每条记录或款目均详细记载一种文献的多种特征。第二环节是将这些记录或款目依照特定方法进行组织，如按标题或作者姓名顺序、按文献讨论主题顺序或按分类号等方式。这些方法在机读目录中通常能自动实现。这个环节被称为目录组织，通过它，原本无序的款目变成有序的目录，使每份文献在目录中都有其特定位置。

再谈到文献编目的另一种广义理解，它包括文献的描述性编目和主题编目两部分。描述性编目主要是对文献的实体形态进行客观的分析、筛选和记录；而主题编目则聚焦于分析、选择、记录文献的内容特征，以揭示其主题。主题编目通常被称为分类标引和主题标引，它主要关注于文献分类、主题标引及相应款目的编制工作。通过这种方式，文献的主题内容特征被明确标示，并据此确定其主题标目和分类号。

1. 文献编目的作用

文献编目是任何文献服务机构所必需的工作环节，文献编目工作的作用是：

（1）组织文献目录

文献编目工作主要是对文献内容和形式的精确记录。这份记录详尽地展现了文献的核心议题和关键细节，例如标题、作者、出版语言等。这些目录项或记录单的整合，是按照既定的体系进行的，包括将相同学科、相似主题、同一作者的文献集中展示，形成了多样化的文献目录。这样的目录不仅描述并揭示了文献的特征，而且对用户寻找、评估文献的价值、做出使用决策提供了便利，进一步拓宽了用户的阅读范围。除此之外，这些记录还展示了文献的收藏状态和在图书馆中的分布情况，有助于实现文献的有序管理和借阅。

（2）提供检索途径和方法

文献编目，旨在让图书馆管理其收藏文献的系统性和有序性，从而构建出高效的检索系统。实施文献编目后，根据文献的特定特质将每一款目或记录按顺序排列，保证每份文献在目录中独有一个特定的位置。这是实现文献编目最终目标——便捷检索的重要步骤。以此方式，根据编目或记录所提出的文献特征，即检索点，用户可以通过字顺目录或分类目录迅速找到所需文献。简而言之，编目过程生成的检索系统应具备以下能力：根据特定名称进行文献检索，根据责任者进行文献检索，从某一知识领域检索，从特定主题进行文献检索，以及利用特定的文献代码进行检索。

（3）文献管理的依据

文献编目的作用不仅仅在于揭示文献、提供检索途径，文献编目所形成的目录，还是文献机构日常组织管理文献的依据。在内部运营中，文献编目生成的记录和文档对于支持业务工作至关重要。具体而言，文献编目产生的机读目录能够实时显示文献的借阅与使用情况，为文献的收集提供了定量分析数据，从而指导图书馆更有针对性地建设文献资源。此外，文献目录中完整的文献描述数据，也是各项业务统计和评估工作的基石。更为重要的是，文献编目的质量和文献目录的使用情况成为评价图书馆业务水平的关键指标。这些方面共同体现了文献编目在整个文献服务体系中的重要性和多元功能。

2. 文献编目的类型

文献编目的种类繁多，可以通过一些主要特性对其进行划分，如文献的类型、语言、编目手段、组织方式、编目机构和出版过程。

（1）按文献类型分

根据按文献类型，文献编目包括普通图书、古籍善本、连续出版物（如报刊、年报、系列文献等）、地图、乐谱、档案、微型和音像资料、电子文献和网络文献等编目。

（2）按文献语种分

根据文献语种，文献编目包括中文（含汉语和少数民族语言）、西文（包括英文、法文、德文和其他使用拉丁字母的语言）、俄文和其他使用西里尔字母的语言，以及东方语文（如日文和其他亚非国家语言）等语种的文献编目。

（3）按编目手段分

根据编目手段，文献编目包括传统的手动编目、计算机自动化编目、协同编目、联机网络协同编目等。

（4）按文献形式特征分

根据文献特征形式，文献编目包括描述性编目（注重文献的外观特性）、主题性编目（包括分类索引和主题索引）。

（5）按组织方式分

按组织方式，文献编目包括分散的个体编目、集中编目、协作编目等。

（6）按编目机构分

按编目机构，文献编目包括图书馆编目、情报机构编目、档案馆编目以及出版和发行机构的编目。

（7）按文献出版过程分

根据文献出版过程，文献编目包括预告编目（出版前的编目）、在版编目（出版过程中的编目）、出版后编目以及回溯编目等。

（二）文献编目流程

文献编目的过程是创建文献资源的代理记录，通过这些记录，人们可以更容易地识别、定位、访问和利用文献资源。它构成了文献信息资源组织的核心工作。其主要职责包括对每种文献的外观和形态特点进行详细描述，即普遍特性的记录工作。此外，还涉及目录结构设计、目录的组织、相关规则和制度的建立等。从狭义上讲，编目不包含对文献内容特性的分析。国际上，这类工作通常被称为描述性编目，以区分于包括分类或主题索引在内的广义编目工作（称为主题编目）。

历史上，编目长期依赖手工操作，使用书籍和卡片作为目录载体，技术相对落后。自 20 世纪中叶以来，集中编目和协作编目模式逐渐兴起，信息技术的运用使得编目工作步入自动化和网络化新阶段。出现了机器可读目录（MARC）、自动化编目系统和在线编目网络，这些都大幅促进了编目数据的交流和成果的共享。编目工作人员的角色也发生了变化，他们不再仅仅从事传统编目（如初步编目、规范化工作、索书号和主题确定等），而是越来越多地担任管理者、政策制定者、数据库升级管理者、目录解释者、信息资源建设者和自动化系统管理者的角色。他们的工作重心正在从技术服务领域转向公共服务领域，这一趋势正逐渐加强。

1. 编目工作的内容

编目工作的顺利完成需要在以下几个方面具备前提条件。

第一，必须确立合适的元数据格式，这是为了构建数据输入和查询的框架。

第二，必须确定必备的信息类型及其来源，包括但不限于书目型描述性信息（如题名、位置以及资源内容的责任个人和机构等）。这类信息通常直接从资源本身获取。同时，主题信息（如分类号、编目人员添加的关键词，以及从叙词表或标题表提取的同义词）是由标引员根据主题法或分类法提供的。此外，管理型元数据也是不可或缺的，其中包括有助于管理信息资源的其他信息，如选择和编目特定资源的相关人员的信息、目录记录的创建（或更新）日期以及对外发布所选资源的日期等。

第三，需要明确选择内容标准和编目规则，简要解释每个元素项目需要填写的信息，以及解释信息如何填入数据元素项目中的规则。此外，还要明确一些日期、语言代码等的格式使用原则，并注意外部标准的提示（或连接），如分类法和名称规范。一旦开始进行编目，这些原则必须迅速传达给负责资源著录的人员。

通过确立这些前提条件，可以在编目工作中建立起清晰而高效的工作流程，从而提高资源信息管理的质量和效率。

2. 编目对象和资源著录

（1）编目对象

所谓编目对象，包括了众多信息资源类型，比如图书、期刊、学术论文、研究报告、专利文档、技术规范、档案资料、公文和网上资料等。近十年来，这些对象经历了显著变化。特别是音频视频材料、数字文档以及网络资源的迅猛增长。

（2）资源著录

资源著录是指对文献的内容和形式特征进行深入分析、精心挑选和记录。这一过程最终形成了所谓的款目，也就是我们熟悉的目录卡。在电脑编目的时代，这些款目也被称作"MARC 记录"。这一过程中记录的内容，即元数据，是极为关键的，它需要编目者严格遵守编目规则和标准化要求。

（3）编目规则和标准化

编目规则的主要目的是确保元数据的生成遵循特定的格式。为了确保目录的一致性和质量，编目工作必须遵守特定的方法和规范。在图书情报领域，这些方法和规范被统称为图书著录法、图书著录条例或文献著录规则。

（4）计算机编目和机读目录

计算机编目是指利用计算机技术来完成编目任务，这包括独立使用单一计算机进行编目工作，以及通过网络连接的多台计算机共同完成编目。

机读目录是指将目录数据以特定的编码方式记录在计算机存储介质中，能够被计算机系统自动读取、处理和编辑。这种目录的显著特点是，数据只需录入一次，就可以在不同的媒介上重复使用，极大地提升了编目的效率和灵活性。它支持多机构合作编目，能够建立统一标准的联合目录数据库，并在此基础上实现信息资源的联机检索和共享。

联机编目的主要优势在于，它通过网络环境使得多个机构能够协同进行编目工作，共享专业知识和技能。这不仅有助于降低编目成本，还能显著提高书目信息的质量和编目工作的效率。

（三）文献编目工作的组织与管理

文献编目，作为图书馆及其他文献情报机构提供服务的关键基础工作，通常由图书馆内设立的专门部门或指派的专职人员负责。在中国，大型和中型图书馆通常设有专门的编目部（或采编部），下设不同语种的编目小组，如中文、西文、俄文和东方语文编目组等，以应对不同文种的编目需求。这些部门主要负责常规图书的编目工作。对于期刊、报纸、珍本古籍以及非书类资料等特殊文献，通常由专门部门如报刊部或善本部等负责编目。而小型图书馆则由编目组或专职编目员负责所有文献，包括图书的编目工作。

进行高效的文献编目工作，需要提前确立和准备一系列标准化工具和规则，如编目规则（著录条例）、分类法、主题词表、作者号码表、分类及主题标引规则和目录组织规则等。在中国图书馆界，目前广泛采用的标准包括《文献著录总则》及其各分则、《中国图书馆分类法》或《中国科学院图书馆图书分类法》，以及《汉语主题词表》和《中国分类主题词表》。除此之外，还需配备各种常用的一般及专业参考工具书，以支持编目工作的高效进行。

文献编目的工作人员主要包括专业人员和技术辅助人员。专业人员负责文献的分类、主题标引和详细著录。这些人员通常具备高等教育背景，或拥有同等的文化水平，并精通图书馆学、文献学和目录学的相关知识。技术辅助人员的主要职责是进行技术处理和在专业人员的指导下参与文献的基本加工以及目录的组织工作。编目人员的配置，需要根据图书馆的规模和书籍采购量来确定。在那些已经建立了集中编目系统、版内编目和文献编目自动化网络的国家，大多数图书馆能够利用中心机构提供的编目成果，这样不仅减少了重复工作，还节约了大量人力资源。

在文献编目的过程中，合理分工和科学管理是关键。需要制定切实可行的工作流程、工作量指标以及奖励制度。此外，为了保证编目的质量，还应实行严格的校对和检查机制。

二、文献著录

（一）文献著录

文献著录是图书馆和档案馆中一项基础而关键的工作，它涉及对各类文献的形式与内容属性进行细致分析、精选和详细记录，以构建文献目录。这个过程通常被称为目录著录或书目著录，其核心在于形成一系列准确的款目，进而汇集成完整的目录。这不仅是文献编目的基石，而且直接影响到目录的整体质量。

1. 文献著录的概念

在文献目录的编制过程中，文献著录扮演着至关重要的角色。这一过程包括对文献的内容和形式特征进行细致分析、筛选和记录。每一条文献著录记录都是对单一文献内容和形式特征的精确描述，包括但不限于文献的标题、作者、版次、出版详情、物理形态以及其他相关的内容和形式说明。这些记录按照特定的方法和规则排列，共同构成图书馆的目录。

在文献著录过程中，记录的结构和内容通常遵循一定的标准化原则。例如，中文文献著录主要依据《文献著录总则》《普通图书著录规则》《连续出版物著录规则》以及《中国机读目录格式》等标准进行。

2. 文献特征著录项目

文献特征著录项目基于文献本身的客观特性和读者查询目录的习惯而制定。根据中国的《文献著录总则》，文献特征著录项目划分为九大类，每大类下再分设多个子项目。主要项目包括：

（1）题名项：此项纪录文献的名称，直接或通过象征、隐喻方式表达文献的内容和特点，赋予文献独特性。

（2）责任者项：指对文献内容创作或整理，承担主要责任的个人或集体。

（3）版本项：记录文献版本的变更情况。

（4）文献特殊细节项：此项专用于记录连续出版物的具体信息，如年卷期的起止、地图的比例尺和投影法，以及其他特殊情况。

（5）出版发行项：用于记录文献的出版和发行详情。

（6）载体形态项：详细描述文献载体的物理特征。

（7）丛编项：指多种单独作品集结于同一总题名下，连续出版的文献集。该项记录丛编的相关信息。

（8）附注项：补充说明著录正文中未涉及的内容，包括文献标准编号和装订、获取方式等信息。

（9）提要项：简要介绍或评述文献内容。

这9项共同构成一份文献的全面书目数据，是分析和比较文献的基础。根据不同类型目录的需求，著录项目分为主要项目和选择项目两类。主要项目包括正题名、第一责任者、版本信息、出版地点或发行地点、出版者或发行者、出版或发行日期、载体形态等。其他项目属于选择性项目。根据记录项目的详尽程度，款目分为简要级次、基本级次和详细级次。

3. 著录格式

著录格式是指在编目中各个项目的排列顺序及其展现形式。它依据目录载体的类型，可以分为卡片型、书籍型和电子型。再根据编目项的种类，著录格式分为标准款目格式、分析款目格式和综合款目格式。为了跨语言用户的便利，《国际标准书目著录》引入了特定的著录标志。

4. 著录方法

文献著录方法应对文献的多样性进行适应，比如单册、系列等不同形式。从编目程序角度看，有基础著录法和详尽著录法。此外，针对特定文献形式，还发展了分析著录法和综合著录法。

5. 著录规则

为确保著录工作的一致性和准确性，制定了一系列著录规则供编目人员共同遵守。这些规则可分为系统内、国家级及国际性的著录标准。全球著名的著录规则包括《普鲁士图书馆规则》《英美编目规则》（AACR）和《国际标准书目著录》（ISBD），其中ISBD已在全球范围内得到广泛认可和应用。中国根据特定的原则和方法，制定了一系列文献著录的国家标准，如《文献著录总则》《普通图书著录规则》等，自1979年起陆续颁布。除此之外，与文献著录相关的国家标准还包括《参考文献著录规则》和《文摘编制规则》等，这些规则都在国内得到了广泛的实施和应用。

（二）文献著录方法

对于如何进行文献著录，这是一个非常高度细化且多样化的过程。借由单卷、多卷、丛书、连续出版物、奇特类型或非传统打印方式等多种文献形式，使得文献著录涉及许多不同类型的款目，好似形成了一座总有新发现的宝藏山。在文献著录方法方面，根据编目流程的特性，它可以大致分为基础著录和详尽著录，而且为了更好地适应各种独特的文献特点，还有分析著录和综合著录。论及著录格式，它的定义便是描述各个项目的组织顺序和表述方式。如一座构建在各种载体之上的桥梁，著录格式可依据载体环境被划分为卡片体式、书本体式和电子读取体式；如一座在不同属性间游走的船，它根据款目的特征可为分类款目格式、主题款目格式、题名款目格式或责任者款目格式；如一次穿越各个对象的探险，依据著录对象的不同可以分为综合款目格式和分析著录格式。而这一切的划分，都源自通用款目的多样演化。在西方，文献著录格式与中文的著录方式有所不同，编目时习惯以"作者—题目"为引路人，确定主体款目。这里的主要款目，优先选取了作为目录标的文献作者，然后再以题目作为主要标目。主要款目，就是包含了最完整文献信息的部分。实际操作中，以作者或题目作为主要款目，有着不同的格式要求。

1. 基本著录

基本著录是对一种文献的形式特征和内容特征进行全面描述，以编制通用款目的方法。这个过程不仅是编目工作的开端，而且产生的通用款目也是其他各类款目编制的根基。基本著录的有效实施对于展现文献本质和确保目录品质至关重要。

基本著录可分为传统著录法和标准化著录法两种。在传统著录法中，首先确定一个主导标目，随后围绕这个标目描述文献的特征，由此产生的主要款目（也称为基本款目）在中文文献中一般以题名为核心，而西文文献则以作者为主导。因此，不同国家编制的主要款目分别侧重题名款目和作者款目。

在标准化著录法中，步骤的先导是对文献特征进行客观的、从题名开始的描述，其后决定制作哪些款目以及提供哪些检索途径，并将这些信息集中记载于排检项内。此类款目被称为通用款目。在通用款目的基础上，通过增加特定标目，便可转变为特定种类的款目，例如增加作者标目就变为作者款目。通用款目由众多著录项目构成，这些项目根据文献类型的不同而有所变化。例如，中国国家标准《普通图书著录规则》规定的著录项目包括书名与责任者项、版本项、文献特殊细节项、出版发行项、载体形态项、丛书项、附注项、标准书号及有关记载项、提要项、排检项等共 10 项。

2. 分析著录

分析著录专注于对整套或整本文献中某个特定部分的详细著录。在中国古代目录学中，这种做法被称作"别裁"或"别出"。分析著录的主要目的是更深入地展现文献的关键部分，以便更好地向读者介绍和推荐这些内容，它是对基本著录的重要补充。通过分析著录，我们可以得到各种分析款目，如著者分析款目、书名分析款目等。

在实际操作中，分析款目通常包括两个主要部分。第一部分主要记载被析出部分的详细信息，这通常涉及题名和责任者等项目。第二部分则记载整体文献的相关信息，如正题名、第一责任者、版本、出版发行以及附注等。此外，分析著录还会特别注明被析出部分在整体文献中的具体位置，以便于检索和参考。

3. 综合著录

综合著录是一种用于处理丛书、多卷书籍、期刊以及其他系列出版物的著录手段，其主要目的在于对这些出版物的整体内容进行全面描述，并同时详细展现其中各个分册或卷的内容。在综合著录过程中，形成的综合款目是其核心成果。这些综合款目按照著录对象的不同，可以分为丛书、多卷书籍、期刊等不同类型。此外，根据著录标准的不同，它们还可以进一步细分为题名、责任者、分类、主题等不同的综合款目。在结构上，综合款目大致分为两大部分。第一部分主要记录整体文献的全貌，包含所有的著录项目。而第二部分则关注于每个单独卷或册的具体信息，通常涵盖题名、责任者、版本、出版发行和载体形态等要素。值得注意的是，当整体文献部分和各个子卷在版本或出版发行方面信息一致时，这些信息在"子目"部分可以简化处理或省略。

（三）文献著录标准化

在当代社会，随着科学技术、信息技术和网络技术的飞速发展，文献作为一种知识载体呈现出独特的现代特征：文献量大幅增加、类型更加丰富多样、载体不断革新、语种日益增多、内容之间重叠交错、文献的更新速度加快。这些变化不仅给文献的收集、整理和使用带来了新挑战，也对文献的编目和著录提出了新的问题。在信息时代，如何全面、准确、高效地记录、传播和检索文献信息，已成为人们广泛关注的议题。

为了最大限度地开发和利用文献信息资源，建立统一的文献著录标准变得至关重要。这不仅需要遵循统一的书目语言来描述和展示文献信息的特点，还需要建立有效的文献信息检索方法。因此，文献著录的标准化是图书编目领域发展的必然趋势。《国际标准书目著录》的成功在于解决了三个主要问题：一是实现了不同国家文献著录项目的互换性和国际统一；二是克服了语言障碍，使不同国家的文献著录易于识别，即使对某种语言不熟悉的读者也能通过标识符号系统辨认著录项目；三是促进了将传统书目转化为机读目录形式的过程。

当前国际文献编目的发展趋势表现在以下几个方面：各国文献著录规则逐渐与国际标准接轨；从单一国家的集中编目转变为多国合作编目；从文献出版后编目转变为出版前编目；从单一文献著录标准化扩展到多种类型文献著录的标准化；以及从单一文献载体的标准化发展到多种载体的标准化。

三、图书馆目录

目录是指对文献信息加以著录，并按照一定的方法组织而成的一种揭示与报道文献信息的工具。它的核心功能在于揭示和传递文献信息的主题和形态特性，进而更好地帮助人们精准地识别和查找文献。由于文献信息的丰富性和多样性，目录的组织和分类展现方式也各具特色。例如，档案馆有档案目录，图书馆有书籍目录，出版社有发行目录，而网站则配备网页目录。

（一）图书馆目录

图书馆目录是一种用于显示、识别和查询图书馆馆藏文献的工具。它可以揭示文献的特点，为识别文献提供参考，并从文献标题、作者、主题和分类等方面为查找文献提供方向。同时，也指明了文献在书架上的摆放位置。图书馆目录不仅用于读者查找阅读资料，也是图书馆员进行文献采购、参考咨询和保护馆藏工作过程中的必备工具。

1. 图书馆目录的种类

为了满足读者查询文献和图书馆自身运作的需求，图书馆构建了多种类型、具备不同职能和特色的目录体系。这些目录相互关联，共同构成了一个完善的目录体系。根据不同的分类标准，图书馆目录可以从多个角度进行划分。

（1）根据使用者分类

基于使用者的不同，图书馆目录可以分为两大类：读者目录和公务目录。

读者目录在图书馆目录体系中占据主导位置，主要供读者在查阅和借阅文献时使用，承担着目录体系的核心职能。这类目录根据读者的普遍和特殊需求细分为公开目录和内部参考目录。读者目录根据不同读者群体和文献内容提供有区分度的目录服务，强调对文献的政治立场、学术价值、目标读者群体和具体使用目的的细致描述。其特点在于组织完善，提供多种检索手段，帮助读者全面、多角度地查找文献。

公务目录主要服务于图书馆工作人员，以便于其进行日常业务活动，同时也可能承担部分读者查询内部参考文献的任务。这类目录的特点在于能全面记录馆藏文献，包含各种业务注记，方便图书馆工作人员的业务处理。在组织方法上，公务目录相对于读者目录更为简化，同时也为文献的次要特征提供检索机会。

（2）按目录的组织方法划分

图书馆目录根据其组织方式的不同，可以细分为以下几类：题名目录、责任者目录、分类目录和主题目录。

题名目录：此类目录依据文献的题名字序排列，主要通过题名展示馆藏文献，便于用户根据文献的题名进行检索。它是各类型图书馆普遍采用的一种目录形式。

责任者目录：责任者目录按文献责任者的姓名或名称字序排列。责任者通常包括个人作者、机构、团体或会议等。该目录依据责任者的名字展示文献，方便读者根据具体的责任者查找相关文献。它能集中展示某一责任者的著作及其不同版本，包括作者、编者、译者等。

分类目录：分类目录根据文献的学科内容，按照所采用的分类法进行组织。它从知识体系的角度呈现馆藏文献，展示不同学科间的联系，满足读者在特定学科领域内的文献检索需求。这是图书馆重要的目录类型之一。

主题目录：主题目录则是按照文献研究的主题内容字序排列。它侧重于从文献的主题角度展示内容，聚焦于不同学科研究的同一问题的文献，有助于读者在特定主题上进行文献检索。主题目录在揭示不同主题之间的联系方面表现突出，有助于指导读者发掘相关主题的文献。虽然主题目录不能全面涵盖某一学科的所有文献，但它与分类目录互为补充，共同提升检索效率。

（3）按目录的载体形式划分

图书馆目录根据载体的形式，主要分为卡片式目录、书本式目录、活页式目录、缩微目录、机读目录等。

卡片式目录：这种目录将文献信息记录在标准大小的卡片上，并按特定顺序排列。其优势在于容易更新，方便多人同时查阅。然而，卡片式目录因其庞大体积仅限于馆内使用，且成本较高。目前，随着机读目录的兴起，卡片式目录的使用正逐渐减少。

书本式目录：这类目录将文献信息整理成书本形式。其优点是便于复制和携带，可供馆内外交流。但它不能及时更新，需要定期编制补充册。

活页式目录：活页式目录位于卡片式和书本式目录之间，由记录文献特征的活页组成，便于增减，不影响其他部分。这种目录既保持了活页的灵活性，又具备了书本式目录的结构性。

缩微目录：缩微目录通过摄影方法将目录内容缩小，记录在卡片或胶片上。它体积小、易于保存，编制速度快，成本低。但其缺点是需借助专门阅读设备才能查阅。

机读目录：机读目录是现代图书馆目录的发展方向，将文献信息以编码形式记录在电子存储介质上。通过计算机自动处理和编辑，可显示在屏幕上或通过打印设备输出。其优势在于快速准确的检索能力，便于集中管理和联网查询。机读目录的发展代表了图书馆目录技术的一大进步，为资源共享和信息交流提供了强大动力。

（4）按目录揭示藏书范围的不同划分

图书馆目录可依据其所展示的藏书范围不同，可以分为总目录、部门目录、特藏目录和联合目录。

总目录：总目录展示了图书馆中所有的文献收藏，或某种类型的全量文献。

部门目录：部门目录展示图书馆特定部分的藏书，如分馆、阅览室、借书处或各院系的资料室所藏图书。

特藏目录：特藏目录专门记录图书馆中具有独特价值且单独保管的文献，例如珍贵版本、地方志、手稿以及捐赠的图书等。

联合目录：联合目录展示两个或更多图书馆的藏书。这种目录是图书馆间合作、互借以及文献资源共享的重要工具。

（5）按目录揭示的文献语种划分

图书馆目录还可以根据文献的语种来分类，如中文文献目录、少数民族文献目录、西文（英文）文献目录、俄文文献目录、日文文献目录等。

（6）按目录揭示的文献类型划分

图书馆目录也可以按照所展示的文献类型来划分，包括图书目录、报刊目录、地图资料目录、科普资料目录、缩微文献目录、视听文献目录、特种文献目录（如标准文献、专利文献、研究报告、产品样本等）和盲文目录。

2. 图书馆目录的作用

图书馆目录是图书馆揭示馆藏文献、开展各项业务工作的重要工具。图书馆目录属于文献目录中的一种。具体来说，图书馆目录为图书管理员和读者提供了多种功能：一是展现馆藏文献中某一特定标题的各种版本；二是显示某一作者创作的所有文献及其不同版本；三是列出与特定主题相关的全部文献；四是指明书库中各种文献的具体存放位置。

（二）目录的排列

目录的排列方式关乎于如何科学地分类并组织文献著录及其标目，形成有效的馆藏文献检索系统。这种排列通常涵盖了作为标目的款目、参考款目，以及指导卡的组织。

所谓的标目，又称著录标目或排检标目，它是基于文献的内容和形式特征而提炼出来的关键线索。这些线索通过精选和加工，转化为特定词汇或代码，涉及分类号码、主题词、文献题名、作者等信息。标目的重要功能在于决定款目的性质及其在目录中的位置，为检索者提供关键的文献特征。根据构成的特点，标目可分为分类标目、主题标目、题名标目、责任者标目等。这些标目在语言表述上遵循著录规则，以确保形式的规范化。在款目的结构中，标目通常居于首位，独立占据一行。

款目则是对某一具体文献的内容和形式特征的记录，包括题名、作者、版本、出版情况、物理形态（如开本、页码、插图）以及与文献内容和形式相关的说明。款目是目录的基础组成单元，一般以"条"为计数单位。

参照款目的角色在于指导读者，从目录中的某个标目或著录项目，找到另一个标目或项目。它揭示了目录之间的联系，展现了图书著录或目录组织的规则，帮助读者更好地利用目录。

指导卡是放置在一组目录卡片前的特殊卡片，目的是帮助读者迅速、准确地查找所需文献。

1. 分类目录的排列

分类目录的组织包括分类款目、分类参照款目和分类指导卡的布置。

分类款目是指以目录分类号为基础的款目，它在基本款目的基础上添加分类号而形成，是分类目录的主要组成部分。其功能在于从学科体系的角度揭示文献。

这些款目按照代表各大类的字母的顺序排列，字母相同的情况下，按照字母后的分类号大小排序。如果分类号相同，再按照著者号、种次号、题名号、出版年月等依据进行排列。

分类参照款目以分类目录的分类体系为依据，各种分类参照款目分别排列在相关类目的分类款目之前。分类指导卡上标注有分类号和类目名称，排列在相关类目的分类款目之前。

2. 题名目录的排列

题名目录的构建包括题名款目、题名参照款目和题名指导卡的整理。

题名款目是指以文献题名为基础的款目，它在基本款目的基础上添加文献题名而形成，是题名目录的主要组成部分。其功能在于从文献题名的角度揭示文献。

这些款目可以按照笔画、笔顺排检法、汉语拼音音序排列，或者按照四角号码排检法规定的先后次序排列。题名首字相同的情况下，再按照第二及其以后各字（或词）的次序排列。如果题名完全相同，按照著者字顺进行排列；如果题名和著者相同但版本不同，按照版次进行排列。

题名参照款目的排列以题名目录的字顺体系为依据，各种参照款目分别排列在相关题名款目之前。题名指导卡上标明了题名的某个单字、某几个单字或某个词或某些重要文献的完整题名。通常每30张题名款目需要设置一张指导卡，按照题名目录采用的排检法规定的先后次序排列在相关题名款目之前。

3. 责任者目录的排列

责任者目录的整理包括责任者款目、责任者参照款目和责任者指导卡的安排。

责任者款目是以文献的责任者为基础的款目，是在基本款目的基础上添加文献责任者标目而形成，是责任者目录的主要组成部分。其功能在于从责任者的角度揭示文献。

这些款目采用与题名款目相同的排列依据，将责任者名称首字相同的款目排在一起，再按照第二及其以后各字（或词）的次序排列。同一责任者的不同款目，可以按照文献题名字顺进行排列；文献题名相同的，按照索书号进行排列。

责任者参照款目的排列以责任者目录的字顺体系为依据，各种参照款目分别排列在相关责任者款目之前。责任者指导卡上标明了责任者名称的首字（词）或几个字（同）或全称。通常每30张责任者款目需要设置一张指导卡，并按照责任者目录采用的排检法规定的先后次序排列在相关责任者款目之前。

4. 主题目录的排列

主题目录的建构包括主题款目、主题参照款目和主题指导卡的整理。

主题款目是以文献的主题为基础的款目，是在基本款目的基础上添加主题标目而形成，是主题目录的主要组成部分。其功能在于从文献主题的角度揭示文献。

主题款目的排列首先以主题法采用的排检法为依据，然后将主题相同的款目排在一起，先排单字（或词）主题款目，后排同组主题款目。主题参照款目的排列以主题法规定的字顺体系为依据，各种参照款目分别排列在相关主题款目之前。主题指导卡标明了主题的某个单字或某个词。通常每30个主题款目需要设置一张指导卡，按照

169

主题款目采用的排检法规定的先后次序排列在相关主题款目之前。

西文目录（采用拉丁字母为文字的文献目录）、俄文目录、日文目录均可结合各种文字的特点按字顺排检法排列。

目前为止，我国尚未颁布关于目录排列的标准，各图书馆通常根据以上几种通用的方法排列目录。另外，由于机读目录的出现及其强大的可操作性和灵活性，图书馆目录可以非常灵活地按照各种检索点排列。以上四种目录的排列，可以通过机读目录的自动化排列来实现。

第七章

图书馆信息资源建设与网络信息资源编目

第一节 图书馆信息资源建设的基本理论与原则

一、信息资源建设的含义及内容

（一）信息资源建设的含义

信息资源建设，作为一个现代图书馆学界广泛应用的概念，其历史可追溯到先秦时期的"藏书"活动。在古代，由于生产力水平的限制，文献资料稀缺，人们便着手收集和保管各类书籍，以尽可能保存知识。那时，藏书主要意味着收藏。

随着时间的推移，西方的印刷技术和造纸术传入东方，催生了各种新式出版物，如杂志、报纸、教科书等。图书馆的藏书范围由此拓展，不再仅限于传统意义上的图书。图书馆的藏书采访工作开始变得更加专业化，重点在于有计划、科学、选择性地收集文献。文献资源建设的核心在于图书情报机构依据服务任务和社会的需求，系统地规划、选择、收集、组织管理文献资源，构建特定功能的文献资源体系。

随着数字化时代的到来，信息资源建设已经超越了传统图书馆藏书的范畴。这不仅涉及馆际协作、文献资源整体化建设和资源共享，还包括建立联合目录报道体系等宏观文献资源建设的理论研究。信息资源建设的核心在于梳理纷繁复杂的媒介信息，进行有针对性的收集、整理和优化，构建出一个井然有序的信息资源体系。特别是在数字信息资源环境下，图书馆信息资源建设变得更加重要，其工作不仅仅是按照图书馆自身的目标进行，还涉及与其他图书馆的分工协作，共同构建一个可供利用的信息资源体系。

（二）信息资源建设的内容

1. 信息资源体系规划

信息资源体系，本质上是各种信息资源元素通过互动与联系构建而成的一个功能性系统。该体系的规划核心在于根据信息资源的功能需求，精心设计其内部的微观结构和整体框架。在微观层面，这意味着每个图书馆都需要根据自身的特点和使命制定一套适合自己的信息资源发展策略。这包括确定资源收集的范围、重点和标准，确立图书馆信息资源结构的基本模式，以及制定具体的资源建设规划。在宏观层面，信息资源体系的规划则是从更广泛的视角出发，如从系统层面、地区层面甚至国家层面进行考量。这涉及根据总体规划和分工进行信息资源的构建，旨在建立一个更加完整、综合的信息资源体系。

2. 信息资源的选择与采集

依据确立的原则、范畴、预设的重点、复制标准、书报比例以及纸质与电子信息的特性，结合读者和使用者的利用习惯，以及可用于购买的经费等因素，图书馆对各类信息资源进行筛选和收集。既然读者和使用者的需求是动态存在的，图书馆在选择和收集信息资源的过程中，必须适时地追踪这些需求的变化，对于采集的信息资源调整方向，保证其被有效地投入使用，特别对价格较高且规模庞大的海外数据库资源，应当谨慎决定是否收集。

3. 馆藏资源数字化与数据库建设

为了强化资源间的共享，图书馆需要借助计算机、大容量的存储技术、全稿扫描和多媒体技术，将馆中储存的独一无二且有质量的纸质文档转化为电子版全文，方便更广泛地使用。在数据库建设方面，图书馆应该将购买和自建相结合，不仅需要有计划地采集数据库资源，还需要着手打造专属的数据库。此外，图书馆需要注重外文期刊联编目录数据库的建设，以实现资源的有效利用和共享。总之，数据库建设是图书馆发展的重要组成部分，需要我们不断探索和创新，以满足读者的需求。特色数据库反映了图书馆特色资源的汇总，是展现图书馆提升其社会影响力和信息服务竞争力的核心资源，如北京大学图书馆的《北大名师》、清华大学图书馆的《中国科技史数字图书馆资料库》等。图书馆应对照社会需求和自身馆藏优势，选择合适的主题，整合技术力量以制造别具一格的主题数据库，供网上使用，为本地乃至全国更宽泛的用户提供服务。

4. 网上信息资源的开发利用

在当今数字化时代，图书馆作为信息资源的重要枢纽，承担着开发和利用网络信息资源的关键角色。通过筛选和整合互联网上的丰富信息，图书馆能够创建独特的虚拟馆藏，极大地扩展了用户可以接触到的信息范围。这一过程涉及对网络资源的深度挖掘、精选、下载或链接至图书馆的网站，并构建有效的信息导航系统，从而优化用户服务。尤其是外文电子期刊，虽然价格不菲，但许多开放获取（OA）期刊为用户提供了丰富的电子期刊资源，成为图书馆满足用户需求的新方式。因此，图书馆应根据用户的具体需求，集成和追踪相关网站，特别是 OA 期刊，以提供更加广泛的外文电子期刊资源。

5. 信息资源的组织管理

在信息资源的组织管理方面，图书馆需对纸质和电子资源进行高效管理，确保资源的有效利用。对于纸质资源，合理的布局和排列至关重要。例如，不当的存放位置如将外文书籍混放于中文书籍区域，或置于人迹罕至的分馆，将大幅降低其使用率。因此，图书馆需要优化馆藏布局和藏书结构，以充分利用馆藏资源。此外，随着电子信息资源的增多，图书馆应整合购买的数据库资源，合理分类不同类型的资源，便于用户访问。同时，将购买的数据库与自建数据库有效集成，充分展示内容，实现跨库检索，并提供"一站式"服务，以便为用户的信息检索提供便利，并节约他们的宝贵时间。

6. 信息资源的共建与共享

在信息技术迅猛发展的今天，信息资源的快速增长尤其是电子资源的激增，对图书馆提出了新的挑战：单个图书馆已难以独立满足用户不断增长的信息需求。因此，共建与共享信息资源成为图书馆界的共识和追求的目标。共建信息资源不仅是信息建设的关键，更是实现资源共享的基础。在数字信息环境下，共建与共享信息资源的目标涵盖几个关键方面：一是通过综合规划和图书馆间的协作，构建一个完善的信息资源保障系统；二是建立一个覆盖范围广泛、使用便利的书目信息网络；三是建立一个迅速高效的文献传递系统和便于实施的馆际互借机制。这些措施共同促进了信息资源的有效流通和利用，使得图书馆能够更好地服务于公众，满足不同用户的多元化信息需求。通过这种共建共享机制，图书馆可以更有效地利用有限的资源，为用户提供更加丰富、高效的信息服务。

二、信息资源建设的基本理论与建设原则

（一）信息资源建设的基本理论

1. 系统论在信息资源建设的应用

系统论作为一门研究系统的一般模式、结构与规律的学科，其核心在于探索和识别各类系统的共性特征。系统论通过数学工具来量化系统的功能，旨在建立一套普适的系统原理、原则和数学模型，这种方法融合了逻辑思维和数学分析的特点。

系统不是孤立的元素简单堆叠，而是一个有机整体，其中的每一部分都占据着特定的位置，并执行着特定的功能。这些部分相互联系，共同构成一个不可分割的整体。若将任何部分从系统中剥离，系统的功能和效率便会受到影响。

在数字信息时代，系统论对图书馆信息资源建设的影响尤为显著。图书馆信息资源的构建并非孤立的一环，而是一个由多个相互关联、相互作用的子系统构成的系统。这些子系统包括但不限于信息的采集、处理、订单接收与反馈，以及资源使用信息反馈等。每一个子系统都在信息资源建设中扮演着重要角色，它们之间的有效协调和互动对于整个系统的高效运作至关重要。图书馆信息资源建设实际上是在一个闭环的循环系统中进行的。在这个系统中，信息的采集、处理、分享和反馈环环相扣，相互依赖。例如，信息采集系统负责收集并筛选信息，信息处理系统对收集到的信息进行分类、整理和存储，而订单信息接收与反馈系统则确保信息能够及时准确地传达给需要的用户。信息资源使用信息反馈系统收集用户反馈，为信息资源的优化和更新提供依据。

通过这种多子系统的协同工作，图书馆信息资源的建设可以更加高效、有序。这不仅能够大幅提升图书馆服务的质量和效率，也能更好地满足用户的需求。此外，系统论在信息资源建设中的应用还有助于提高资源的利用率，减少资源的浪费，同时也为图书馆信息资源的长远发展提供了坚实的理论基础。

2. 控制论在信息资源建设的应用

控制论，一种致力于研究系统调控规则的科学，自诺伯特·维纳于 1948 年发布著作《控制论：或关于动物和机械中的控制和通信》后，其理念和方法已渗透至几乎所有自然科学与社会科学领域。维纳的观点是，控制论是一种透视机械、生物社会中通信与控制一般法则的科学。管理系统，作为一个代表性的控制系统，与工程和生物系统在本质上一样，都是通过信息反馈揭示结果和标准之间的差异，并采取纠正策略，使系统保持在预设的目标状态。因此，适用于工程和生物控制论的理论和方法，理论上也适用于管理控制问题的分析和解释。

从控制论的本质看，控制的过程实际上就是一种信息流动过程。其中，通过信息的传输、变换、加工和处理来实现系统的高效运行。显然，信息构成了控制的根基，所有的信息传递目的都在于实现控制，反过来，所有的控制行为也都取决于信息反馈的实现。信息反馈是控制论中的一项关键理念。所谓信息反馈，就是指控制系统将信息送出，然后又将其对应的效果反馈回来，并对二次信息输出产生影响，起到制约作用以至达到预期目标。

随着现代信息资源的飞速增长，人们面临前所未有的信息洪流。这种现象，通常被称为"信息流"，主要是以科学文献为主的各类信息在社会各领域的广泛传播。信息流的特点在于其快速的增长速度、广泛的传播范围以及深入的社会影响，使得人们在某些情况下对其感到无法掌控，由此产生了"信息爆炸"的概念。

信息流对人们的社会生活产生了深远的影响，尤其对科学家和专业人员的工作带来了显著的挑战。这种影响主要表现在三个方面：一是大量的知识信息被次要文献信息淹没，使得人们检索有价值信息的难度增加；二是信息的大量涌入导致了知识内容的重复；三是知识信息的有效期缩短，信息更新速度加快，使得及时获取和利用信息变得更加困难。因此，图书馆用户不得不投入大量时间来检索所需信息，减少了用于创新性研究和思考的时间，这无疑是对社会宝贵生产力的极大浪费。面对信息流的挑战，人们迫切需要采取相应对策。在此背景下，图书馆信息资源的建设成为关键。所谓信息控制，就是对信息进行筛选和管理，确保信息流向合理，以满足人们的需求。这要求图书馆不仅要收集和整理信息，还要进行有效的选择和定向传播，以确保信息资源能够有效地服务于用户。

3. 经济理论在信息资源建设中的运用

在当今时代，信息被视为关键的经济资源，因此在图书馆的信息资源建设中应用经济理论至关重要。根据经济学的基本法则，信息资源建设的目标是在有限的成本下获得最大的信息效益。这里的信息成本是指投入到信息资源建设的资金，而信息报酬则是指从信息投资中获得的产出或效益。近年来，我国在信息资源建设上的投资逐年增加。尽管投资增长难以跟上信息资源数量与成本持续上升的速度，但仍有很多机会可以发掘。观察国内大学图书馆的情况，可以发现省属重点大学图书馆的信息资源投资多在一千万元人民币左右，而国家重点大学图书馆的投资则通常在几千万元人民币。尽管投资额度较大，但信息资源的实际效益似乎并不显著。实际上，信息资源投资的效益主要体现在其被利用后对生产要素的增值作用。但这种增值是一个复杂的过程，受多种因素影响，因此，评估信息资源的效益存在一定的模糊性和难以量化的问题。但是，一个不争的事实是，信息资源的效用与其运用率呈正相关。这意味着，提高信息资源的利用率是提升其效用的关键。因此，图书馆在进行信息资源建设时，不仅需要考虑资源的采集和储存，更需要关注资源的实际运用状况，以确保所投入的资金能够实现最大的效益。通过这样的方法，图书馆能够更有效地利用经济理论指导信息资源建设，优化资源配置，最大限度地提升信息资源的经济效益。

4. 信息管理理论在信息资源建设的运用

（1）布拉德福定律对信息资源建设的指导作用

在信息资源建设中，布拉德福定律展现了其不可忽视的价值。随着科学界的多元化和交叉融合，学科之间的界限变得模糊，促使了文献资源的分布呈现出集中与分散并存的特点。这种现象不仅吸引了专业人士的关注，更在 20 世纪 30 年代引发了图书馆学、情报学等领域的深入研究。布拉德福定律，作为这一领域的里程碑，为理解和分析学科间文献的分布提供了重要视角。

英国化学家布拉德福，同时也是一位卓越的文献学家，他洞察到科学技术各个分支之间存在着密切的联系。这种关联导致一个学科的文献在其他学科的期刊中频繁出现。布拉德福通过对不同学科文献进行广泛的统计和调研，发现了文献分布的特定规律。例如，在电技术领域，大约三分之一的文献发表在该专业的少数几种期刊中，而另外三分之一则散布在与电技术间接相关的领域，如能源学和交通运输等领域的期刊中。剩余的三分之一则出现在相邻学科期刊中。布拉德福通过对书目、文摘等的深入分析和等级排列技术，成功揭示了这一文献分布的离散定律。这一定律对图书馆在信息资源建设方面的指导意义重大。它提示图书馆在收集和整理文献时，不仅要关注特定学科的核心期刊，还需要注意到与之相关的其他学科期刊。这样的整合不仅能够为研究人员提供更为全面的信息资源，还能促进不同学科间的交流与合作。此外，布拉德福定律还指引图书馆在管理和服务过程中，如何有效地利用有限的资源，以满足用户的多元化需求。

布拉德福定律揭示了一个有趣的现象：在学术期刊的世界里，文献的分布并不是均匀的，而是呈现出一种特殊的集中和分散的格局。具体来说，某一学科或专业的重要文献，往往倾向于聚集在数量相对较少的核心期刊中。这些核心期刊，虽然数量有限，但承载着该学科的重要信息，文章质量高，与该领域的联系紧密，反映了该学科的最新发展和前沿问题。因此，这些期刊在学术界的影响力大，引用频率高。但是，这种集中的现象并不意味着学科文献只存在于这些核心期刊中。相反，大量的文献还分散在更广泛的期刊中，这些期刊可能与该学科紧密相关，也可能只是相邻学科。在这些期刊中，虽然各自对该学科的贡献程度不同，但它们仍然构成了学科知识体系的重要组成部分。

布拉德福定律的意义不仅仅局限于学术期刊的领域。事实上，这一定律也同样适用于图书馆的图书收藏。就像学科文献在期刊中的分布一样，学术专著在出版社的分布也呈现出相似的集中与分散的特点。通过分析不同出版社出版的学科专著，我们可以发现某些出版社在特定学科领域的出版数量和质量上占据着主导地位。对于图书馆而言，布拉德福定律提供了一个重要的参考框架。利用这一定律，图书馆可以更有效地识别和收集那些对特定学科最具价值的信息资源。这不仅包括识别哪些期刊是该学科的核心期刊，还包括确定哪些出版社是该学科的"核心出版社"。通过这样的策略，图书馆可以更加有针对性地配置资源，优化馆藏结构，从而更好地服务于读者的需求。在数字信息时代，图书馆面临的挑战更为复杂。信息资源的丰富多样性和更新速度，以及有限的经费，都要求图书馆在信息资源建设上做出明智的决策。布拉德福定律在这方面提供了宝贵的指导：通过精准确定各学科的核心期刊、核心出版社和核心作者，图书馆不仅可以更有效地利用有限的资源，还能更好地指导读者进行重点阅读，制定更为合理的信息资源建设策略，从而提升馆藏的整体质量和使用效率。

（2）文献老化理论与信息资源建设

在图书馆和信息资源建设的领域中，文献老化理论扮演着一个不可忽视的角色。这一理论揭示了一个核心事实：随着时间的流逝，已发表的文献逐渐显得过时，它们的实用价值和被引用的频率会逐步降低。这一过程，被称为文献的老化。文献老化不仅是一个自然的现象，也是图书馆信息资源管理中必须面对的现实问题。理解文献老化的本质对于图书馆来说极为重要，因为它直接影响到馆藏的更新和维护策略。为了衡量文献老化的速度和程度，学者们提出了多种方法和指标。其中，最为人熟知的两个量度是"半衰期"和"普赖斯指数"。

"半衰期"这一概念最初是在物理学中用于描述放射性元素衰变的速度。然而，它被美国科学家贝尔纳于1958年引入到图书馆学中，用以形象地描述文献的老化速度。简单来说，文献的半衰期指的是某个学科领域中，现有活跃文献中有一半达到"过时"状态所需的时间。所谓"现有活跃文献"，是指当前仍然被读者广泛利用的文献。换句话说，半衰期可以视为一个文献从被出版到失去重要性的时间跨度。

在图书馆学和信息科学领域，文献老化理论是一个深刻而复杂的议题。伯顿和凯普勒的研究初步揭示了九个学科的文献半衰期，而随后的研究进一步补充了其他学科的数据。这些研究成果表明，不同学科的文献半衰期有显著差异，这一现象揭示了学科发展速度与文献老化速度之间的联系。具体来看，一些学科如地理学的文献半衰期达到了 16.1 年，而像生物医学这样快速发展的领域，其文献半衰期仅为 3 年。这种差异说明，那些技术或内容正经历快速变化的学科，其相关文献的有效期往往更短。相反，那些较为成熟和稳定的学科，如地理学，其文献的半衰期则相对较长。此外，文献的老化过程不仅受到学科本身的性质影响，还与多种因素相关，包括文献的增长速度、时代的特征、人类的需求、社会环境和情报需求。例如，科学专著通常具有比期刊论文、科技报告或会议文献更长的半衰期。经典论著比一般的论著更为持久，理论性刊物的半衰期也通常长于通讯报道性质的刊物。

衡量文献老化的另一个重要指标是普赖斯指数。它反映了在某一学科领域内，近五年内发表的文献被引用的频率与总引用次数的比例。普遍来说，学科的普赖斯指数越高，意味着其文献的半衰期越短，文献的更新速度也越快。

在探讨图书馆领域的文献老化理论时，普赖斯指数和文献半衰期这两个概念扮演着至关重要的角色。这两个指标虽然都致力于解读文献随时间变化的趋势，但它们各自采用不同的方法和侧重点。文献半衰期，这一概念主要用于描绘一定领域内所有文献的综合老化速度。它基于文献被引用的频次，测算出文献从发表到其影响力降至一半所需的时间。这个指标能够为我们提供一个宏观视角，帮助我们理解特定学科领域内文献的整体更新速度。然而，文献半衰期的局限性在于它只能提供一个总体的老化速度估计，而无法细分到具体的文献或者作者层面。普赖斯指数则提供了一种更为精细的衡量方式。它不仅可以用来评估一个学科领域内所有文献的老化速度，还可以应用于具体的期刊、机构，乃至单个作者或一篇具体的文献。普赖斯指数通过分析近期文献被引用的比例，来衡量新知识在特定领域内的渗透速度。这种方法使得我们能够深入到更微观的层面，理解和评估文献在特定环境下的老化情况。

传统的半衰期和普赖斯指数在评估文献老化时存在局限，它们不能全面地考虑各种影响文献新鲜度的因素。因此，这些工具在评估文献的实际价值时，往往会失去一部分真实性。鉴于此，图书馆在建立信息资源体系时，应该更加关注文献的时效性。特别是对于那些半衰期较短的学科，如计算机科学和经济学，图书馆应采取更为灵活和及时的信息资源配置方法。与传统的订购模式相比，现采模式在时间效率上更具优势。例如，在处理紧迫的信息需求时，图书馆可以通过现采模式迅速获得最新的书籍和资料，从而确保信息的及时更新和有效利用。此外，图书馆在制定文献采购政策时，也应考虑到不同学科的特点。对于更新速度快、话题热度高的学科，应采取快速的采访模式，以保证读者能够及时获取最新的知识和信息。反之，对于那些半衰期较长的学科，图书馆可以适当增加复本数量，确保长期的稳定供应。图书馆还应当利用文献老化的数据来优化自己的服务。例如，通过分析文献的使用频率和读者的需求，图书馆可以合理地调整图书的架位时间，确保既不浪费资源，也能满足读者的需求。总之，通过灵活运用文献老化理论，图书馆能够更好地服务于读者，提高信息资源的利用效率。

（二）信息资源建设的原则

在当今社会，信息资源的构建和管理已成为图书馆工作的重要组成部分。这一过程不仅反映了信息领域内的客观规律，而且也是对图书馆工作实践的科学总结。随着信息技术的飞速发展和图书馆行业的不断进步，信息资源建设也在不断演变和完善。此外，信息资源建设还受到多方面因素的影响。社会经济的变化、政治环境的发展、科技的进步、教育体系的更新以及文化的演变等因素，都在不同程度上影响着信息资源的建设。因此，信息资源建设原则也应与时俱进，不断调整和优化，以更好地适应社会发展的需要。因此，数字信息环境下，信息资源建设应该遵循实用性原则、系统性原则、特色化原则，协调发展原则以及共建共享原则。

1. 实用性原则

在图书馆领域，实用性原则强调以用户的实际需求为核心，进行信息资源的规划、筛选、收集、整理、组织和管理。这一原则的核心在于确保图书馆所提供的信息资源能够充分满足读者和用户的信息需求。图书馆的信息资源建设应紧紧围绕其服务目标和工作任务。例如，国家图书馆和大型公共图书馆通常承担着为政府决策、经济发展和文化教育服务的职责，因此它们需要系统地收集和保存各个学科领域的重要信息资源。对于中小型公共图书馆而言，其主要职责是服务于地方的经济和文化发展，以及满足公众对科学文化知识的学习需求，因此它们应重点收藏与地方经济社会发展相关的信息资源，包括科研、生产、管理等方面的资料，以及地方文献和科普资料等。高校图书馆则主要服务于教学和科研工作，应重视收集与学校专业相关的教材、参考书籍和科研资料，同时也应广泛收藏各类课外读物以丰富学生的知识面。专业科研图书馆则更应关注其服务单位的研究方向和课题，系统地收集本专业及相关学科的国内外信息资源。

实用性原则还要求图书馆充分了解和满足不同类型读者的具体需求。不同读者群体对信息资源的偏好存在差异，如专业研究者倾向于使用电子信息资源，普通读者可能更青睐纸质资料。年轻用户可能偏好电子资源，而年长用户可能更习惯于传统的纸质资源。因此，图书馆在构建信息资源时，应综合考虑不同用户群体的需求，合理规划信息资源的种类和比例，以确保信息资源建设的实用性和高效性。

实用性原则强调图书馆在信息资源配置上必须依据当前出版和发行的实际情况。在数字化时代，信息资源的种类和数量都在迅速增长。因此，图书馆需要紧跟时代步伐，掌握各类出版信息资源的动态，从中筛选出读者和用户最需要的资源。图书馆不能单一化地配置资源，这可能会导致某些用户无法找到自己感兴趣的资料。同时，图书馆还需要关注不同类型信息资源的出版量。在资源丰富时，图书馆可以挑选最优秀的资源；而在资源稀少时，更应抓住机会，避免错失重要的信息资源。这种策略有助于避免信息资源的不均衡和缺乏。

图书馆在信息资源建设时，应结合自身的服务目标、用户需求和信息资源的发展趋势。这需要图书馆摒弃传统以藏书为中心的观念，转向数字信息时代以用户需求为核心的新模式。图书馆的每项资源配置决策都应基于实际的读者需求，避免不切实际的决策。只有这样，图书馆才能构建一个真正满足使用需求的信息资源体系。

2. 系统性原则

在信息资源建设的领域，图书馆需遵循系统性原则，重点关注信息资源系统内部各组成部分的相互作用以及其与外部环境的联系。

一方面，科学知识的发展和积累呈现出明显的系统性。这种系统性不仅体现在知识的时间发展上——从历史到现代的传承与积累，也体现在知识的空间分布上——不同学科之间的相互渗透与交叉。同时，知识的生产过程也表现出其连续性，尤其是在文献的出版和发行上，如连续出版的报纸、杂志等。

另一方面，读者对于科学知识的需求同样具有系统性。这种系统性不仅体现在他们对信息资源类型和类别的选择上，也体现在其使用的时间和深度上。虽然表面上看似混乱无序，实则存在明确的目的性和系统性。特别是那些进行系统学习和研究的读者，他们的阅读和查询需求更是按部就班、深入细致。因此，为满足不同读者的需求，图书馆在信息资源的构建过程中必须保持各种类型和载体的合理比例，进行系统性的收集和组织，并进行全面规划。这样做可以确保信息资源的系统性与读者需求的系统性保持一致，从而更有效地服务于广大读者。

图书馆在构建信息资源时，应遵循系统性原则，注重满足读者需求和服务任务，因此可以采取以下措施：

第一，优先搜集特定学科或领域的文献资源，确保这些重点领域的资料在内容上既保持历史连续性，又反映学科发展的特征和趋势。这包括从纵向上关注学科的发展历程，以及横向上广泛涵盖各学派的代表作、关键评论、核心期刊等。

第二，对于图书馆长期积累的珍贵资料，应特别关注其历史价值和连续性，将其作为特别收藏来维护和利用。对于与图书馆服务任务密切相关的多卷书、丛书、连续出版物及重要工具书，图书馆需确保其完整性和连贯性，避免中断或缺失。这些资料在知识内容和出版形式上均具有强烈的系统性，一旦中断，便会失去其完整性和价值。随着数字化的发展，图书馆需要根据实际情况选择购买印刷版或电子版，或两者兼顾，形成一个互相联系和依赖的系统。

第三，图书馆在收集资源时，应注重学科间的相互渗透和边缘交错，广泛而精选地收集相关学科和边缘学科的资料，以及适合普通读者学习和阅读的基础资料。这要求图书馆在收集时能够识别并优先考虑最关键、最有价值的资料，从而构建一个既重点突出又层次分明的馆藏资源体系。

3. 特色化原则

特色化原则在信息资源管理中扮演着关键角色。这一原则强调的是图书馆收藏的独特性，反映出图书馆藏书的独到之处和活力。每个图书馆不仅要承担通用的信息服务职责，还要满足特定领域或读者群体的专门需求。为此，图书馆需根据其特定的性质、服务使命以及目标读者的需求，精心构建一个既能满足特定服务要求又能契合特定读者需求的信息资源体系。这样的特色化策略不仅提升了图书馆的服务质量，也增强了其在信息资源领域的竞争力和影响力。信息资源特色化原则主要体现在学科特色、专题特色、地方特色、文献类型特色四个方面。

（1）学科特色

学科特色强调在特定学科或专业领域中，系统性地集结文献资源，以此构建图书馆的独特优势。对于致力于科学研究的专业图书馆和大学图书馆来说，打造鲜明的学科特色尤为重要。专业图书馆应依托其服务的科研方向和使命，发展相应的学科资源；而大学图书馆则需依据校内专业的布局，特别是那些重点学科，来建立特有的学科资源体系。公共图书馆同样不可忽视这一点，它们需要依据当地的产业和科研重点，塑造图书馆的学科特色。

（2）专题特色

专题特色是指图书馆围绕特定主题（如事件、议题、名人等）进行文献的全面而系统的收集，以此形成特定的专题文献库。例如，一些图书馆可能会专门建立服装、陶瓷或旅游等领域的特色文献库，或者是某个著名人物研究的特别文献收藏。这样的专题特色是构成图书馆馆藏特色的一个重要方面，它能够为读者提供更加专业和深入的学习资源。

（3）地方特色

地方特色是指着眼于根据所在地区的地理环境、历史背景、经济发展和文化特征，全面而系统地收集与该地区相关的文献，进而形成具有地方特点的文献库。地方文献，作为最具地方特色的文献类型，涵盖了当地政治、经济、历史、文化、科学等多个方面的内容。这些文献不仅记录了该地区从古至今的发展历程、经济特色、自然风貌、民俗文化和历史遗迹，而且为研究当地的历史现状提供了宝贵的第一手资料。对于旨在服务地方经济、科学和文化发展的公共图书馆而言，构建具有地方特色的藏书资源，具有极其重要的意义和独特的价值。

（4）文献类型特色

文献类型特色是根据图书馆的使命、历史背景以及藏书的协调规划，针对特定类型的文献进行全面而有系统的收集。例如，一些图书馆可能专注于收集标准文献、专利文献、缩微资料、音像资料等，使这些成为其馆藏的独特亮点。特别是在某些专业性较强的高校图书馆（如艺术院校图书馆）、国家级图书馆或省级公共图书馆中，音像资料的收藏往往成为它们的一大特色。这些音像资料不仅包含了丰富的艺术和文化内容，而且常常具有较高的研究和教育价值。通过这样的专门收藏，图书馆能够更好地服务于特定的学术研究和文化传承，同时也展示了图书馆在藏书策略和文献管理方面的专业性和特色化。

信息资源特色化原则除了在资源类型等方面有所要求外，在信息资源数量方面也有所要求。馆藏特色的构建，依赖于图书馆对特定资源的持续积累。合理的资源数量是构建和保持馆藏特色的基石；如果数量不足，特色便难以显著。因此，图书馆需对那些已被选为特色资源的信息资源进行全面而系统的收集，并在经费分配上给予优先考虑，确保这些资源在数量上的充足。同时，这些资源的完备性也非常重要。

除了数量上的考量，"信息资源特色化原则"还强调资源的质量。拥有大量信息资源并不意味着特色的自动形成；资源的数量应建立在质量之上，并以质量来指导数量的控制。图书馆收集的信息资源应具备一定的深度和质量，反映出学科的最新发展趋势。对于专业科研图书馆来说，收集高质量的科研资料是基本要求。对于高等教育机构图书馆而言，不仅需要具备专业特色的图书，还要包括特藏书籍、外文原版书、大型工具书集以及特色数据库，以强化其馆藏特色。对于省级公共图书馆，它们的任务不仅是提升公众的科学文化水平，也包括服务于科学研究和生产。这就要求它们不只收藏普及型的书籍，还需要关注更具学术性的专著、期刊和其他类型的资料，以形成其独特的馆藏特色。此外，特色化原则还要求图书馆对特色资源的馆藏比例进行合理规划，特别是在已形成特色的学科领域，要确保最新的文献资料占据适当的比重。

重点藏书是图书馆信息资源中的精华，图书馆信息资源的特色也主要是体现在重点藏书中。对于这些重点藏书，图书馆需要做到几点：一是通过深入的调研来确保所选藏书切实符合实际需求，具有明确的针对性；二是要进行全面而系统的收集工作，注意保持藏书的历史连贯性和学科间的相互关联性，及时补充新资源；三是维持藏书的稳定性，合理分配购书经费，确保各类书籍和期刊的均衡比例。

核心期刊作为图书馆信息资源的一个关键组成部分，以其高密度的信息、优质的内容、长久的影响力以及高引用率和借阅率，代表了特定学科或专业领域的学术水平和发展趋势。因此，图书馆在选择核心期刊时，应基于实际需求和读者的偏好，同时考虑期刊本身的质量（如可靠性、权威性、实用性等），做出慎重决策。一旦确定了各专业的核心期刊，就应从多方面进行保障，包括系统性订购和长期保存。

此外，特色数据库的构建也是图书馆信息资源管理的重要方面。当图书馆的馆藏转化为文献数据库并提供在线服务时，应避免与其他图书馆重复相同资源的在线处理。在传统图书馆环境中，馆藏资源间某种程度的重复是可接受的；但是，在网络上，图书馆作为网络整体的一个节点，它的数据库资源如果被网上其他机构的数据库资源所覆盖，那么它的生命力和存在价值就会大大降低。因此，图书馆必须努力确保其信息资源具有独特性和差异性，这样，从网络中获取的资源才能真正丰富并具有价值。

4. 协调发展原则

在数字信息环境下，图书馆面临的挑战和机遇并存。信息资源的急剧增加和多样化要求图书馆根据自身实际情况及读者和用户的需求特点进行资源配置，实现信息资源的协调发展。这不仅是为了满足读者和用户的多元化信息需求，也是为了促进图书馆整体服务功能的提升。

第一。各学科信息资源的协调发展。这意味着在确保一般学科资源均衡分布的同时，特别关注重点和特色学科信息资源的持续发展。图书馆不应仅仅因为某类图书出版量大就盲目采购，而应基于学科建设的实际需求进行精准选择。

第二，各语种信息资源的协调发展。虽然中文信息资源是国内读者和用户的主要选择，但对外文信息资源的需求也日益增长。这一需求在不同学科间存在显著差异，如科技类信息资源的外文需求通常高于社科类。因此，图书馆在信息资源建设时需依据读者和用户对各学科信息资源的实际需求来进行调整和优化。

第三，载体多样性的协调发展。近年来，随着技术的发展，用户对电子信息资源的需求量显著增加，尤其是中文和外文全文电子期刊。此外，用户对各类电子资源的需求也越来越广泛，包括但不限于书目数据库、电子期刊数据库、电子图书数据库、专题数据库以及各种教学视频库等。图书馆在配置电子资源时，需要根据用户的实际需求进行合理安排。同时，也应注意纸质信息资源与电子信息资源之间的平衡，确保这两种资源形式能够相辅相成，共同促进图书馆信息资源的协调发展。

5. 共建共享原则

在数字化时代，图书馆的信息资源建设已经迈入了一个全新的阶段。共建共享原则，作为其中的重要组成部分，强调了地区间、系统间乃至国际图书馆的广泛合作与资源共享。这一原则不仅涵盖了科学的规划与分工协作，还包括了构建一个相互依赖、互惠互利的信息资源共享体系。在这个过程中，每个图书馆都要基于整体的目标和战略规划，发挥自身的专业优势，建立独特且具有特色的信息资源系统。通过有效的合作和资源共享，各个图书馆可以建立起一个相对完整的信息资源保障体系，确保资源的最大化利用和优化配置。数字信息环境为信息资源的共建共享提供了强大的技术支持。海量的信息存储系统、高速且成本效益高的传输手段、联机的联合目录以及各类电子化的检索工具，都极大地促进了图书馆间的资源共享和合作。利用这些技术手段，图书馆可以更有效地进行信息资源的共建和共享，为广大读者提供更加丰富、便捷的服务。此外，现代信息技术基础上的馆际互借和文献传递系统的建立，使得各馆资源可以互相利用，进一步拓宽了信息资源共享的范围。这不仅有助于各图书馆之间资源的有效利用，也为用户提供了更加便捷的信息服务。

数字信息资源环境下，信息资源建设的五项原则——实用性原则、系统性原则、特色化原则、协调发展原则和共建共享原则——构成了一个紧密相连、不可分割的整体。这些原则相互依存、相互促进，共同推动着图书馆信息资源建设的全面发展。共建共享原则不仅扩展了其他原则的内涵，也使得信息资源建设成为一项具有广泛社会影响的事业，对促进社会发展和进步起到了至关重要的作用。通过实施这些原则，图书馆可以更好地适应数字化时代的需求，更有效地服务于社会和公众。

第二节 图书馆信息资源的采集与配置

在数字时代背景下，图书馆作为社会信息资源的重要承载者，承担着适应和满足日益多样化、综合化的信息需求的重要责任。信息技术和网络的快速发展不仅改变了人们获取知识和信息的方式，也提高了对图书馆服务效率和质量的期望。因此，如何高效地搜集、整合并提供信息资源，成为图书馆必须面对的关键问题。

一、图书馆信息资源的采集

（一）信息资源采集的原则

信息资源采集是图书馆工作的基础，涉及收集、筛选和整合符合用户需求的信息。不同用户群体对信息的需求各异，这决定了信息资源采集过程的多样性。即便如此，信息资源采集仍需遵循一些共性原则：

1. 目的性原则

面对庞杂且多样的信息数据，我们必须明确采集的目的性。这是因为尽管信息资源浩如烟海，用户的需求却是具体且明确的。因此，在采集信息资源时，我们需要依据信息服务机构的特点、服务对象的需求及信息采集范围来做出决策。这要求我们有目的、有计划地挑选出具有高价值、符合主要用户群需求的信息。通过这种有步骤、有计划的采集方式，我们能够确保资源的有效利用，同时以最小的成本满足用户的信息需求。

2. 主动性原则

鉴于信息的时效性，为了及时捕捉和反映事物的最新动态，信息资源采集工作必须展现出积极主动的态度。采集人员需深入理解用户的实际信息需求，并熟悉各种采集渠道及方法。此外，采用先进的技术和方法，建立一个系统化、完善的信息资源采集网络至关重要。这样的网络能够针对不同的对象和条件，灵活调整，主动地捕获和获取最新的信息。

3. 连续性原则

从信息资源采集工作开始阶段，就需要持续不断地补充新信息。这种补充不仅包括对过去和现在信息的采集，而且还要尽可能地包括那些能够预示未来趋势的信息，以保证信息资源的连贯性和完整性。尤其是网络信息资源，因其更新速度快、时效性强，常需在信息传递和增值过程中及时更新。这就要求我们不断淘汰过时或陈旧的信息，有时甚至需要重新采集。因此，信息资源的采集是一个持续进行的工作，需要不断地更新和完善。

4. 经济性原则

信息资源采集需要人力、物力和财力的投入，提高采集效率的同时，还需要注重成本效益。当信息存在于多种载体中时，应优先选择成本更低的载体形式。实施经济性原则时，需要重点关注两个方面：

第一，应避免信息资源的重复采集。尤其是在电子信息资源广泛存在内容相似而载体不同的情况下，挑选恰当的信息源和采集方法显得尤为重要。这不仅能避免资源浪费，也能提高采集工作的效率。

第二，要充分考虑信息服务机构的经济承受能力。在追求信息真实性的同时，要平衡社会效益与经济效益，整体效益与局部效益之间的关系，确保采集工作既有效又经济。量力而行，避免盲目采集，这对于避免资源和资金的浪费尤为重要。通过这样的方法，可以在确保信息质量的前提下，实现信息资源采集的经济性。

5. 计划性原则

信息资源的采集工作需遵循计划性原则，以确保采集活动既满足当前需求又预测未来发展。这要求采集活动不仅要广泛开拓信息来源，还要持续不断地进行。为此，信息采集机构应根据自身的任务和经费情况，制定详尽且具体的采集计划和规章制度。这些规划应涵盖信息采集的内容、范围、方式，以及人员安排、时间限制、经费预算和资金来源等各方面。

6. 科学性原则

信息资源的采集过程中，要深入运用科学方法，深入探究信息资源的分布模式，确保选取的信息源既信息量丰富又密度高。图书馆在筛选学术网站时，可采纳布拉德福等文献计量学的策略，以此标准挑选出一批富含学术价值的网站，作为信息资源的主要采集来源。这种方法能有效保证信息采集的质量和深度，确保获取到的资源具有高度的学术和实用价值。

7. 可靠性原则

在信息资源的采集活动中，可靠性原则是不可或缺的。这要求信息采集人员在收集信息时，必须以真实性和可靠性为基本准则，充分考虑用户需求。采集过程中应进行周密的调研，通过细致的比较和辨别，确保所采集的信息真实、可靠且准确。在这一过程中，要避免以偏概全，应基于实事求是的原则，精心筛选，排除不实内容，深入挖掘每项信息资源的内涵、使用价值和可信度。这样的方法能确保信息资源采集既全面又精准，满足用户对高质量信息的需求。

8. 系统性原则

系统性原则强调的是时间维度上的连续性与空间维度上的广泛性。这意味着，在采集与单位需求相符的信息时，应全面考虑，尤其重视信息的连续和完整性。用户需求的多样性和层次性直接影响信息资源采集的系统性。由于信息资源的使用者构成多元，包括不同年龄、文化背景、知识水平的用户群体，因此他们对信息资源的需求在种类、时间、层次、范围及深度上都具有特定的指向性和系统性。为了满足各类用户的综合需求，信息资源的采集工作必须遵循多维度、全方位的策略。这不仅包括广泛收集各类信息，还要在采集过程中保持信息种类间的合理比例，确保总体规划的协调性和连贯性。这种系统性原则的运用，确保了信息资源采集的效率和效果，更好地服务于不同用户群体的特定需求。

（二）信息资源采集的方法

在信息资源的采集领域，采集策略涵盖了根据具体计划，全面探寻信息来源，并及时收集相关信息的基本方法。每种方法都有其独特的优势和适用场景，因此在信息资源采集时，应根据实际需求灵活运用这些策略。

1. 按信息载体形式划分

根据信息载体的不同形式进行分类，具体包括：

（1）文件研究法：这种方法是指从各类文献资料中搜集所需信息。

（2）报刊摘要法：通过精选报纸和期刊中的重要内容，提取关键信息。

（3）广播监听法：利用收听广播节目的方式，获得必要的信息资源。

（4）电视观察法：通过观看电视节目，获取多种信息。

（5）电信获取法：这包括使用电话和电报等通信工具来接收信息。

（6）电信接收法：借助电脑浏览网络或其他数字资源，以获取信息。

（7）面对面交流法：通过直接对话，从个人交流中收集信息。

（8）书信征询法：通过写信的方式，向相关方面咨询所需信息。

2. 按信息采集方式划分

根据信息采集方式进行分类，具体包括：

（1）定向采集法：专注于某一学科、国家或特定主题的全面、系统性采集。

（2）定题采集法：根据特定用户需求或主题进行目标明确的信息采集，尤其适用于科研等领域，虽然具有针对性，但挑战也较大。

（3）现场采集法：通过参加展览、访问等活动，接触并收集实物相关的详尽信息。

（4）社交采集法：在各类社交活动中获取最新信息，如会议、旅游、聚会等。

（5）特殊情报采集法：通过特定手段收集政治、经济、军事等敏感信息。

（6）主动采集法：根据预测或特定需求主动开展的信息收集，以满足用户的潜在需求。

（7）定点采集法：指派专业人员在特定地点收集相关信息，效率高且成本相对低廉。

（8）委托采集法：由于资源或专业知识限制，向外部机构或个人委托信息采集，虽成本较高，但能获得专业服务。

（9）跟踪采集法：针对特定主题或对象进行持续监视和跟踪，确保信息的实时性和连续性。

（10）积累采集法：通过日常阅读、记录等方式积累信息，逐渐构建起系统的信息库。这种方法适合长期、持续的信息积累。

3. 按信息采集的渠道划分

根据信息采集的渠道进行分类，具体包括：

（1）单渠道采集：这种方法专注于单一渠道来满足特定用户的信息需求。其特点在于高度专一，确保信息的精准性和相关性。

（2）多渠道采集：此方法适用于满足复杂或多元的用户需求，通过多个渠道并行采集信息。它的优势在于能够大幅提高采集的全面性和成功率，但也可能面临信息重叠或过度采集的问题。

（三）信息资源采集的程序

在图书馆中，信息资源的采集是一个多阶段的过程，涵盖了从需求分析到采集效果评估的各个环节。具体来说，这个过程包括以下五个关键步骤：

1. 需求分析

需求分析是深入理解目标用户的信息需求，这不仅包括明确用户的身份和他们对信息的具体需求，还要考虑以下几个方面：

（1）确定目标用户群体，了解他们对信息的具体需求和使用目的。

（2）明确所需采集信息的主题和内容，确保这些信息与用户需求紧密相关。

（3）规划采集的时间和空间范围，考虑信息的时效性和地域相关性，以确定信息的有效性和适用性。

（4）确定采集信息的量，这直接关联到采集工作的人力、时间和成本。

（5）考虑其他相关因素，如信息环境、信息的可获取性和易理解性等。

2. 信息源的评价与选择

在图书编辑和信息管理的领域中，对于信息源的评估和选择是一个关键的环节。信息源的多样性和复杂性要求我们从多个维度进行综合考量。以下是对信息源分类和评价的一个全面分析，覆盖了不同类型的信息源及其评价的关键指标。

信息源分类包括：一是按出版形式分类，这包括图书、期刊、特种文献以及非文献信息源等；二是按载体形式分类，如印刷型、缩微型、机读型以及视听型信息源；三是按信息加工级次分类，一次信息源、二次信息源、三次信息源，基于信息的原始性和加工程度；四是按信息组织形式分类，正式信息源与非正式信息源；五是按信息范围分类，内部信息源和外部信息源；六是按保密性分类，公开信息源与秘密信息源。

为了有效地选择和利用信息源，就必须实现对各种信息源的性能、质量进行评价。信息源评价的标准主要从信息源本身所能提供的信息价值和信息收集的角度两方面进行。具体有以下八个指标：

（1）信息量：评估信息源的容量和相对于其他信息源，对用户有用信息的量。

（2）可靠性：考量信息源的公开性、合法性、权威性、关联性及其提供信息的真实性和有效性。

（3）新颖性：判断信息源是否包含新观点、新理论、新技术等，并考量其更新频率。

（4）及时性：信息的发布和传递速度，以及从产生到接收的时差。

（5）系统性：信息是否系统完整，连续出版，并能反映一定时期内的变化。

（6）全面性：信息源所含信息的广度和深度，包括主题范围、多语种、多版本等。

（7）易获取性：信息是否易于获取，获取途径、技术要求、权限要求等。

（8）经济性：从发现到使用信息的经济耗费，包括查准率、查全率、用户满意度等。

信息源的评价不仅关乎信息的质量和可用性，还影响着信息管理工作的效率和成本。对于图书馆、研究机构、企业等信息密集型组织而言，正确评估和选择信息源是保证信息服务质量的关键。这不仅涉及信息的准确性和及时性，还包括对资源的有效利用和成本控制。

在实践中，信息源评价是一个动态且复杂的过程。它要求信息管理人员具备高度的专业素养和敏锐的市场洞察力，以便在快速变化的信息环境中做出正确判断。同时，随着技术的发展和信息消费习惯的变化，信息源评价的标准和方法也需不断更新和优化，以适应时代的发展。

3. 信息资源采集策略的确定

在信息资源的采集过程中，根据不同的需求和信息源，必须采取多样化的策略，包括选定合适的获取途径、采集方法及技术手段，并制定周密的采集方案。信息资源的获取可以分为直接与间接两种方式。直接方式意味着从信息源直接搜集所需信息；而间接方式则通过各类工具，如搜索引擎，间接地获取信息。

在制定信息资源采集方案时，要综合考虑人员分工、预算安排、考核标准、时间规划、工具选择、获取方式和频次等因素。一个有效的采集计划应具备一定的灵活性，能够根据实际情况调整策略，以适应不断变化的信息环境，从而提高采集的效率和效果。

4. 信息资源采集的实施

一旦信息资源采集的计划确立，就应在规定的范围内，遵循计划中的指定内容，运用科学的方法进行广泛搜集。在采集过程中，如遇到意外的新情况或问题，需进行深入分析和过程追踪，以便及时调整策略，确保能够有效地获取最新和有价值的信息。

5. 信息资源采集效果评价与解释

采集工作完成后，对所得信息资源集进行及时的评估和分析至关重要。如果用户对采集成效不满，就需要根据他们的反馈进行调整。这种调整可能会影响到信息资源采集流程的各个环节，以确保最终的采集效果符合用户的需求和预期。

（四）信息资源采集的技术

在信息资源采集的技术领域，主要任务是从特定信息源中提取含有所需信息的内容以供使用。这一过程可以通过人工手段实现，也可利用联机方式构建自动化数据采集系统。

1. 信息获取技术

信息不仅仅是单纯的数值、文字、符号、声音、图形和图像等，还有各种形式的信息媒体。这里根据媒体种类，分别从文本生成、图形图像、动画和视频、音频角度进行说明。

2. 文本挖掘技术

随着互联网的发展，大量的信息以文本形式存在。要从这些信息中提取有价值的内容，需要运用文本分析技术。文本分析是数据分析领域的一个子集，涉及文本处理、模式辨识、统计学、数据呈现、数据库技术、机器学习、自然语言处理和人工智能等多个技术领域。由于文档本身可能是半结构化或非结构化的，缺乏机器可理解的结构和语义，数据分析通常集中在数据库中的结构化数据上，运用关系表等结构来挖掘有用信息。

3. 自动分类技术

自动分类技术通过分析和统计信息的内在特征，识别代表其内容的关键语言，然后进行相似性分析，以判断信息属于哪一种类或多个类别，并赋予相应的知识分类标记。自动分类按照实现方法分为自动聚类和自动归类两种类型。

4. 自动文摘技术

自动文摘，又名自动摘要，是通过计算机技术自动从原始文献提取摘要的过程。

按内容精简程度分为几种不同类型：一是报道性文摘，适用于实验研究报告或单一主题文档，它提供关键信息如研究方法、设备、论据、数据和结论等；二是指示性文摘，又称描述性文摘，通常不包含具体内容，信息量相对较少；三是混合型文摘，结合了报道性和指示性文摘的特点，将原文中重要部分作为报道性文摘，其他部分作为指示性文摘；四是评论性文摘，又称评论，其价值取决于撰写者的专业水平；五是组合式文摘，由撰写者创建一系列文摘，供二次服务机构根据需求选择。

文摘还可以根据用户需求分为一般性文摘和特定重点文摘。一般性文摘面向所有用户，提供普遍性的摘要；特定重点文摘则针对特定用户需求（如特定主题），提供定制化摘要。

文摘按照处理的文档数量分为单文档文摘和多文档文摘。

从载体上看，文摘可分为文本自动文摘和多媒体文摘。

根据语言数量，文摘可分为单语言文摘和多语言文摘。

二、图书馆信息资源的配置

（一）信息资源配置的特点及意义

信息资源配置是根据读者的需求，对现有的信息资源进行有效的分布与调整。这个过程不仅仅是对信息本身的配置，还包括对信息处理人员、设备和设施的合理安排。其核心目标是确保信息资源能被广泛共享，同时在政治、经济等方面发挥最大效益。通过这种方式，信息资源的价值得以最大化，用户的信息需求得到更好的满足，从而为社会整体福祉做出贡献。简言之，图书馆信息资源配置是一个综合性的策略，它关注的是如何最有效地利用信息资源，满足人们日益增长的信息需求。

1. 信息资源配置的特点

信息资源配置的特征主要体现在以下六个方面。

（1）层次性

信息资源的配置不是一成不变的，它如同生物体一般，呈现出多层次的复杂结构。这种分层次性体现在两个主要方面：一方面，信息资源自身的层级差异，这不仅包括信息的原始性和加工程度，还包括其承载形态的多样化；另一方面，用户需求的层次分化，不同用户群体由于文化背景、年龄、专业知识等因素的不同，对信息资源的需求也呈现出多样性。因此，信息资源的配置必须考虑这种层次性，以满足不同层级的需求。

（2）动态性

信息资源配置不是静态的，而是一个充满变化和动态调整的过程。这种动态性源于信息技术的不断进步、信息需求的多样化以及共享环境的不断演变。因此，信息资源的配置策略和模式也需要不断地更新和调整，以保证配置的效率和效果。

（3）渐进性

信息资源配置是一个逐步优化和提高效率的过程。无论是政府主导、市场驱动还是基于产权的配置方式，其核心目标都是在有限的成本下实现最大的效益，或以最小的成本达成特定的效益。这一过程不仅关注经济效益，还涉及信息资源的合理利用和社会价值的最大化。

（4）连环性

信息资源配置不是一个孤立的事件，而是一个连环的过程。以图书馆为例，从图书的采购到整理布局，再到服务方式的多样化，每一环节都紧密相连，共同构成了一个完整的信息资源配置体系。这种连环特性要求我们在配置过程中注意各环节的衔接和整体效果。

（5）时效性

信息资源配置的时效性体现在对时机的敏锐把握上。配置过程中需要考虑信息资源的生命周期、使用价值以及社会环境的变化，以确保在恰当的时间点实施配置，从而最大化其效益。

（6）人工性

信息资源配置的最终目的是服务于人，其过程中不可或缺的是人的参与和智慧。信息资源配置的人工性不仅体现在操作层面，更在于对信息需求的理解和预判，以及对信息资源价值的评估和利用。

2. 信息资源配置的意义

在数字化时代的浪潮中，信息资源已成为推动社会发展的重要动力。信息技术的飞速发展和社会信息化的深入推进，使得信息资源的价值越发凸显，它不仅是社会生产力的关键组成部分，更是推动现代社会进步的战略性资产，与物质资源和能量资源并肩，共同支撑着现代社会的持续发展。

信息资源的配置，不仅仅是技术操作的简单过程，它更是一种战略性的社会活动。信息资源的有效配置和流通，能够促进社会各领域之间的相互作用和协同发展。在这个过程中，信息资源不断被重新组合和优化利用，刺激着社会经济的动态变化，激发物质资源的流转和人类思维的创新活动。这种动态的互动，最终促成了新的物质财富和智力成果的创造。在信息资源配置中，重要的是对信息的精准把控和高效利用。通过科学的配置方法，信息资源可以更加高效地服务于社会经济的发展，推动技术革新和产业升级。在这个过程中，信息资源的价值得到最大化的发挥，为社会创造更多的利益和价值。

（二）信息资源配置的内容与模式

1. 信息资源配置的内容

信息资源配置是一个综合考量时间和空间因素的复杂过程。它不仅涉及信息资源在时间轴和空间维度上的分配，还包括资源种类和数量的合理安排。

（1）时间上的配置

时间作为信息资源配置的一个关键维度，决定了信息的价值和适用性。信息资源的时间配置，也就是在时间的流转中对信息进行合理安排。信息的时效性对其价值有决定性影响：及时的信息能够为经济部门带来显著的利益，而过时的信息可能变得毫无价值，甚至造成负面后果。

信息资源在时间维度上的配置，需考虑信息的生命周期。不同的信息有着不同的时效性特征，如有的信息很快过时，有的则相对稳定。此外，一些信息资源，特别是商务信息，受到多种不可预测因素的影响，其价值和适用性呈现出波动和不规律性。因此，有效地配置这些信息资源，既需要理论知识的支持，也需要丰富的实践经验和高度的判断能力。

（2）空间上的配置

信息资源不仅在不同地区和行业部门之间分布不均，而且在网络技术水平和信息量上也存在明显差异。这种分布的不均衡性源于国家经济发展在各地区、各行业的差异。因此，为实现信息资源在空间上的有效配置，就必须深入洞察这些不平衡因素，并采取针对性的措施。

空间配置的核心在于调整和控制信息资源在不同国家、地区或行业部门间的分布，以此来实现最大化的社会福利。这种调整不仅仅限于市场手段，还包括非市场的策略。例如，可以通过政策引导、技术支持和资金投入等方式，促进信息资源在不同地区和行业之间的均衡分配。在信息资源空间配置上，重要的是如何确保信息资源能够在最需要的地方得到有效利用，同时促进经济的全面发展。这要求我们不仅关注信息资源的分布，更要关注信息资源的使用效率和效益。

（3）品种类型的配置

信息资源不仅在时间和空间维度上需要适当配置，而且其类型的多样性也是一个重要考虑因素。在评估一个信息资源系统时，我们不仅要考虑其规模和服务能力，还要综合考虑信息资源类型的丰富性以及它们满足用户需求的程度。

互联网作为信息资源的主要载体，其开放性特点使得任何用户都能自由发布和获取信息。然而，这种开放性也带来了一个挑战：随着互联网上信息源的日益增多，大量重复或低质量的信息开始充斥网络空间。这种信息的过度膨胀不仅导致了信息冗余，还形成了网络上的信息干扰。这种干扰可能会造成信息资源种类看似繁多，但实际上质量参差不齐，甚至掩盖了真正具有价值的信息资源，使得用户难以辨识和获取有用的信息。

因此，在信息资源的品种类型配置过程中，我们需要更加精细化地管理和筛选信息，以保证信息资源的质量和有效性。这不仅包括对信息内容的严格审核，还包括对信息来源的严格把控。同时，需要加强信息资源的分类和整理，以便用户能够更加快捷、准确地找到所需的信息。

（4）数量上的配置

信息资源的数量配置是一个多维度的过程，包括信息的存量配置和增量配置。这一过程包括对已有信息资源的重新分配和对新产生信息资源的合理分配。

存量配置的核心是对现有信息资源的合理分布和存储。这一过程要求按照既定的原则和模式，利用多种方法和手段，将已经产生的信息资源在不同的信息机构中进行有效分配。在存量配置中，重点在于调整当前不合理的信息资源分布，而不是增减总体容量。

增量配置则专注于新增信息资源的分配。在这个过程中，关键是如何在不同地区、行业和组织间实现均衡配置，确保信息资源的合理增长与分布。增量配置在满足多变的用户信息需求方面发挥着重要作用，是信息资源管理的重要组成部分。

解决存量配置的关键在于制定有效的信息资源政策法规，提倡信息资源共享，建立信息资源的定期申报和评审制度，确立信息资源的有偿调剂准则，并建立网络信息资源存量配置信息系统。这些措施旨在优化现有信息资源的分布和利用。

对于增量配置，核心任务是全面分析不同地区、行业或组织的信息资源状况，预测信息需求的变化趋势，深入理解国家信息化的战略方针，合理配置信息活动经费，并加强信息资源的宏观调控。这要求对信息资源的分布和需求有深刻的理解和精准的预测，以确保资源的有效利用和均衡分配。

2. 信息资源配置的模式

信息资源的分布广泛，因此其配置工作呈现出多样性。为了确保在不同时期、地区、行业和组织中实现最大的配置效益，需要采取一系列高效的配置模式。这些模式包括标准化统一、互联互通以及相互协调，确保信息资源在各个领域间能够顺畅流动和交互。在信息资源配置的过程中，各个参与主体应当相互协助，形成一个协调一致、功能互补的整体，即一个有效的信息资源配置体系。通过这种方式，可以促进信息资源的高效利用，提高信息处理和传递的效率，从而更好地满足不同领域和用户的需求。

（1）信息资源配置的目标模式

在当今信息化社会，信息资源配置的目标模式呈现出全新的特点和方向。这些目标模式主要包括以下几个方面：

第一，观念思维全新化。在信息资源配置领域，必须从传统的经验式思维转变为基于理性和科学的思维方式。这意味着我们需要根据市场经济的需求，融入竞争、开放、可持续发展、科学决策和效益最大化等新理念。

第二，组织专业集团化。在配置信息资源时，应重视通过专业化集团的规模优势来增强竞争力，并通过此优势在市场中扩大影响力，实现信息资源的优化配置。

第三，配置手段多元化。这一点强调在配置信息资源时，应结合市场的动态和国家相关政策，灵活运用市场机制和政府规划，实现二者的有效结合。

第四，运行机制灵活化。为了适应市场机制的变化，信息资源配置需要改革传统的供求、分配及奖惩机制，建立更加灵活和高效的商业化运作模式。

第五，运作目标高效化。最终目标是通过专业化、集团化的资源重组，以及相应的自动和自觉的配置手段，实现信息资源运作的高效化，确保资源配置的最大效益。

（2）信息资源配置的内容模式

在当代社会，信息资源配置是促进信息的高效利用和发挥其最大经济效益的关键。这一过程涉及多个层面的资源整合和管理。以下是信息资源配置的内容模式的深入解析，旨在确保信息资源得到全面、有效的利用。

第一，信息主体资源。信息主体资源的核心在于识别和优化信息资源中的关键参与者，即信息与信息产品的生产者、中介者、利用者。特别值得注意的是，尽管许多用户同时也是信息产品的生产者，但在资源配置过程中，重点应放在优化这些元资源，而不仅仅是考虑人力资源的分配。

第二，信息本体资源。信息本体资源是信息资源配置的传统领域，涵盖了实体信息资源和虚体信息资源两个方面。实体信息资源，如纸质、磁性介质等，存储在物理空间中供用户使用；而虚体信息资源，则通过计算机网络在不同的物理空间中传播。这种分类有助于更精准地对资源进行配置和管理。

第三，信息表体资源。信息表体资源关注的是信息与信息产品的传输过程。在网络环境下，不仅要考虑信息本身的流动，还要关注如何提高信息流动的速度和效率。通过对信息流控制的策略和技术，是实现信息资源高效配置的关键环节。

除了上述三个主要方面外，信息资源配置还需深入探讨元资源、本资源和表资源中具体包含的内容以及它们之间的内在逻辑关系。这不仅是对不同类型资源的系统分析，还是对人力资源在信息资源配置中角色的深入理解。总之，信息资源配置的本质是实现资源的最优化利用，这不仅提升了资源的经济价值，也加强了信息在社会发展中的作用。通过科学的配置模式，信息资源能够更好地服务于社会，推动经济和技术的发展。

（3）信息资源配置的具体模式

在信息资源配置领域，根据不同的管理和运作方式，可以归纳为三种主流的具体模式：集中型、分散型和多元型。每种模式都有其独特的特点和适用场景。

第一，集中模式。集中模式采用的是一种类似行政管理的组织结构，强调高度集中和中央集权化的管理方式。在这个模式下，各个信息资源开发服务机构之间形成了紧密的依赖关系，相互之间在业务层面上互补。这种模式下的信息资源配置，实行的是一体化管理，涉及规划、计划制定、机构设置、人员配置和经费分配等多个方面。集中型模式之下，各个部门之间分工明确，相互协调，共同构成了一个有序的信息资源配置网络。

第二，分散模式。与集中型模式相对，分散模式更多基于市场经济原理，强调市场调节和经济独立性。在这个模式下，各个单位作为独立的经济实体存在，他们之间的供需关系完全由市场的价值规律自行调节。国家在这种模式中主要通过政策、法规以及适当的投资来进行控制。分散模式能有效激发市场竞争和活力，但也可能因缺乏统一管理而导致资源的重复建设和浪费。

第三，多元模式。多元模式介于集中模式和分散模式之间，它结合了两者的优点，旨在实现更加平衡和有效的资源配置。这种模式下，各部门虽然相对独立，但仍然保持协调合作的关系。他们之间既存在分工合作，也有平等的竞争。多元模式在国家的统一指导和调控下进行，同时也允许各部门在规划和运作上具有一定的独立性。经费来源既可以通过国家投资，也可以通过市场的多元渠道获取。由于这种模式结合了宏观管理和市场分散控制的优势，因此能够实现信息资源配置活动的持续、稳定和协调发展，最大限度地发挥整体效益。

（三）信息资源配置的策略

1. 宏观调控，统筹规划

在信息资源配置领域，宏观调控与统筹规划发挥着至关重要的作用。具体而言，国家通过宏观调控手段制定目标和规划，以指导信息资源的合理配置。这不仅涉及国家层面的战略规划，还包括各级政府信息管理部门的积极参与。这些部门需运用法律、经济和行政等多种手段来实施这些规划，确保信息资源配置的方向和方式得到有效协调。关键在于优化资源配置，避免资源重复和浪费，同时强调在信息资源配置中体现我国的独有特色，这不仅能提升资源的利用效率，还能增强信息资源的共享能力和整体效果。

通过这样的宏观调控和统筹规划，我们可以更好地实现信息资源的高效配置，促进信息技术的发展，以及提升信息服务的整体水平。这种方法不仅有助于信息资源的优化配置，还能够确保信息技术与社会经济发展的共同进步，为我国信息化建设和社会发展提供有力支持。

2. 加强科学管理资源，提高信息资源的利用率

在当今信息化时代，科学管理和高效利用信息资源成为迫切需求。针对信息资源的管理与配置，我们需从宏观和微观两个角度进行细致考量。从宏观层面来看，关键在于把握整体方向，解决信息资源管理中普遍存在的问题。而在微观层面，图书馆和情报部门则需要深入研究并了解不同用户群体对信息资源的实际需求，合理地引导和配置部门内的信息资源，包括实体和虚拟资源。

网络信息资源，作为当下的主流信息形态，种类多样且数量庞大，但也存在着结构复杂、质量参差不齐等问题。为了更有效地利用这些资源，搜索引擎的开发为用户提供了便利。用户通过输入查询词，搜索引擎能够匹配相关信息，并以超文本的形式呈现，帮助用户快速获取所需信息。搜索引擎在某种程度上优化了对网络信息资源的控制和管理，提高了信息的可访问性。但是，搜索引擎在满足特定专业或深层次需求方面存在局限。为此，图书馆和情报机构应采取更高级的信息资源组织形式。

第一，运用都柏林核心集元数据网上资源编目方法，有序化控制各种载体的文献信息。

第二，建立学科资源库。由专业馆员筛选、加工和分类标引高价值网络信息，如学术动态、科研成果等，方便用户访问和使用。

第三，组织专题资源库。根据用户需求进行选题，确定信息的收藏范围和标准，对信息进行筛选、整理，并通过网页发布。

第四，建立重点学科导航数据库。这个数据库将以特定学科为基础单位，对相关的学术资源进行分类和整理。这些资源包括但不限于学术文章、研究报告、教学材料和其他相关资料。

总之，图书馆和情报部门需对其管理的信息资源进行科学的组织和管理，提供针对性强、及时准确的信息，以提高服务水平和用户满意度。通过这些措施，可以极大地提高信息资源的利用率，更好地服务于用户的需求。这不仅是对信息资源本身的优化配置，更是对信息服务能力的整体提升。

3. 加强信息技术的发展和应用

信息技术是构建现代化图书馆信息服务的根本，同样也是构成信息资源的重要部分。它的核心功能涵盖了四大领域：信息获取技术、信息传输与存储技术、信息分析处理技术，以及信息标准化技术。信息技术的不断进步和广泛运用，有效减轻了人力劳动，极大增强了人类处理信息的能力，提升了我们对信息资源的有效配置能力，成为信息资源优化配置的关键支持。

尽管我国在信息技术方面已取得显著成就，与发达国家相比仍存在差距。信息技术设备，尤其是计算机和远程通讯设备等核心设施，在社会普及率方面较低。多数图书馆的现代化设备仍显陈旧，这限制了我们在信息资源有效配置和信息化快速发展方面的潜力。因此，我国应更积极地吸取国际先进经验，强化信息技术的发展和应用，增加对图书情报服务机构的投资，以促进信息服务的全面提升。

第三节 网络信息资源编目

网络信息资源是指以电子数据的形式将文字、图像、声音、动画等各种形式的信息存放在光、磁等介质上，并通过网络通信、计算机或信息终端等方式再现出来的信息资源。它们是电子资源领域的一部分，对信息技术的发展至关重要。

一、网络信息资源编目的意义及其问题

网络信息资源编目是指使用一套特定的规则和方法来描述和标记网络信息资源的形式和内容特点，以实现信息的有序化，方便人们的发现、存储和检索。这个过程对于维护和组织大量的网络信息资源非常重要，但同时也面临着如何准确描述和有效组织这些资源的挑战。随着信息技术的不断进步和网络信息资源的日益丰富，编目工作变得更为复杂，需要不断适应新的技术和信息形式。

（一）网络信息资源编目的意义

随着网络信息资源的迅猛增长，内容丰富多彩，我们面临着如何有效地整理和利用这些资源的挑战。为了高效地管理这些海量的网络信息，从而满足用户的具体需求，发展出了多种信息组织方法。这些方法在缩小网络信息与用户需求之间的差距、提升网络信息资源的使用效率方面扮演了不可或缺的角色。其中，编目作为一种传统而又

有效的文献信息组织手段，在图书情报领域已经有着悠久的应用历史和显著的成效。将编目技术应用于网络信息资源，可以从提升网络信息资源的有效利用率的角度看待。此外，这也对图书情报行业的持续发展具有重要的意义。

1. 网络信息资源编目是提高网络信息检索效率的重要手段

为了有效组织这些资源，众多在线信息系统和检索工具正在持续开发与完善。虽然这些系统和工具已经取得了一定的成就，但它们还存在一些明显的不足，例如专业检索工具的缺乏、信息组织的非标准化、低查准率和查全率等问题。以搜索引擎为例，尽管其能够快速更新和简化检索过程，但也存在无法实现复杂检索、信息过滤不足、检索结果冗余和缺乏相关排序等缺点。

图书情报机构通过长期的信息组织工作，积累了丰富的文献信息组织原则、规则、标准、方法和经验，这些都可以应用于网络信息资源的组织中。编目作为一种组织文献信息的有效方法，其在文献选择、描述记录、主题标引、信息关系揭示和信息特征排序等方面具有显著优势。运用编目方法组织网络信息资源，可以深入揭示形式与内容特征，全面标引各类检索点，为用户提供完整、准确的高质量书目成果。除此之外，图书情报机构的联机公共查询目录作为网络信息资源的入口，能够提供多种形式的信息资源检索。用户可以通过一个统一的检索点访问多种目录，并能存取本地及全球范围内各种语种、类型、载体形式的信息资源。因此，图书情报机构在网络信息组织领域中的作用不可小觑。

2. 网络信息资源编目是促进编目事业发展的重要举措

在网络环境下，网络信息资源编目已成为推动编目事业发展的关键步骤。随着网络信息资源的兴起，它们已经成为传统文献信息的有效补充，并迅速成为图书情报机构新型"馆藏"的重要组成部分。现代图书情报机构的信息资源越来越多地依赖于互联网，同时，由于其信息量大和更新速度快，读者对网络信息资源的依赖也在不断增加。这种趋势使得传统的"馆藏"概念逐渐过时，而收集、组织和利用网络信息资源已成为图书情报工作的核心，也是构建数字图书馆的重要组成部分。

为了适应不断变化的环境，图书情报机构需要将网络信息资源整合到馆藏中，使其成为信息资源的有机组成部分。这一举措不仅是图书情报事业进一步发展的必然要求，也是对传统编目工作的重要补充和拓展。因此，编目的对象不仅应包括馆内收藏的传统文献，还应扩展到各种类型的网络信息资源。

开展网络信息资源编目工作可以促进图书馆与互联网的融合发展，提高图书馆在数字化时代中的竞争力和影响力。因此，我们应该积极探索网络信息资源编目工作的方法和技术，为图书情报事业的未来发展做出贡献。在组织网络信息资源的过程中，应继承和发扬传统信息组织方法的优点，并结合网络信息资源编目的新特性，探索新的编目方法，如 DC 元数据方法、智能编目专家系统等。这样做不仅可以提升书目信息服务的质量，还将促进编目理论与实践知识的不断革新，推动编目事业本身的发展。

（二）网络信息资源编目的难点及对策

在当今数字化时代中，网络信息资源的编目工作面临着众多挑战，这些挑战源自网络信息资源独有的特性，如数字化、网络化存储和分布式管理等。与传统文献相比，网络信息资源的组织和利用方法也需要相应的创新和调整。

1. 网络信息资源的特征

网络信息资源的核心区别在于其数字化和网络化的特点，它们不仅在生产和传播上依赖于计算机网络，而且在出版、传递和组织方面都有其独特的方式和要求。

2. 网络信息资源编目的难点及对策

网络信息资源与传统文献信息比较，两者从内容到形式上均存在本质的差异。用传统的编目法来组织网络信息资源，也必然会遇到许多新问题。

（1）甄别与处理工作量巨大

在信息技术高速发展的今天，网络信息资源的海量增长给编目工作带来了前所未有的挑战。要筛选并编目这些庞大的网络信息资源，我们面临着几个关键问题：如何从众多的网络信息中挑选出具有高质量和重要性的内容？又如何高效完成这些网络信息资源的编目工作？为了解决这些问题，我们需要在网络信息资源编目的初始阶段就制定有效的策略。

第一，制定网络信息资源选择的原则、标准与方法。这些原则和方法应当根据机构的实际条件和服务对象的特点来制定。通常情况下，只有经过严格筛选和评估的网络信息资源才能成为编目的对象。例如，我们可以专注于编目那些图书馆本身拥有和维护的资源、对图书馆服务对象极为重要的研究信息、关键的相关工具信息、图书馆特有的馆藏信息以及具有文化保存和历史价值的信息等。

第二，推广跨机构的联合编目。考虑到单个机构在处理网络信息资源编目时能力有限，图书情报行业比以往任何时候都更需要强化合作，以提高工作效率。

第三，创建全新的编目方法。传统的编目方法在应对如此庞大的网络信息资源时显得力不从心。我们必须更新我们的编目观念和方法，以实现更高效的网络信息资源编目。例如，采用都柏林核心元素集（Dublin Core）等元数据模式的产生和应用，就是对这方面的有效尝试。

（2）选择著录信息困难

网络信息资源的编目工作面临着众多挑战，尤其是在选择著录信息方面。这些资源的组织形式多样化，数据结构、用户界面、检索方式等各不相同，这不仅增加了信息管理和使用的复杂性，也给编目工作带来了诸多难题。具体来说：

第一，确定著录信息源和内容颇具挑战。网络信息资源往往没有类似于书名页的标准信息源，且各个网页上的信息特征不一，有的信息完整，有的仅有题名或文件名。题名、责任者等信息可能散布在多个页面上，而单个文件与文件组的界限也模糊不清。

因此，在编目和标引网络信息资源时，正确使用主要信息源、准确判断题名和责任者等成为难题；合理选择整体或某个部分作为处理对象也不易。

第二，判定网络信息资源的版本亦是一大难点。网络信息资源的版本问题比传统印刷文献更为复杂，可能包括多种形式，如单机版、网络版、文字版、多媒体版等。此外，网络信息资源易于被修改、更新，而且往往不注明更改次数和时间，这给确定版本带来了困难。

第三，确定网络信息资源相关的日期也是一大挑战。网络信息资源可能有多种日期，比如最后审校日期、版权日期、网络版发布日期等。正确处理这些不同的日期信息是编目工作的一个难点。

针对这些难题，我们需要制定相应的对策。例如，严格依照著录信息源的规定，逐一选择著录信息，尽量客观反映版本、日期等特征。更重要的是，应该尽快研究和制定超越传统文献著录思想和方法的新的描述规则，以适应网络信息资源编目的特殊需求。

（3）标引主题内容不易

在网络信息资源的编目过程中，标引主题内容是一项颇具挑战性的工作。这主要是由于网络信息资源覆盖的学科领域极为广泛，而且许多新兴事物和学科领域通常最先在网络上出现。此外，网络信息资源的"交互性"特点也要求在分类处理时考虑到类似"相关参照"的因素，这些特点都为信息的分类和主题标引带来了不小的挑战。

面对这些挑战，我们需要采取一系列措施。一是应加速更新文献信息分类表、叙词表和标引规则等相关工具，以适应网络信息资源的特点；二是必须研究和开发更加适合网络信息资源的主题标引方法体系。

（4）揭示对象的特征复杂

网络信息资源的编目工作面临着诸多复杂性，特别是在揭示其特征方面。与传统文献相比，网络信息资源的一大特点是其与提供信息站点的软硬件环境和服务紧密相关，这意味着需要特定的计算机技术来处理。网络信息资源不仅拥有传统文献的一些基本特征，还具备特有的数据结构、文件属性、操作系统和存取方法等多方面特点。这些特征的多样性和复杂性体现在众多方面，如不同的文件格式（ASCII、SGML、WORD、HTML、MPGE、JPEG等）以及这些格式对信息类型和使用方式的影响。

例如，网络信息资源的存取特性使得用户能够通过网址方便地获取信息，但现有的统一资源地址（URL）常常面临可靠性和稳定性问题，导致链接失效。这些特征直接影响到信息的检索和利用效率。因此，编目工作需要解决多种文件格式的处理、描述资源存储和发布的软硬件环境、建立书目记录与网址关系等新问题。

为应对这些挑战，编目领域已经采取了一系列对策。例如，对著录格式进行不断改进，通过扩充和增加字段来适应网络信息的编目需求；推出新的元数据格式，如DC（都柏林核心）等。此外，对编目员的要求也更为严格，他们在编制网络信息资源目录时，需要深入了解各种解读软件，准确记录资源的格式类型、版本、相关配置、使用时间和区域等信息。同时，还需要考虑书目记录与资源网址的关系，确保选择和记录相对稳定的网址。这些措施共同确保了网络信息资源编目工作的高效性和准确性。

（5）著录难以一次完成

网络信息资源的特性决定了其编目工作的复杂性。这些资源因其内容、呈现方式、访问地址、链接、格式、语言和媒体的应用等方面的频繁变化而难以定位，且这些元素的更新、替换和消失往往是不可预见的。这样的动态性给编目带来了显著的挑战，使得书目记录的一次性编制成为一个难以实现的目标。

为了应对这一挑战，编目工作需要采取灵活且持续的策略。编目人员必须持续跟踪网络信息资源的发展动态，及时捕捉并反映其变化，调整和更新相关的书目记录。这种动态的编目方式确保了目录记录能够准确地反映其描述对象的当前状态，从而维持信息的准确性和相关性。通过这种持续的监控和更新，编目工作能够有效应对网络信息资源的不断变化，确保信息资源管理的有效性和实用性。

二、网络信息资源的 MARC 格式编目法

在图书情报领域，MARC 格式作为一种编目工具，已在全球范围内得到了广泛应用。它与 AACR2 等著录规则共同构成了编目工作的基础，为书目记录的编制提供了标准化的框架。当涉及网络信息资源的编目时，图书情报机构首先需要考虑 MARC 格式的适应性和可能的发展方向。

（一）MARC 格式编制网络信息资源目录的优缺点

MARC 格式最初是为了编制传统文献目录而设计的。当这一格式应用于网络信息资源时，它展现出了诸多优点，但也存在一定的局限性。

1. MARC 格式编目的优点

在当今信息时代，网络信息资源的编目成为图书情报行业的一项关键任务。MARC 格式，作为这一过程中的重要工具，展现出了其独特的优势。

（1）标准的通讯格式

MARC 格式作为一个标准化的通讯格式，由各领域的合作共同打造。它已经成为图书情报行业内部信息交流的通用标准，有助于不同书目数据系统之间的有效沟通，为大规模网络化的合作编目和书目信息共享打下了坚实基础。

（2）高质量的书目记录

MARC 格式能够创建高质量的书目记录。这些记录不仅可以详细描述信息的形式和内容特征，还能展现不同信息间的关联，确保网络信息资源的完整性和准确性。在网络畅通的情况下，用户还能通过记录中的特定字段，如 856 字段，直接访问网络资源。

（3）灵活的应用方法

MARC 格式提供了适用于不同著录级别的统一而简洁的记录结构，使得不同机构可

以根据自己的需要进行个性化编目。同时，MARC 格式记录在展示时也具有多种选择，如简洁格式、完整格式等，满足不同用户的需求。

（4）集成化的目录

除了常见的责任者、题名和主题索引外，它还允许根据关键词对每个字段进行标引，提供更加丰富的检索选项。

2. MARC 格式编目的局限性

MARC 格式在编目网络信息资源时确实存在一些局限性，主要体现在以下几个方面：

第一，数据单元的复杂性。MARC 格式包含众多专指性强的字段和子字段，以及严格的从属关系和详细的必备性与重复性规定。这些特点使得 MARC 格式显得烦琐和冗长，影响了编目工作的简便性和效率。特别是在开放式的网络系统中，有些描述内容可能并非必需，增加了编目工作的人力和时间成本。

第二，标识系统的问题。MARC 格式中的字段和子字段采用代码标识，虽然具有系统性和助记性，但缺乏语义性，不够直观。此外，MARC 格式还包括控制符号和书目信息展现方式标识符号等，这些复杂的标识系统和使用规定限制了其简明性和灵活性。

第三，MARC 格式依赖于特定的编码标准，即 ISO2709。这意味着编目工作需要专用的编目软件系统。当 MARC 数据需要与其他元数据格式进行转换时，不同编码标准之间的差异又增加了编目的复杂性。

第四，MARC 格式的严谨结构和详细的著录规则对编目人员的专业性要求较高。这意味着编目工作通常只能由接受过严格培训的专业人员来完成，对于非专业人员来说，MARC 格式过于复杂，难以掌握。

第五，MARC 格式的使用环境和范围相对有限。它主要用于 ISO2709 编码标准的信息系统间的书目数据传递和交换，使用环境主要局限于图书情报机构和网络公共检索目录，因而其使用范围较为狭窄。

（二）MARC 格式的改进与发展

为响应数字时代的挑战，图书情报界对 MARC（机读目录）格式进行了深入的研究和创新，旨在更好地整理和管理网络信息资源。这一过程中的主要进展可以概括为以下几点：

1. 改进了 MARC 格式自身的缺陷

自 20 世纪 90 年代初，MARC 格式就开始针对网络信息资源的特点进行改进。美国国会图书馆等机构率先探索，将网络信息资源纳入 MARC 格式的编目体系中。这一过程不仅证明了 MARC 格式在网络环境下的适用性和必要性，同时也揭示了其在链接书目记录与资源方面的局限性。

2. 加强了不同格式之间的互换性

MARC 格式在实现不同版本间的相互转换方面取得了显著成果。无论是 MARC21 与 UNIMARC 的转换,还是 CNMARC 与 MARC21 的互转,都实现了流畅高效的数据交换。此外,MARC 格式与其他元数据标准的互换能力也在不断提升,增强了其在多元数据环境中的应用灵活性。

3. 应用了开放性标记语言发展的成果

MARC 格式的发展也融合了开放性标记语言的最新成果,提高了其在数字化环境下的适应性和灵活性。目前,许多图书情报机构都在使用 MARC 格式来编目网络信息资源,各种互联网编目项目如"互联网编目计划""建立通过互联网可存取资料的目录"等,都取得了显著的成果。

三、网络信息资源的都柏林核心格式编目法

在网络信息资源的组织与管理领域,面对传统方法的局限性,专家学者们积极探索更高效的解决方案,从而催生了一系列创新的元数据项目。在这些项目中,都柏林核心元数据(Dublin Core Element Set,简称 DC)因其广泛的应用范围和深远的影响力,成为国际上一个重要的里程碑。

都柏林核心元数据的设计初衷是为了更有效地描述、检索和管理电子资源,特别是网络信息资源。它通过一套标准化的元素集合,为网络环境中的信息资源提供了一个简洁而全面的描述框架。这一元数据模式的优势在于它的通用性和灵活性,能够适应各种类型的网络信息资源,为它们的组织和检索提供了强有力的支持。通过应用都柏林核心,信息资源的管理和访问效率得到了显著提升,同时也促进了资源之间的互联互通。

(一)DC 的产生与发展

DC 创建于 1995 年 3 月,最初是由美国国家超级计算机应用中心组织图书馆、计算机网络等领域的 52 位专家共同研究的成果。DC 的目标是为网络信息资源提供一种标准化的描述方式,从而便于这些资源的识别、查询和检索,同时实现资源的有效整合、管理和长久保存。

随着持续的研究、实践和广泛推广,DC 元数据迅速发展并日渐成熟。这套元数据方案有效解决了网络信息资源的发现、控制和管理难题,因而在网络界得到了广泛认可和应用。1998 年,DC 被定为因特网的一个标准,并已被翻译成 30 多种语言,全球范围内得到了广泛应用。例如,澳大利亚、丹麦、芬兰等国家的政府部门将 DC 纳入其国家标准,用以描述电子信息资源,而日本、葡萄牙和英国等国也跟进采用。自1998 年起,我国也开始了对 DC 元数据的研究和开发工作。

近年来,利用 DC 元数据组织网络信息资源的项目日益增多。国际上著名的元数据应用项目包括北欧元数据项目和 DC 联合联机资源目录研究项目等。北欧元数据项

目是一个区域性跨国合作项目，由挪威、瑞典、芬兰、丹麦和冰岛的学者联合推进，以丹麦图书馆联合中心为核心。该项目旨在评估现有的元数据格式，发展 DC 元数据，并探索将 DC 转化为北欧机读目录格式的可能性，以及通过 DC 改善北欧因特网信息资源的检索服务。该项目的一个重要成果是研究 MARC 和 DC 之间的相互转换与协调，成为首个实现 DC 到 MARC 映射的项目。

DC 的联合联机资源目录（Cooperative Online Resource Catalog，简称 CORC）研究项目始于 1998 年，1999 年完成。该项目旨在结合自动化网络编目工具与图书馆间的协作编目，创建一个以网络信息资源为核心的在线资源编目平台。这一平台包括了编目工作界面和编目数据库等多个组成部分。

CORC 通过其自动化工具和服务功能，允许使用者采用他们熟悉的编目标准来创建元数据。此外，系统能够在用户输入相关资源的 URL 或其他信息后，自动检索并展示该网络资源的现有元数据。处理结果不仅可以方便地展示和输出不同格式（如 DC、MARC、XML 等），还能实现这些格式之间的相互转换。CORC 在维护现有记录和通过图书馆间合作提供网络电子资源服务方面发挥了重要作用，并在推广 DC 元数据及吸引全球图书馆或个人参与元数据创建方面取得了显著成效。

此外，还有许多其他相关项目，例如美国的数字图书馆目录、医学元数据项目、教育资料网关，欧洲图书馆的数学资料项目，英国图书馆和信息联网办公室的项目，法国国家数学预出版物和论文项目，德国的元数据项目，以及韩国的论文联合编目系统。在我国，相关项目包括中国数字图书馆工程，清华大学、北京大学、华南理工大学、上海交通大学承担的国家教育网中的数字化图书馆项目，深圳图书馆的数字化图书馆项目，以及广东中山图书馆、上海图书馆等单位的元数据项目等。

（二）DC 元数据的创建

为了制作这种元数据，通常会应用互联网上普遍使用的标记语言，并借助专门的软件或工具进行操作。

1. DC 的编码标准

DC 元数据的编码标准在现代信息检索系统中扮演着重要角色。所谓"编码"，指的是元数据的句法结构，它既包括元数据的格式结构，也涵盖了其描述方法。当用 DC 来描述信息资源时，就形成了一种可以独立创建、存储、传递的元数据，这种元数据既可以直接与资源相连，也可以嵌入到信息资源数据中，方便自动化搜索程序的读取和索引信息的建立，以便于检索。

为了实现不同信息系统之间的兼容性和数据交换，元数据系统必须采用能被网络系统识别和传递的编码方式。DC 元数据的编码方法自其建立之初就受到了重视。多年来，研究主要集中在如何使用通用标记语言来表达 DC 元数据上。例如，将传统的 MARC 元数据转化为适用于互联网的格式，这包括基于 HTML、XML 或 XML/RDF 等应用方法的具体实现。

2.DC 元数据的创建方法

在网络信息资源的编目过程中，DC 元数据的创建具有多样性和灵活性。该过程不必局限于专业人员，资源提供者本身，或网络信息组织者也可以承担这一角色。特别是在处理数量庞大、更新频繁的网络信息资源时，资源的作者和出版者自行提供元数据显得尤为重要。为了简化 DC 元数据的创建工作，开发了含有元数据元素模块的网络出版工具，这有利于资源提供者的使用。

创建 DC 元数据有多种方法。除了直接运用 HTML、XML、RDF 等标记语言外，也可通过各类本地或网络的数据应用软件进行。这些软件或工具大致分为两类：一种是人工录入后自动编辑生成的方式；另一种是自动生成的方式。

（1）人工录入后自动编辑生成

人工录入后自动编辑生成需要利用专门的软件或工具。操作人员手动录入网络信息资源的相关内容，随后系统会自动生成 DC 元数据。例如，北欧元数据项目提供的"DC 元数据模板"就是这类工具的代表，它允许用户手动输入信息，然后自动生成符合 DC 标准的 HTML 编码元数据。这种方法虽然能保证元数据的高质量，但人工录入效率有限，通常由图书情报专业人员使用。

（2）自动生成

自动生成通过现有软件或工具，从网络信息资源中自动提取关键信息，生成各种格式的 DC 元数据。自动生成的方式操作简便，制作效率高，适用于任何人员，无须专门培训，适合广泛推广。但也存在一定的局限性，如元数据的信息量完全取决于网络资源本身的详尽程度。如果源信息不够详细或存在错误，可能导致元数据无法提供完整准确的书目信息。这种方式尤其适合非图书情报专业的网页制作者等使用。

（三）DC 与 MARC 格式的不同点及其相互转换

在网络信息资源的编目领域，DC 元数据和 MARC 格式各有特点，且它们之间的互换是元数据管理的重要组成部分。尽管 DC 格式在描述网络信息资源方面表现出色，提供了有效的信息资源描述、定位和检索功能，但目前它还不足以完全替代 MARC 格式。因此，结合 DC 格式的特点，与其他元数据格式如 MARC 的转换和互补是必要的。

1.DC 格式的优点

DC 格式，作为一种简洁的元数据元素集，与 MARC 格式在多方面具有相似之处，例如在信息描述的项目、级别、标识和规范使用上都有共同之处，保障了信息描述的准确性和一致性。然而，由于它们的技术背景、设计初衷和理念不同，DC 与 MARC 之间也存在显著差异。

（1）数据单元

DC 元数据以其元素及其限定词为数据单元，这种结构赋予了它极高的灵活性和简洁性。它的设计注重直接且有效的信息表达，适合于快速概括和描述网络信息资源。与之相比，MARC 格式则提供了更加全面和细致的基本元素集。它的强大在于可以通过重复使用相同元素、扩展元素集或采用限定词来适应多样化的描述需求，能够精确地适应各类专业领域和复杂文献信息的组织需求。DC 元数据在数据单元的设定和定义上显得更加简洁和松散，使得其在使用上更加灵活和直观。

（2）标识系统

DC 元数据采用了简单直观的单词和词组作为元素的标识符，这种方法使得元素的含义易于理解，无须经过复杂的转换或特殊训练。这一点不仅使 DC 元数据易于人类理解，也便于机器处理。在实际应用中，DC 的这种标识系统可以通过依赖特定的设计或辅助系统，实现类似于 MARC 指示符的高级功能，但操作更为简便。相对而言，MARC 的标识系统虽然在信息表达上更为复杂和专业，但也因此需要更高层次的理解和训练。

（3）编码标准

DC 元数据的一大优势在于其直接采用了广泛应用的编码标准，如 HTML 和 XML。这种选择使得 DC 元数据能够轻松地与其他采用相同编码标准的元数据格式进行数据转换，极大地提高了其兼容性和应用范围。

（4）编目人员

DC 元数据的设计理念注重简洁性和灵活性，易于理解和操作。这种设计不仅使得 DC 的各个元素可根据需要选择使用，而且不强制要求所有元素必须使用，也不严格规定著录项目的完整性。此外，DC 元数据中的元素可以重复使用，这不仅简化了著录规则，还解决了多作者或多版本信息著录的问题。它对数据形式的描述也具有高度的灵活性，如外国人名的著录顺序可以灵活调整。这种设计使得非专业人员也能轻松上手，不需要经过复杂的培训就能描述资源，进而鼓励资源的创作者自行编制 DC 元数据。DC 的扩展性也吸引了资源描述领域的专家参与其应用和发展。

（5）使用环境和范围

DC 元数据定位于简单、基础的资源描述格式，但它也能作为构建专业信息处理基础的数据库。通过在 DC 元数据和其他元数据格式之间建立映射关系，它可以作为各类专业信息处理的基石。在多个领域中，DC 被作为基础的元数据集合使用，因其易于与其他元数据格式互换，从而拥有广泛的应用空间。

从以上分析可以看出，DC 元数据在描述网络信息资源时展现出独特的优势，特别是在资源快速增长和变化的情境中。尽管在信息完备性、准确性和规范化方面可能不如 MARC 格式，但 DC 正通过不断的理论和实践改进，在推广和应用方面展现出巨大潜力。从长远发展趋势来看，DC 元数据将在网络信息资源编目领域发挥越来越重要的作用。

2.DC 格式与 MARC 格式相互转换

DC 和 MARC 格式的并存，使得解决异构数据库间的兼容性和互用问题变得至关重要。通过在两者之间建立映射关系，不仅可以最大化利用各自的优势，而且还能体现资源共享的理念。DC 与 MARC 都是信息资源描述的元数据规范格式。其中，MARC 格式作为一种成熟的元数据标准，在新兴的元数据格式设计中，尤其是 DC 的设计中，提供了重要的参考。虽然 DC 与 MARC 在某些特点上有所不同，但在核心内容上它们保持了一致性，实现了相互兼容。

通过在 DC 和 MARC 之间建立映射，可以通过自动化程序实现这两种格式的相互转换。在实际的编目实践中，DC 元数据格式和 MARC 格式之间的转换不仅已成为可能，而且已经被广泛应用于多个系统中。例如，OCLC 开发的 Spectrum 系统就是其中的一个典型例子。该系统的一个核心功能是能够将 DC 等元数据格式转换为 MARC21 格式。随着这类能够转换 DC 元数据与 MARC 等格式的系统的出现，网络信息资源的编目过程变得更加便捷和高效，无论使用哪种元数据格式，都能有效地组织、交换和管理信息资源。这种互操作性在促进信息资源的有效管理和利用方面起着至关重要的作用。

结 束 语

　　图书馆资源建设与编目工作，在当今数字化时代已成为图书馆学领域中至关重要且充满挑战的研究方向。这项工作不仅对于优化图书馆的资源管理和利用至关重要，而且对于提升图书馆服务水平和用户体验具有深远意义。本书的内容深入探讨了图书馆资源建设与编目工作的理论基础、发展趋势、面临的挑战以及解决这些挑战的策略。我们不仅详细了解了这一领域的最新研究成果，还对相关的实践方法有了更深入的认识。然而，我们也清楚地意识到，图书馆资源建设与编目工作仍然面临着诸如技术更新迅速、用户需求多样化等挑战。应对这些挑战，需要我们不断创新思维，加强图书馆之间以及跨学科的合作与交流。

　　展望未来，我们必须进一步加深对图书馆资源建设与编目工作相互关系的理解，以适应信息时代的快速发展。我们应当在图书馆学的教育和培训领域中，加大对资源建设和编目技术的教学力度，为图书馆学学生和从业者提供更全面的知识和技能培训。同时，政府和社会机构也应在资金和政策上给予更多支持，以推动图书馆服务的创新和发展。本书仅为图书馆资源建设与编目工作领域的一个初步探索，未来还有更多深入的议题和问题值得我们继续研究。因此，笔者将持续关注并深入研究这一领域，不断提升对图书馆资源建设与编目工作的理解和实践能力，并为图书馆事业的发展贡献自己的力量。

参考文献

[1] 王文娴．图书馆数字资源的建设与应用 [J]．科技资讯，2023，21 (21)：212-215.

[2] 车宝晶，王宇．高校图书馆红色文献资源开发利用的现状与路径 [J]．图书情报工作，2023，67 (21)：56-62.

[3] 赵慧，孙洁琼．新时代专业图书馆特色资源建设的新实践——以中国社会科学院图书馆特色文献专库体系为例 [J]．传播与版权，2023，(20)：74-77.

[4] 王琰．高校图书馆编目存在的问题和改革研究 [J]．采写编，2023，(09)：158-160.

[5] 莫黄燕．图书馆数字资源循证采购路径探析 [J]．四川图书馆学报，2023，(04)：42-47.

[6] 刘佳，乔婧，刘净净等．高校图书馆电子书资源建设中的中文电子书平台比较研究 [J]．河南图书馆学刊，2023，43 (08)：68-70.

[7] 张宇．高校图书馆电子资源利用率提升策略 [J]．河南图书馆学刊，2023，43 (06)：62-63+77.

[8] 邓坚．浅析大数据背景下图书馆信息资源融合的模式与路径 [J]．图书馆界，2023，(03)：33-39.

[9] 吕贤达．推广读者决策采购 加强高校图书馆资源建设 [J]．文化产业，2023，(16)：78-80.

[10] 李雪丽．高校图书馆文献资源共建共享模式的深入解析 [J]．产业与科技论坛，2023，22 (10)：283-284.

[11] 肖晓亮．高校图书馆特色资源建设现状与思考 [J]．文化创新比较研究，2023，7 (13)：116-119.

[12] 贾苗．数字化图书馆编目问题的具体思考 [J]．科技资讯，2023，21 (05)：201-204.

[13] 贾君枝．从编目到元数据管理：图书馆知识组织的发展路径 [J]．中国图书馆学报，2023，49 (02)：121-131.

[14] 陈姗．高校图书馆编目存在的问题和改革研究 [J]．传播与版权，2021，(05)：88-90.

［15］卡咪拉·阿不都克热木．互联网环境中图书馆编目工作的机遇与挑战［J］．文学教育（上），2018，（02）：168-169.

［16］胡桂梅．谈新形势下图书馆编目工作的变化与优化措施［J］．现代职业教育，2018，（03）：66-67.

［17］王雯晶．提高图书馆编目工作效率的研究［J］．文化产业，2018，（02）：57-58.

［18］冯雷．信息时代高校图书馆编目工作研究［J］．太原师范学院学报（社会科学版），2018，17（01）：93-96.

［19］韩丽．数字化图书馆编目工作的常见问题及对策［J］．黑龙江教育学院学报，2016，35（03）：155-156.

［20］续璐．高校图书馆图书编目业务外包的质量管理［J］．亚太教育，2016，（05）：32.